KB273893

5 분 참 선

도서출판 禪

차 례

I

5분 참선

5분 참선

　사람은 누구나가 처음에는 큰 맘 먹고 뜻을 세워 모든 일을 시작하지만 얼마안가 흐지부지 되기 때문에 작심삼일이라는 말이 있고 용두사미 격이라는 말이 있습니다. 하루에 한 시간씩 두 시간씩 발심을 하여 참선하겠다고 하는 분들은 대부분 얼마 안가 자기가 자기한테 지쳐서 떨어지는 경우가 많이 있습니다.

　그러니 자연스럽지 못하면 오래가지 못한다고 처음부터 참선을 많이 하려고 하지 말고 5분이라도 꾸준히 비가오나, 눈이오나, 기분이 좋으나, 기분이 나쁘나, 집에서나, 차안에서나, 직장에서나 마음을 집중하고 참선하는 습관을 들이는 것이 아주 중요합니다.

　5분이라도 자주 흉내내다 보면 부처님께 떳떳한 마음도 가질 수 있고 그러다 보면 티끌모아 태산이라고 습관이 들어 10분도, 1시간도 할 수 있게 되는 것입니다. 5분만 제대로 하면 업장도 소멸이 되고, 세포가 가라앉아 생각도 달라집니다. 자기 의식이 수행이 되어가는 것으로, 집안도 화목해지고 모든 일에 화평해 집니다.

　그렇기 때문에 평소와 같이 출·퇴근하면서 5분 참선이라도 꾸준히 하라. 바쁜 틈을 쪼개서라도 5분이라도 습관을 들이다 보면 어느 날 자신도 모르게 5분을 훨씬 넘겨서 틈만나면 10분, 20분 하다가 1시간, 2시간 씩을 하게 되는 것입니다. 처음서부터 모범 운전수가 있는 것이 아니고 누구나가 초보 운전시절이 있다가 산전수전 다 겪고 세월이 흐르면 운전하는데 도가 튼 모범 운전수가 있는 것처럼 참선도 마찬 가지인 것입니다. 초보 참선시절이 있고 숙달되는 시절이 또 있는 것입니다. 여러분 너무 참선 힘들다고 하기도 전에 겁먹지 마시고 어떤 선사 스님들도 초보 시절이 있었을 것입니다. 그러니 용기를 내시고 '나도 하면된다. 안되면 되게 하라. 5분 참선' 이런 구호를 항상 외우고 5분이라도 하는 습관을 들이는 것이 중요합니다.

업장소멸의 시작은 5분 참선부터…

업장소멸! 업장소멸! 이런 말을 불교에서는 엄청나게 많이 쓰는데 업장이란 다른 것이 아니고 나쁜 생각이 쌓인 것을 말합니다. 나쁜 생각은 행동으로 옮겼기 때문에 결과가 나타날 때는 당연히 나쁜 결과가 나타나는 것입니다. 그러니 안받을 수는 없고 참선을 하면 약하게 받을 수 있다는 것입니다.

업장소멸이 된 사람과 안된 사람은 어떻게 구분을 짓는가 하면 업장이 소멸된 사람은 자기 생각대로 모든 일이 술술 풀려 고생하지 않고 뜻대로 된다는 것입니다. 예를 들어 자기가 원하는 서울법대를 가겠다하면 고3에서 재수하지 않고 한번에 합격하고 고시공부하고 시험 보려면 첫 시험에 합격하고 맘에 드는 사람을 만나 행복하게 잘 살고 참선을 할 때는 힘 하나 안들이고 짧은 시간에 높은 경지에 들어갈 수도 있고 어디를 가나 귀인들이 도와주려고 하고 좋은 부하를 만나고 일평생 인상 한번 쓸 일이 없고 부귀공명을 누리고 잘 살면서 권력, 금력도 자기 마음대로 하고 싶으면 하고 말고 싶으면 말고 살고 죽는 것도 자기 뜻대로 되기 때문에 죽을 때쯤 되면 고통 없이 죽을 수도 있는 이런 분들은 업장이 소멸된 잘 나가는 분들입니다.

　그러나 반대로 업장이 많은 사람은 하는 것마다 안되고 사바세계가 고해의 바다라고 고통 속에서만 살다가 고통 속에서 죽어버리는 것을 업장이 많은 사람이라고 하는 것입니다.

　여러분! 참선을 하면 당연히 다겁생래의 모든 죄업이 봄에 눈 녹듯이 없어진다고 합니다. 업장소멸은 참선이 최고라고 합니다. 그러니 안하면 자기 손해입니다. 5분이라도 꾸준히 하는 습관을 들이십시오. 다시 한번 구호를 외쳐보겠습니다.
'참선의 습관화' '참선의 생활화' '5분참선' '참선만이 살길이다' '금생에 이 몸을 제도하지 못하면 다시 어느 생을 기다려 제도할 것인가?' '시시각각 대발심 중생성불 찰나간' '실천하자, 참선을' '참선을 안하면 때늦은 후회'…속이 후련하시죠? 다시 본론으로 들어가겠습니다.

「업에는 세 가지 종류가 있으니, 첫째는 금생에 받는 것이요, 둘째는 내생에서 받는 것이요, 셋째는 어느 생 어느 곳이건 반드시 받는 것이다. 금생에 받는 업보란 것은 금생에 나쁜 짓을 하고 병고나 감옥으로 가며 이 몸으로 받는 것이요, 내생에서 받는 업보란 것은 금생에 좋고 나쁜 짓을 지은 과보를 내생에서 받는 것이요, 어느 생 어느 곳에서든 반드시 받는 업보란 것은 지나간 여러 생에서 선한 일, 악한 일을 지은 것을 금생에서는 안 받아도 내생이나 여러 생이 지난 후라도 받는 것이다.」고 하였습니다.

　지금 나쁜 짓을 하는 사람이 금생에서 부자로 잘 살고 높은 벼슬도 하고 모든 일이 잘 되는 것은 금생에는 나쁜 일을 하고 있지만, 전생에서 착한 일을 한 과보로써 착한 것부터 받는 것이니 어쩔 수가 없습니다. 그러나 지금 많은 사람에게 나쁜 일을 하는 것은 내생에는 반드시 받을 것입니다.

　그리고 또한 착한 일을 많이 해도 고통이 많고 힘들고 어렵게 사는 것은 반드시 전생에 남보다 열심히 악한 일을 많이 했던 과보를 금생에서 받는 것으로 생각할 때, 당연한 일입니다. 남을 무시하면 금생에서 무시를 당하는 것이고, 남을 대접해주면 금생에도 대접을 받는 것입니다. 인과법이란, 1mm의 오차도 없는 것이기 때문에 물건 물어보고 사지 않으면 금생이던 내생이던 장사를 할 때 물어보는 손님만 만날 것이며, 야박하게 너무 깎으면 깎는 손님만 만날 것입니다. 그래서 부처님 말씀에 부처님 제자들은 물건 값을 너무 야박하게 깎지 말라고 하였습니다.

　여러분! 참선을 잘하면 마음을 잘 써야 되는 것입니다. 상대방의 입장에서 항상 생각을 해줘야 되는 것입니다. 속 먹자는 만두요, 이익 남기자는 장사입니다. 후한 것이 좋은 것입니다. 인심을 잃지 말아야 합니다. 참선하는 사람은 조금 손해를 보더라도 상대방을 이익을 주면 기분 좋게 생각하는 것이 좋은 것입니다. 불경기

속에서도 좋은 직장에서 월급 많이 받고 잘 나가는 사람은 전생에
복을 남보다 많이 지었기 때문에 금생에서 받는 것입니다.

남을 괴롭히면 금생에서 직장을 들어가도 시원치 않은 곳에서
부당한 명령을 내리는 상사를 만나고 과거 생에 일은 조금하고
놀고먹으면서 월급을 많이 탄 사람은 금생에 변변치 않은 직장에
서 일은 많이 해도 쥐꼬리만큼 월급을 타면서도 그만두지도 못하
고 10년 20년 인과의 빚을 갚기 위해서 청춘을 버리는 경우가 이
런 경우입니다.

이 세상은 공평한 곳입니다. 남을 억울하게 하면 금생에 억울한
일로 당하는 것이고 고자질 잘하고 투서 잘 넣는 사람은 반드시

투서로 또 망하게 됩니다. 용모가 단정하고 잘생긴 사람은 전생에 마음을 잘 쓰고 공덕을 잘 닦은 사람입니다. 그래서 생긴 대로 논다는 말이 깊은 뜻이 있는 것 같습니다. 금생에 잘생겼다고 못생긴 사람 구박하고 무시하면 내생에는 또 인과가 그런 모습으로 태어날 수 있기 때문에 항상 마음을 평등하게 차별하게 잘 쓰며 뽐내지 말고 하심하고 상대방 마음 아프지 않게 하는 것이 도인입니다.

참선을 해서 국 끓여먹는 것이 아니고 현실에서 잘 쓰는 것입니다. 상대방 항상 기분 좋게 해주면 그것이 쌓이고 쌓여서 복이 되어 돌아오는 것입니다. 반대로 상대방 기분을 나쁘게 사사건건 트집 잡고 회의할 때도 따지고 무조건 싫으면 반대하고 이런 사람은 복이 감복이 되어 감원도 당하고 많은 사람이 싫어하는 것입니다. 좋은 게 좋은 거라고 적당히 얼렁뚱땅 둥글게 사는 것이 참선 잘하는 사람이 사는 길입니다.

혼자만 도통한다고 참선 열심히는 잘하는데 성격들은 모가 나서 뽀족하게 남들하고 어울리지도 못하고 혼자만 인상써가며 도인인척 해봐야 소용없습니다.

도인은 남이 평가를 해줘서 도인이 되는 것이고 남이 존경을 해줄 때 도인이 되는 것이지 자기 스스로 대접받고 존경을 당연히 받아야 된다고 생각하는 순간부터 눈치 빠른 중생들은 도인대접을 하지 않고 업신여깁니다. 무시합니다. 도를 헛 닦았다고 닦은 사람이 어떻게 그럴 수가 있느냐고…결국은 중생 속에서 도인이 나오고 부처가 나오는 것이고 아무리 훌륭한 부처님도 도인도 중생이 외면하면 소용없는 것입니다.

그래서 제가 주장하는 말이 '적응 잘하는 사람이 도인이다!' '상대방 마음 편하게 해주는 것이 도인이다!' '상대방 기분 좋게 덕담 잘 해주는 사람이 도인이다!' '손해보고 사는 사람이 도인이다!' '남 잘 웃기는 사람이 도인이다!' 그렇게 생각합니다.

화두를 잘 하기 위해서는 망상도 일념으로 잘되야 화두가 잘되지 화두 따로 망상 따로 있는 것이 아닙니다. 어느 생 어느 곳이고 자기가 기억했고 보았던 들었던 것이 망상으로 나오는 것입니다. 망상도 할 만큼 하면 없어지는 것입니다. 이론으로는 화두만 성성적적하게 하라고 하지만, 그것은 이론입니다. 왜냐하면 도인도 망상은 있습니다.

다만 남을 해하지 않는 마음. 남에게 이익을 주려는 착한 망상일 뿐이지 망상이 없으면 어떻게 중생을 제도하겠다는 생각을 일으키고 방편법을 쓰겠습니까?

그래서 '망상즉보리 보리즉망상!' 이라는 말이 있습니다. 참선을 잘하는 사람은 항상 마음이 편안하고 자기 기분지수가 좋고 삶의 여유가 있기 때문에 저절로 얼굴이 밝고 미소가 나오는 것입니다.

여러분! 지금 거울로 자기의 얼굴을 쳐다보십시오. 자기얼굴에 책임을 져야됩니다. 저처럼 못생긴 사람은 용서받을 수 있지만, 웃기지 못하는 사람은 용서받지 못하는 것이 중생계입니다. 살기 위해서 잘 비비고 웃기고 재미있게 표정을 바꾸면서 참선합시다. 참선한다고 인상 쓰면 주변사람이 다들 떠나갑니다. 혼자서 무인

도에서 살 것도 아니고 결국 회향처는 중생계입니다.

　좋은 사람을 만나 좋은 정보를 얻고, 좋은 곳으로 투자하면 좋은 결과가 나오는 것입니다. 업장이 많은 사람은 나쁜 사람을 만나 망할 정보를 얻고 망할 곳에 투자를 하면 망하는 것이 틀림없는 법칙입니다. 인과를 받으려 하기 때문에 이럴 때는 가족이 말려도 주변에서 말려도 듣지도 않고 망한 다음에는 주변사람이 자기를 안 도와줘서 망했다고 원망만 하다가 패인이 되는 경우도 있습니다.

　불교의 힘! 자업자득! 참선의 힘! 지혜를 기르는 힘! 정확한 판단력과 예지력으로 세상을 살아나가는 것입니다. 운명아! 비켜라. 내가 간다. 사주팔자 운명은 참선을 하면 맞지 않는 것입니다. 한 생각이 일어났을 때 단속하지 못함을 두려워할지언정 깨닫지 못함을 두려워하지 말라고 했습니다.

　좋은 한 생각은 좋은 결과를 낳고 나쁜 한 생각을 일으켜서 두 생각 세 생각… 꼬리를 물고 생각 생각하다 행동으로 옮겨버리면 나쁜 결과가 오는 것입니다. 잡아쓰는 것이 법입니다. 좋은 날 나쁜 날이 어디에 있습니까? 기분 좋고 돈 많이 버는 날은 매일매일 좋은 날이고 기분 나쁘고 손해 보는 날은 매일매일 괴로운 날입니다. 좋은 일도 한 생각이요, 나쁜 일도 한 생각이라. 자기가 일으켜 만든 것이지 사주팔자 운명에서 그렇게 만든 것이 아닙니다.

미혹한 것을 믿는 것을 미신이라고 합니다. 참선이라고 하는 것은 논리적으로 꼭 부러지는 확실한 판단력으로 세상을 살아가는 것이 선객들의 인생입니다. 정확한 판단력! 앞을 예측하는 예지력! 모든 일은 참선만 잘하면 업장이 소멸 되서 다 잘되는 것입니다. 참선을 하지 않는 사람은 인생의 낙오자가 될 수밖에 없고, 비참하게 살 수 밖에 없습니다.

참선하는 사람은 뭐든지 최고! 일등으로 사는 것입니다. 돈버는 것도 출세하는 것도 건강한 것도 모든 것을 참선하기 전보다 생활 환경이 향상되도록 하고 향상할 수밖에 없는 것이 참선법입니다. 2등은 꼴등에 해당되는 것입니다. 스포츠에서는 2등이 있지만 군인은 전투에서 2등이 없습니다. 2등은 포로가 되거나 전사입니다. 1등만이 승리자가 되는 것이고, 전투에서 이기는 것입니다.

이 길이 군인의 목적이고 군인정신은 바로 수좌정신입니다. 아니, 수좌정신에서 군대법이 나왔습니다. '안되면 되게 하라.' '참선이 안되면 이유 달지 말고 되게하라.' '안되는 것은 없다.' 군인정신은 안되는 일이 없습니다. '하면 된다.' 입니다.

참선을 잘하면 반드시 잘 살 수 있습니다. 성공할 수 있습니다.

목숨 내걸고 국가와 민족을 위해서 한 목숨 영광스럽게 바칠 각
오로 전쟁터에 나가는 정신 무장된 군인처럼 수좌도 이 한목숨
부처님 법을 위해서 젊음과 청춘을 아낌없이 바친다는 사상으로
부처님 일을 하고 정진한다면, 반드시 큰 힘을 얻을 것이고 남들
로부터 꼭 필요한 사람으로 인정을 받고 존경을 받을 것입니다.
나약한 사상은 외로움·고독·환상! 이런 단어는 신심 있는 수좌
에게는 일평생 따라붙지 못할 쓸모없는 용어가 될 것입니다.

  오직 국가와 민족을 위해서 이 한목숨 바쳐야 된다는 것처럼 불
법을 위해서 이 한목숨 바쳐야 된다는 것으로 생각을 바꾸고 부
처님께 감사! 국가에 감사! 스승님께 감사! 도반들에게 감사! 시

주해주시는 불자들에게 감사! 유산 안 시키고 세상에 태어나게끔 보살펴주신 부모님께 감사! 항상 감사한 마음을 갖게 되면 당연히 신심이 더 생길 것입니다.

이와 같이 긍정적으로 감사한 마음을 갖는 사람은 업장소멸이 되었기 때문이고 업장이 무거운 사람은 감사함을 모르고 불평불만으로 투덜거리고 항상 꿍얼꿍얼 그러면서 세상을 힘들게 무겁게 밥만 축내며 쓸데없는 찌끄러기 정보를 인터넷에서 수집하는 폐기물 수집상과 같이 사는 사람들도 많이 있습니다.

참선! 업장소멸의 지름길! 유익한 인터넷을 하면 몰라도 쓸데없는 인터넷을 하실 분들은 참선이 더 이익되니 범부선을 닦더라도 앉는 연습만 하더라도 공덕이 되니 이 순간부터 참선하여 업장소멸하시고 뜻하는 모든 일이 술술 풀어져서 참선 좋은 것을 아시면 많은 사람에게 인터넷으로 보급하여 공덕을 쌓도록 하십시오. 잘 쓰면 인터넷은 보약! 잘못 쓰면 시간 까먹고 세월 까먹는 독약! 참선은 무조건 보약! 업장소멸의 지름길은 무어라고 했죠? …(작은 목소리로) 이심전심으로 알잖아요!

업은 피할 수 없다

　산을 옮기는 것도 가능하다고 하였습니다. 동서남북의 방위를 바꾸는 것도 가능하다고 하였습니다. 그러나 인간이 저지른 한 번 정해진 업(業)은 피할 수가 없다고 하였습니다. 인과응보의 법칙은 1mm의 오차도 없다는 것입니다.

　업은 두 가지 종류가 있습니다. 선업과 악업입니다. 착한 일을 하면 복을 받고, 나쁜 일을 하면 재앙으로써 보답한다는 것입니다. 이 사바세계에서는 우연이라는 것은 없습니다. 우연히 만나고 우연히 헤어지고 우연히 부자가 되어 잘살고 우연히 망하고 그런 것이 아니고 모두가 자기가 씨를 뿌렸던 것만큼 받는 것이기 때문에 자업자득이요, 자작자수라는 것입니다. 부처님의 팔만대장경을 다 읽었다고 하면 결론은 네 자로 끝납니다. '자업자득. 자기가 짓고 자기가 받는 것' 이것이 불교입니다. 자업자득을 또 한자로 줄이면 '업' 이라고 하는 것입니다. 모든 것은 업보이고 업이라는 것입니다. 악업은 재앙이요. 선업은 복이 되기 때문에 복과 재앙이 다른 것입니다.

모두 업으로 정해진 이치는 길가는 사람이 만나는 지점의 거리와 같습니다. 300m에 다리가 있고, 500m에 자기가 잘 아는 사람이 운영하는 점포 하나 있다하면, 이것은 누구라도 다리와 가게는 성질이 다르고 떨어져 있는 것은 어쩔 수 없는 것처럼 성현이 지나간다고 해서 다리가 가게하고 갑자기 위치가 바꿔지는 것도 아닌 것처럼 인과법은 모든 업은 피할 수가 없는 일입니다.

선악의 생각은 하늘에서 내려온 것도 아니고 땅으로부터 솟아난 것도 아닙니다. 불법의 이치를 알지 못하는 어리석은 중생이정 때문에 제 스스로 결박을 했을 뿐입니다. 과거, 현재, 미래의 수많은 생을 생사윤회하면서 짓고 받는 인연으로 금생에 복과 화가 생겨난 것입니다.

세상 사람들은 착하고, 순하고, 어진 사람이 갑자기 죽기도 하고 나쁘고, 인색하고, 포악한 사람은 일찍 죽지 않고 수명장수하고 잘 사니 이렇게 불공평한 것이 어디 있습니까. 이렇게 한탄할수도 있지만 인과법을 알 것 같으면 금생에는 착했어도 과거 생에는 살생을 많이하고 너무 나쁜 일을 많이 했기 때문에 일찍 죽을 수가 있고 금생에는 포악하고 악랄하고 인색하고 나쁘지만 전생에는 아주 착하고 훌륭한 복 받을 일을 많이 했던 선근의 공덕이 금생에 남아 있기 때문에 수명장수하고 잘 살지만 금생에 지었던 그 업은 숨만 떨어지면 다시 내생에 받는 것은 틀림없는 인과의 법칙인 것입니다. 그러니 이런 이치를 알게 되면 누구를 원망하리오. 자기가 짓고 자기가 받는 것을... 일체가 업 아닌 것이 없는 것입니다.

그러나 어리석은 사람은 하늘을 원망하고 남을 탓합니다. 실제로는 그것이 자기에게서 나왔다는 사실을 모르는 것입니다. 가령 그것을 알았다면 복이라 해서 기뻐할 것이 없으며, 재앙이라 해도 슬퍼할 것이 없습니다. 기쁨을 잊었는데 무엇때문에 허망하게 한 생각이라도 내어 그 복에 반연하려 하겠습니까? 또 슬픔도 잊었기 때문에 차라리 죽을지언정 억지로 속임수나 계책을 늘어놓아 재앙을 피하려 하지 않습니다. 더러는 구차하게 구하여 얻기도 하고, 구차하게 피하여 면한 자들도 있긴 합니다.

한번 정해진 업으로서 당연한 것이지 우연히 구해서 그렇게 된 것은 아닙니다. 구차하게 하는 짓이 쓸모없다는 것을 알았다면 복을 쫓고 재앙을 피하려는 생각은 저절로 없어지는 것입니다.

참선의 지도 효과 (고등학생 참선지도 결과)

  수업 전의 參禪지도는 수업 분위기 조성과 학생들의 학습능력 향상(學習能力向上)에 좋은 영향을 미친다는 지도 결과가 나왔다. 또 계속적인 參禪지도로 參禪의 生活化 가능성이 보임으로써 參禪지도가 전인교육(全人敎育)의 정서적 측면을 보강할 수 있다고 확인됐다.

  이와 같은 내용은 종립 光東女高가 신입생을 대상으로 졸업 시까지 3년 간 계속 지도 관찰한 결과를 분석함으로써 밝혀졌다.

  지도결과에 따르면, <수업 전에 參禪을 함으로써 수업 분위기가 좋아졌다>고 응답한 학생이 1학년 때 48.2%, 2학년 때 66.6%, 3학년 때 76.1%로, 全 敎師가 수업시간 마다 계속 지도하고 參禪生活이 익숙해짐에 따라 좋은 효과를 나타낸 것으로 풀이됐다.

  3학년에 와서도 무관심한 반응을 나타낸 18%정도의 학생과 부정적인 응답을 한 6%의 학생은 타종교적 선입관이나 參禪상태 평가에 대한 불만 등이 심리적으로 거부 반응을 보인 것으로 생각되며, 이에 대한 해소 방안은 발전 단계에서 계속 연구되어야 할 과제로 남아 있다.

  參禪을 통해 체험한 결과 가운데

(1)【나의 참선태도는】이라는 질문에 대해 <參禪이 비교적 잘되는 편>이라고 대답한 학생이 3학년에 67.1%이고, 잘하려고 노력하는 학생까지 합치면 88.1%로서 대부분의 학생이 參禪에 익숙해져 있음을 알 수 있다.

(2)【학교에서 하는 참선을 통하여】라는 질문에 대해 <마음의 안정을 느끼는 때가 많다>고 대답한 학생이 3학년에서 70%에 이른 점으로 보아 바람직한 결과로 해석되었다.

(3)【수업 전에 실시하는 참선 이외에 개인적으로 참선을 해 본 경험이 있는가】하는 질문에는 〈시험을 치르기 전에〉〈집에서 수양을 위해〉〈학교생활 중 마음이 불안정할 때〉〈기타〉등, 3학년 385명 중 100명이 응답함으로써 參禪의 생활화가 심화된 현상으로 해석됐다.

이와 같은 결과는 全人敎育의 정서적 측면을 參禪지도로 보완할 수 있으며, 불교적 인격도야의 방법으로써 학교에서의 參禪지도가 효과적인 방법임을 증명한 것으로 분석됐다.

(4)【기타】난에 명기한 일상생활 가운데의 參禪사례는 ▲ 집안이 어수선하고 고민이 있을 때, ▲ 부모님의 꾸중을 듣거나, 의견 대립으로 화가 나서 흥분되었을 때, ▲ 입시 준비하다 정신 집중이 안 될 때 등이다.

마지막으로 參禪지도의 필요성을 확인하는 검사에서는 〈參禪지도를 계속해 주기를 원하는 학생〉이 1학년 때 61.5%에서 3학년 때 93.5%로 늘어나는 현상을 보이고 있다. 이 가운데 79%는 보다 철저하게 지도해 줄 것을 당부하고 있다.

이것은 參禪지도의 결과로 <參禪의 생활화>가 뿌리를 내린 증거로 판단되며, 光東女高의 특색 사업으로 확신을 가지고 계속 발전시켜 나갈 수 있도록 하는 자료가 되었다.

이와 같은 全敎師의 參禪지도를 同敎의 특색사업으로 정하고 수업에 임하기 전에 參禪을 실시해 왔다. 매 학기초에 전교생에게 參禪의 기본자세와 효능에 대한 반복 교육을 하고, 수업시간 전에는 參禪지도 요원의 지도로 자율적인 參禪의 생활화를 꾀했다. 또 교과 담임교사는 매시간 지도와 평가를 담당했다.

이러한 결과, 작게는 학생들이 수업시간 외의 경우에도 자신의 필요에 의해 스스로 參禪을 할 정도로 參禪의 생활화운동에 진전을 가져왔을 뿐 아니라 크게는 불교교리를 바탕으로 한 인격완성이란 불교종립학교의 건학이념구현을 정서적 측면에서 충실히 보강할 수 있었다고 결론지어졌다.

한편 이러한 결론은 전교사의 불교지도에 대한 관심, 즉 전교사의 교법사화(校法師化)가 전제되지 않고는 이룰 수 없는 결과라고 판명되었다.

광동여고는〔參禪〕이라는 명칭 대신에〔入定〕이라는 명칭을 쓰고 있다. 그리고 학생들이 교내생활 가운데 參禪을 통해 심신을 안정시키고 조용한 수업분위기 조성으로 효과적인 학습태도를 갖도록 하려는 목적에서 출발했다.

〈參禪의 생활화〉 지도는 물론 궁극적인 목표가 〈신앙의 생활화〉
를 인도하자는 것이지만 40% 이상이 타종교 학생일 뿐만 아니
라 매시간 수업에 임하는 교사들의 신념과 자연스럽고 적극적인
지도가 전제되어야 한다는 점에서 어려운 점이기도 했다. 그러므
로 이번 연구에서는 효과적인 수업분위기 조성이라는 측면을 보
다 강조했었다.

참선지도 결과 인식 변화(단위%)

설 문 내 용	1학년	2학년	3학년
수업분위기가 좋아졌다	48	66	76
마음이 안정을 느꼈다	26	64	70
비교적 잘 되는 편이다	20	64	67
철저하게 지도 요청	34	66	79

3) 참선 효과에 대한 과학적인 비교도표

여러분! 지금부터는 도표로서 확실하게 설명해드리겠습니다.
이래도 참선이라도 닦지 않으시겠다면, 더 이상 나는 할 말이 없
습니다.

첫걸음은 5분참선! 참선의 습관화! 참선의 생활화! 참선부터 시
작입니다.

〈참선의 효과1〉

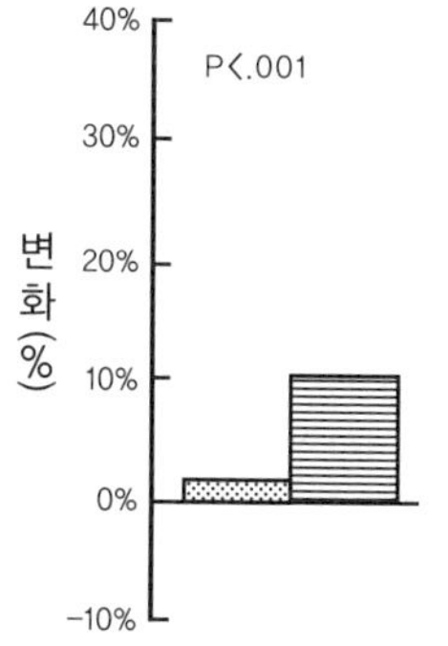

포괄적 이해력의 증대
(주의력 산만에 대한 저항)

일반인보타 이해력은 10배 정도
효과를 보며 참선을 할수록 이해
의 폭이 증가하는 것을 알 수 있
습니다.

여러분! 도표에서 보는 것처럼 참선하는 사람은 보통사람은 한 마디를 이해한다고 하면, 참선하는 사람은 10배 이해의 폭이 커 진다는 것입니다. '그럴 순 없어!' 이렇게 단정내리기 좋아하는 사람들은 스스로가 마음이 괴롭고 지옥을 만듭니다. 그러나, 참 선이라도 닦으면 점점 마음이 넓어지고 달라진다는 것입니다. 잘 아셨죠?

〈참선의 효과2〉

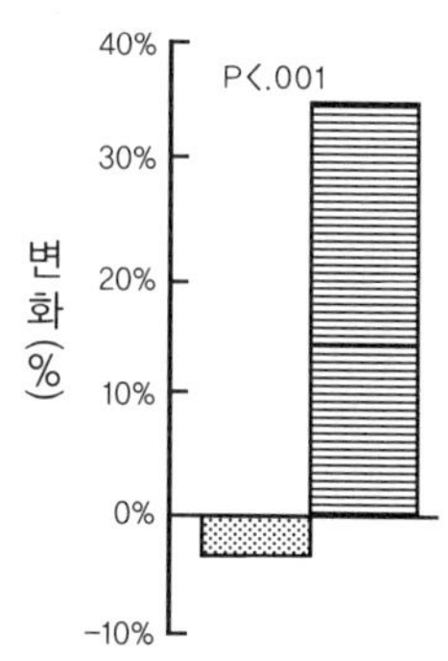

주의를 집중하는 능력의 증대

참선을 하고 있지 않은 사람은
집중력이 떨어지는데 비해 반대로
참선을 하는 사람은 일반인보다
집중력이 3배 이상 늘어나는 것을
볼 수 있습니다.

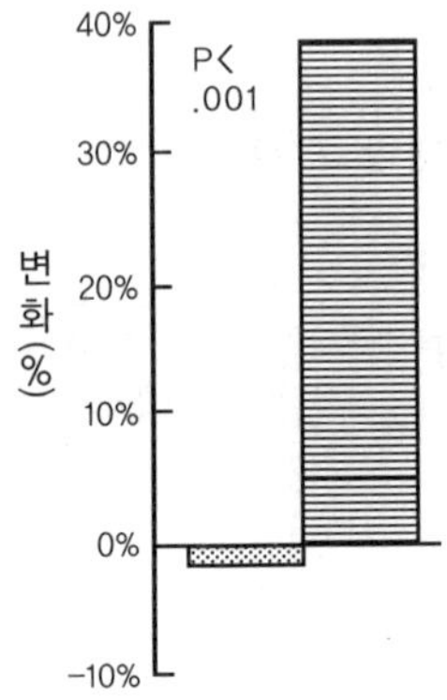

공간 오리엔테이션의 증대

참선교육을 시켰을 때, 일반인은 스트레스를 받고 있기 때문에 변화가 없는데 비해 참선을 하던 사람은 능력이 향상되어 있는 것을 알 수 있습니다.

불심이 약한 사람들은 참선교육을 시켰어도 도표상 보는 것처럼 변화가 없고 도리어 지루하고 재미없는 것으로 -1%가 되는데, 불심이 있고 참선을 하던 사람이 참선교육을 받게 되면 최고 38%까지 교육의 효과가 향상된다는 것입니다. 평소 법문을 듣고 수행하던 사람들이 닦을 때의 효과를 비교한 것이지만, 초보자가 참선을 닦아도 당연히 증장된다는 것입니다.

〈참선의 효과4〉

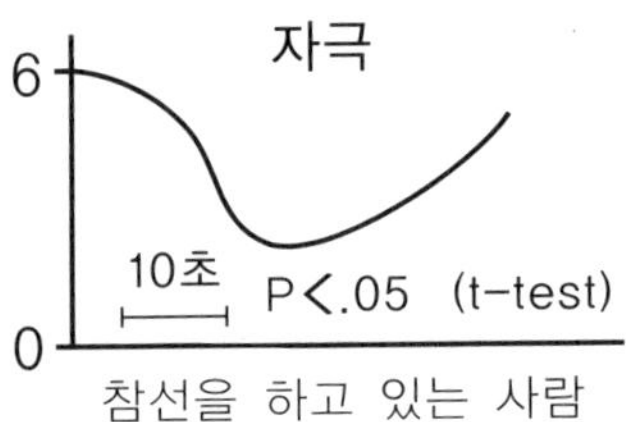

참선을 하는 사람은 스트레스를 별로 받지 않는다는 것입니다. "그럴수도 있겠구나" 이런 긍정적인 생각이 어떠한 상황에서도 되돌아 보기 때문에 일반인보다 1/3 적게 받는다는 것입니다.

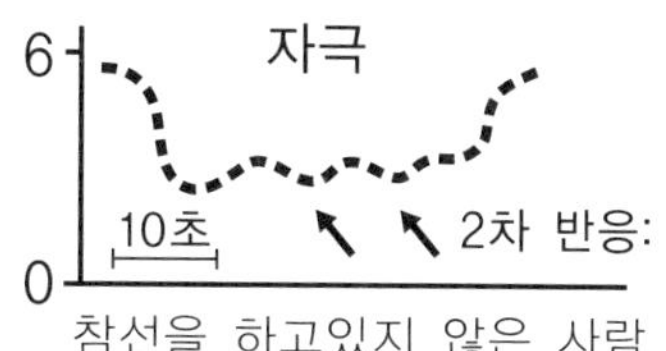

참선하는 사람이 스트레스도 적게 받고 변덕스러움도 일반인보다 훨씬 덜하고 화가 날 수 있는 외부의 시비나 자극에 덜 반응한다는 것입니다. 그러니 신경질적이고 공격적인 사람은 꼭 참선이 필요합니다.

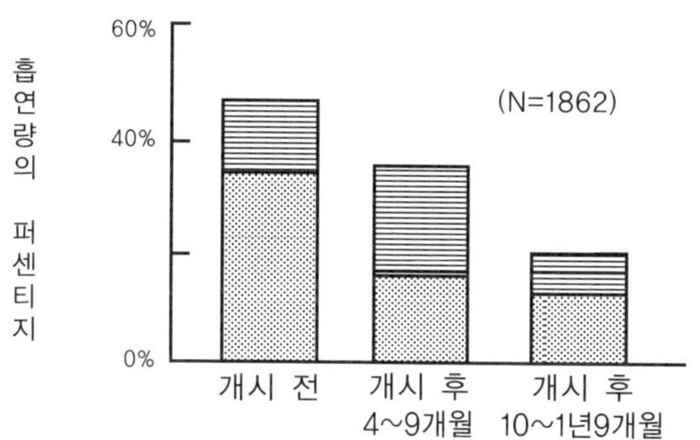

담배를 끊지 못해 애쓰는 분들은 참선을 하면 반 정도가 담배를 피우고 싶은 마음이 줄어들거나 피운다 해도 횟수가 반으로 줄어들기 때문에 금연에 도움이 되는 것입니다. 꾸준히 1년만 참선을 하면 자기 의지력이 증가되기 때문에 5명 중 4명은 끊을 수 있는 것입니다.

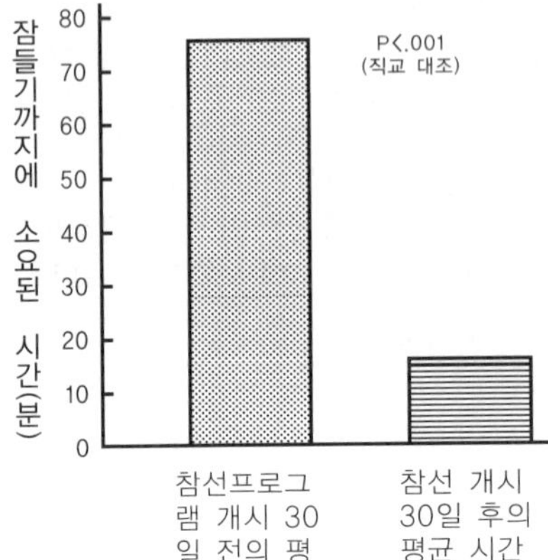

참선을 하게되면 평균 15분 이내에 잠이 오게 되는 것을 알 수가 있습니다.
보통 일반인은 몸은 피곤한 반면 1시간 이상을 잠이 안와서 괴로워하는 경우가 많은데 참선은 잠도 잘 들 수 있도록 해주기 때문에 불면증 해소에는 참선이 최고입니다.

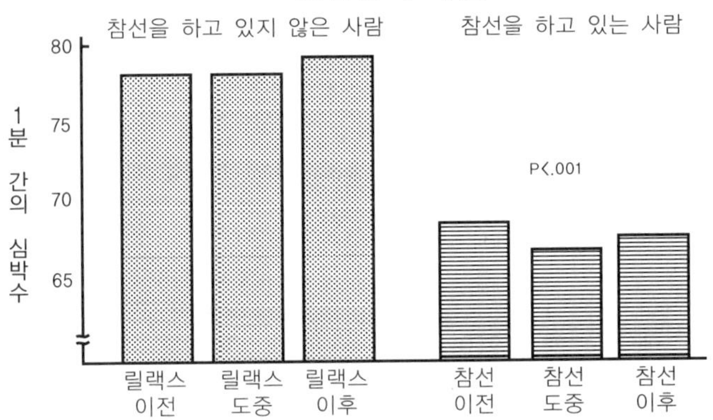

참선을 하면 심장이 놀라지도 않고 안정을 찾으며 휴식을 갖기 때문에 고혈압 등을 방지 할 수 있습니다. 참선하는 사람과 일반인과는 두배 정도 차

이가 나며 특히 참선 도중이 가장 낮습니다.
그리고 참선 후에도 지속적으로 안정이 유지되는
것을 알 수 있습니다.

〈참선의 효과9〉

참선 프로그램 중의 높은 주파수에 있어서의 뇌파의 동조

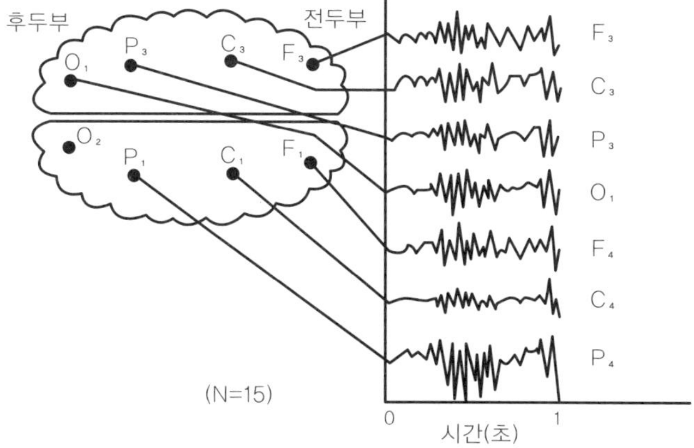

뇌파가 착 가라앉는 것을 느낄 수 있으며
각각 기능도 알 수가 있습니다.

II

참선의 목적

1. 참선의 정의

　참선이란 한문으로 참구 할 참(參), 터 닦을 선(禪)자를 써서 참선이라고 합니다. 그러니 여러분들은 절대로 참선할 때 선이 착할 선(善)자가 아니고 마음의 터를 닦는다는 뜻으로 터 닦을 선(禪)이라고 하니 명심하시기 바랍니다.

　그리고 요즘은 禪자 하나만 사용하면 세속사람이 모두가 관심을 갖는 시절입니다. 禪이란 무엇이냐 또는 禪과 예술, 禪과 문학, 禪과 인생, 禪. 禪 ....

　과연 선의 정의란 무엇이냐 정의가 없는 것이 선이고 산천초목 산하대지 이대로가 선이라고 합니다. 그러나 학문적으로 禪용어를 설명하면 다음과 같습니다.

禪 이란, 번뇌 망상을 끊고 마음을 집중하여 자기 마음(佛性, 眞如, 空, 緣起)을 깨우치기 위해 닦는 수행방법을 말합니다.

　어원적으로 禪자를 살펴보면 범어의 선나(禪那 dhyana)의 음역인 선나(禪那)에서 「那」를 뺀 것이며, dhyana란 뜻은 무엇이냐 하면 정려(靜慮 고요히 생각한다), 사유수(思惟修 사유를 수행한

"

다)라고 합니다.

정려, 사유수란 고요하게 깊은 생각을 하며 마음을 닦는다는 뜻으로 해석하며 주로 앉아서 좌선을 하기 때문에 禪하면 좌선을 연상할 수가 있습니다. 좌선이란 참선의 일부분으로 육체적인 행주좌와(行·住·坐·臥) 네 가지의 큰 동작중의 가장 많이 사용하는 자세입니다.

좌선의 역사는 불교 이전부터 고대 인도 힌두교의 수행방법으로 사용한 것을 부처님께서도 출가하셔서 보리수 아래에서 고행정진할 때 좌선의 실천 법으로 따라하셨습니다.

그러나 외형적인 모습은 오늘날에 힌두교의 요가 수행자들이 좌선법과 똑같아 보이나 부처님이 도를 깨달으신 후부터는 내용면에서 요가법과 엄청난 차이가 나는 가르침을 전해주셨습니다.

그런데도 일반인들은 불교의 참선법과 힌두교의 요가명상법과 구분을 짓지 못하는 경우가 비일비재(非一非再)합니다.

선(禪)은 석가모니 부처님께서 보리수 아래에서 6년간을 고행정진하신 후, 깨달음이 육체를 학대하는 데 있는 것이 아님을 아시고 다시 니련선하에서 수자타가 준 우유죽을 먹고 원기를 회복하신 후에 다시 6년 더 좌선 삼매에 들어 음력 12월 8일 새벽에 확철대오를 하셨기 때문에, 이 날을 전세계 불교인들은 오늘날까지 성도재일로 가장 귀중하게 의식하는 날로 알고 있습니다.

그러니까 바른 선의 역사는 부처님의 확철대오와 동시에 시작되었다고 보시면 정확할 것입니다. 그 뒤 부처님께서는 실천 수행법으로 ①지혜(智慧) ②계율(戒律) ③선정(禪定) 세 가지를 배우고 익힐 것을 제자들에게 강조하셨습니다. 다시 한번 이해를 잘 못하는 초보자를 위해서 알아듣기 쉽게 설명하자면, 이 세상 사는데 모두가 어리석기 때문에 허송세월로 한 생을 헛보내기 때문에 부처님의 가르침을 믿는 불제자는 당연히 지혜가 있기 때문에 불교를 믿고 실천하려고 노력하는 것입니다.

그래서 제일 먼저 禪의 첫 단계는 일평생을 어떻게 살 것인가 내생에는 어떤 몸을 받고 어떻게 살 것인가를 생각하는 것이 신심 있고 지혜 있는 불자의 판단력입니다.

그렇기 때문에 지혜가 있으므로 계율을 자발적으로 지키게 되고, 계율을 지킴으로써 마음의 안정과 편안함을 얻은 후에 좌선을 통하여 깊은 시공을 초월하는 선정 화두삼매(話頭三昧)에 들어갈 수가 있다는 것입니다.

선정이 무엇이냐 하면 대승불교 수행방법 중의 하나인 육바라밀 중에 가장 중요한 부분을 차지하는 것입니다. 예를 들어서 중국에서는 달마대사께서 9년 간 소림굴에서 면벽참선 한 것도 선정에 들었기 때문에 가능한 것이기 때문에 대승 불교에서는 선정을 중요시 여깁니다.

그리고 교종(教宗)과 달리 근본마음자리만을 강조하고 닦는 직지인심 견성성불(直指人心 見性成佛) 가풍으로 형성된 선종(禪宗)에서는 대승불교의 육바라밀 모두를 禪속에 포함시킵니다.

2. 참선의 목적

　참선을 하고자 하는 사람은 먼저 깊이 생각해 보아야 할 커다란 문제가 하나 있습니다. 무엇이냐 하면 〈사람은 반드시 죽는다〉는 사실입니다.

　왜 죽으며, 죽을 인생이 왜 났는가? 오직 죽기 위해서만 난 것인가? 이 세상에는 죽는 것보다 더 무서운 일은 없는데, 눈앞에 닥쳐오는 일은 모두가 나를 늙게 하고 병들게 하며 죽게 하는 일, 그것들뿐입니다.

　참으로 그것뿐이며 왜 그럴까? 가는 인생을 붙잡을 수도 없고 오는 인생을 막을 수도 없습니다. 과연 어디서 왔다가 어디로 가는 것인가? 이렇게 목적 없이 왔다가 어디로 가는 것인가? 이렇게 목적 없이 왔다가 가야만 할 것인가?

　먹고는 자고, 자고는 먹고 그리하다 보면 어느덧 늙고, 병이 들고, 그러면 죽음이 기다리고 있는 것뿐인데, 그것이 죽음이면 죽음으로 끝장인지 또는 다시 태어나는지 참으로 궁금한 일입니다. 영원히 돌아올 수 없는 그 어딘가로 쓰던 육체를 헌신짝 벗어 던지는 것처럼 몸을 버리고 아주 먼 곳으로 가버리고 마는 것을…

그렇다하면 누구나가 중생들은 인생의 목적으로 부귀공명을 추구하지만, 그것 또한 원한다고 다 성취되는 것도 아니고 어렵게 성취되었다 하더라도 언젠가는 생로병사의 법칙에 의해 물거품처럼 몸도 없어지고 부귀공명도 없어질 것이니 과연 무엇이 없어지지 않는 영원한 실체인가?

생각하여 보면 답답하고 안타까울 뿐입니다. 그래도 중생이란 목적도 없고 고통을 받으며 살더라도 누구나가 죽는다면 싫어하고 죽기를 싫어합니다. 그래서 병든 사람도 병석에서 신음하면서도 하다 못 해 일 년이라도, 아니 한달 만이라도, 하루만이라도 한 시간만이라도 더 살고만 싶어합니다. 왜 그럴까?

그 심정은 당사자가 아니면 알 수는 없지만, 누구나가 다 그런 모양일 것입니다. 죽음! 나고 죽는 생사일대사! 어떤 것이 생사일대사(生死一大事) 큰 문제인가! 이 최고 최대의 문제가 풀리기 전에 남은 여생의 시간은 참선하지 않으면 무슨 소용이 있겠는가?

우선 급한 일은 몸이 살아있기 때문에 하루하루 먹고사는 일이겠지만, 그것은 왜 그렇게 사는게 힘들게 되었는가!

태어나질 않았으면 먹지를 않을 터인데 따지고 보면 태어났기 때문에 먹는 것이니 이제는 영원히 태어나지 않는 불생불멸의 대도를 닦는 것밖에 다른 것이 없지 않은가!

그래도 육체가 있으면 먹고는 살아야 참선도 하고 하니 어쩔 수 없이 날마다 밥 세 그릇씩을 평생 어디서든지 먹어야만 사는 것인 인생입니다.

다시 생각해보면 따분한 일이며, 거기에다 치열한 생존경쟁마저 해야만이 이 몸과 생명을 끌고 갈 수가 있으니 사는게 힘들어 죽고만 싶을 뿐 살 의미를 발견할 수 없습니다.

그러나 이래도 한평생, 저래도 한평생. 쓸데없는 번뇌망상으로 고민만 한다고 해결되는 것도 아니니 어떻게 될 것인가!

언젠가는 없어질 물거품 같은 이 몸, 실로 믿을 길이 없으니 하루속히 선지식·선사(善知識·禪師)를 찾아뵈옵고 法을 배울 일만 남은 것입니다. 그래서 세속의 은혜 두터운 부모 형제, 처자식과 이별하고 천하 명산을 다 찾아서 선지식을 뵈옵고자, 일편단심으로 온 정성을 다하여 때론 굶으며, 눈, 비바람을 피하지 아니하고 찬이슬 바람에 바깥 잠을 자 가면서 선지식을 찾노라니, 그 고생이야 이루 말할 수 없지마는 이 역시 생사를 해탈하기 위한 하나의 작은 고개인 것입니다.

그리하여 〈지성이면 감천〉이라고 소문을 듣고 눈 밝은 선지식을 만나니 그 다행함을 어찌 표현할 수 있으랴? 선지식을 섬기되 목숨을 구하여 받들며, 한마디 법을 듣기 위해서 불이나 물에도 뛰어들기 어려워하지 않으면 대도를 깨달아 생사 초월하는 법을 바로 배울 것입니다.

그리하여 참선공부를 하는 사람은 반드시 처음에 선택한 화두 하나에만 매달려서 죽을 판, 살판으로 애써 공부하여야 하고 1초 동안이라도 화두 이외의 틈이 있으면 참선공부가 아닙니다.

만약 1700종류의 화두를 낱낱이 조금씩 집적거려보고 따지다가 턱도 닿지 않는 사견(邪見)을 붙여서 〈알았다〉 한다면 그것은 식심분별(識心分別)로 따진 알음알이에 지나지 못한 것입니다.

그리고 이 죽 끓듯이 일어나는 번뇌 망상, 그것을 끊으려고 애쓰지 말 것이며 또한 걱정도 말아야 합니다. 왜냐하면 물을 건드리면 건드릴수록 점점 고요해질 수 없지만 가만히 놓아두면 물결은 저절로 가라앉아 없어지는 것과 같아서 번뇌망상을 끊고자 하거나 걱정을 하는 것은 지혜가 아닌 것입니다. 다만 자기가 공부하는 화두만 일심전력으로 챙겨 참구해가면 화두는 점점 자리가 잡혀 일체 망상이 뚝 끊어져 버리고 화두일념만 드러나서 이 순일무잡한 화두의 의심만이 힘차게 뭉쳐 온 천지가 화두에 대한 의정·의단(疑情·疑團) 하나로 되어 그밖에는 자기 존재마저 인식할 수 없게 되어버립니다.

이렇게 되면 화두를 생각하는 의정이 점점 커지고 분명해지며 힘차고 확실해져서 한없이 고요하고 안정된 가운데서 화두의정은 바람에 타는 산불과 같이 점점 크게 번질 것이며 시간이 가는 것을 모르고 잠이 전연 없어지며 화두를 놓아버릴래야 버릴 수도 없이 급해 지는 것입니다. 이런 지경에 이르면 열흘 안으로 확철대오를 한다 하니 禪의 궁극적 목적은 화두타파입니다!!!

(1) 참선의 3대 요건

　지금부터 배우는 것은 가장 중요한 화두입니다.

　화두! 불교하면 참선입니다. 참선은 화두 참선을 해야 합니다. 불교는 부처님의 가르침이 불교입니다.

　참선은 불교의 핵심입니다. 참선의 종류에는 5가지 있습니다. 범부선, 외도선, 소승선, 대승선, 최상승선을 화두선이라고도 합니다.

　화두선에서는 화두가 가장 중요합니다. 화두를 잘하기 위해서는 반드시 3가지를 갖추어야 합니다. 참선의 3대 요건! 대신심(大信心), 대분심(大憤心), 대의정(大疑情)입니다.

1) 대신심

첫 번째로 대신심! 부처님을 믿느냐 이거지요. 부처님을 눈에 보이지 않지만 믿는 것은 자기가 자기부처님 바깥에 의한 신심이 아니고, 자기가 자기 자신을 알아야 해요.

100만 대군하고 싸워 이기는 것보다, 자기 자신하고 싸워 이기는 것이 낫다고. 여러분이 진짜로 자기 자신에게 귀의하는 것입니다. 몸은 반드시 무너진다고 했어요.

자기의 마음은 없어지는 것이 아닙니다. 참선하는 사람에게 대신심이라는 것은 자기가 자기마음을 믿는 것입니다.

몸은 언젠가는 없어지더라도 이 사람이 명심해야할 문구가 "금생에 이 몸을 제도하지 못하면 다시 어느 생을 기다려 제도할 것인가!" 금생에 사람 몸 받고, 불법 만나고, 참선법 만났을 때 꼭 힘을 얻어 득력을 해서 제도해야 됩니다.

이것을 대신심이라고 합니다. 자기 자신이 부처라는 것을 믿는 것입니다.

대신심이란 마음이 부처라는 것을 확신을 갖는 것입니다. 마음을 떠난 부처가 없다. 마음 하나 닦는 것입니다. 모든 것이 마음의 세계입니다.

여러분 마음에 의해서 좌우되는 것입니다. 마음 닦는 실력이 모자라기 때문에 고통이 있고, 괴로움이 있고, 앞으로 어떻게 살아가야 할지 막막하고, 이런 마음이 무엇이냐 말예요.

그것은 자기 자신이 알고 있는 것입니다. 주변에서 조언해 줄 수 있지만 결정은 자기가 내리는 것입니다. 생사문제도 자기가. 태어나서 늙어 병이 나 죽는 것도 자기 몸뚱이 기준해서 있는 것이지, 마음자리는 태어남도 없고 늙음도 없고 병들음도, 죽음도 없는 것입니다.

마음자리를 체라 합니다. 몸을 용이라고 합니다. 몸뚱이는 쓰다가 버리잖아요. 마음을 기준으로 보는 것입니다. 마음을 닦는 스님이나 사람들. 마음을 닦는 사람은 일평생 체의 자리 하나만 보는 것입니다. 다른 것은 부러워하지 않아요.

용의 자리에서 벌어지는 현실적인 문제는 부러워하지 않아요. 구름 먹고 이슬먹고 살아가는 것처럼, 현실 속에 살아도 살아가는 방법이 다른 것입니다.

부자를 부러워하지 않고, 많이 배운 사람을 부러워하지 않고. 체의 자리! 근본 마음자리 한번 깊이 들어가서 깊은 경지에 들어가려고 노력을 하는 것이지요. 이것을 대신심이라 합니다.

2) 대분심

대분심! 분한 마음을 가져야 합니다. 지금까지는 허송세월로 보냈습니다. 그럭저럭 세월을 보냈으니 억울하고 분하니까 잠이 오질 않아요. 내가 내 마음을 모르고 허송세월 했구나! 생각할 때는 시간 가는 것이 아깝고, 어떻게 하든지 도를 닦고 마음을 닦아 깨쳐야 되지 그냥 허송세월 보낼 수는 없어요.

부처님도 역대의 조사들도 다 범부였어요. 정법을 만난 후에는 해가 지게 되면 다리 뻗고 울었거든요. 하루해가 가게 되면 잠 오는 것을 송곳으로 허벅지 찔러가면서 졸지 않고 참선하려고 옛날 사람은 노력을 했고, 오늘도 성불 못하고 깨치지 못하고 하루해가 가는 것을 안타까워했어요.

여러분은 하루 하루가 쌓여 가지고 선 한 달이 되고, 한 달·한 달 쌓여서 1년이 되고, 1년·1년 쌓여서 10년이 되는 것입니다. 발심수행장(發心修行章)에 보면, 항상 "막속급(莫速急)하라 막속급(莫速急)하라!" 급히 생각해라 급히 생각해라! 홀지백년(忽至百年)이거늘 잠깐 사이에 100년의 세월이 간다고 했어요.

여러분 지금까지 살아왔으니 살아갈 날이 많이 남아 있는 줄 알지만 인생이 잠깐 가는 것이거늘 얼마나 짧으냐 이거예요. 그런데 운하불학(云何不學)이면, 불학(不學) 배우지 않고 도를 닦지 않고 어떻게 허송세월 할 수 있으냐 이것이지요. "부제불제불(夫諸佛諸佛)이 장엄적멸궁(莊嚴寂滅宮)은 어다겁해(於多劫海)에 사욕고행(捨欲苦行)이요." 대저 모든 부처님이 적멸궁을 장엄하신 것은 오랜 세월동안 욕심을 버리고 고행한 때문이요. "중생중생(衆生衆生)이 윤회화택문(輪廻火宅門)은 어무량세(於無量世)에 탐욕불사(貪慾不捨)니라." 수많은 중생들이 불타는 집에서 맴도는 것은 한없는 세상에서 탐욕을 버리지 못한 때문이다. "무방천당(無防天堂)에 소왕지자(小往至者)는 삼독번뇌(三毒煩惱)로 위자가재(爲自家財)요"

막지 않는 저 천당에 가는 사람 적은 것은 삼독심과 번뇌를 나의 집 재물로 삼기 때문이요. 거기를 가지 못하는 것은 막는 사람이 없는데도 금생에 혹시 잘 먹고 잘 살고 탐진치 잘못된 사고방식에서, 인간으로 태어나면 처자식을 데리고 잘 먹고 잘 살아야 되지 않을까…. 순간적으로 한 생각 잘못된 생각에서 생사문제를 해결하지 못하고 허송세월 하다가 늙어서 불법 만나면 한탄한다 이거지요.

그러나 수많은 역대 조사들이나 성현들은 마음을 닦았어요. 다른 것은 필요 없고 무언지 모르게끔 금생에 할 것은 이길 밖에 없다 했습니다.

도를 닦는 사람은 "배슬여영(拜膝如永)이라도 무연화심(無戀火心)하며 아장여절(餓腸如切)이라도 무구식념(無求食念)이니라" 절하는 무릎이 얼음처럼 시려도 불 생각을 하지 않고, 주린 창자 끊어져도 먹을 것을 생각 말지어다.

창자가 끊어져도, 아장(餓腸) 자기 몸. 무구식념, 자기 창자가 끊어지도록 배가 고프더라도 먹을 것을 구하는 생각을 하지 말고, 너무 추워서 마디마디가 끊어질 정도로 추위가 오더라도 따뜻한 불을 구하려고 생각하지 말라 했습니다.

잘 먹고 잘 입을 생각하지 말고 고행을 해라. 역대의 조사가 괴로움을 실천하고 고행을 통해서 도를 통했지 고행하지 않고 먹을 것 다 먹고 입을 것 다 입고 잠잘 것 다 자고 남들과 똑같이 생활

해서 잘 된 사람 없습니다.

여러분은 끊임없는 훈련 트레이닝을 통해서 한시간이라도 더 노력을 해야지요.

지금 먹고 자고 하더라도 낮에 바둑두고 놀러 다니고, TV보는 시간만 줄여도 시간이 남습니다. 티끌 모아 태산이라고 샛길로 가지 말라 이거지요. 분한 마음을 가지고 살아가라고 분심을 넣어 주는 겁니다.

옛날에는 선지식들이 제자들이 잘해도 윽박지르면서 잘못했다고 다시 하라고, 잠을 안 재우고 고행을 통해서 닦게 만들었습니다. 대분심이라 해요. 숨이 떨어지면 어떻게 할 것입니까? 대분심!

3) 대의정

몽산화상은 몽산법어에서 다음과 같이 대의정에 대해서 법문을 하셨습니다. 읽고 또 읽어 정진하는 데 도움이 되시길 바랍니다.

"공부를 짓되 귀한 것이 의정(疑情)을 일으키는 데에 있으니 무엇을 일러 의정이라 하는고? 태어나되 어디서 온 줄을 모를진댄 온 곳을 의심치 않을 수 없고, 죽되 어디로 가는지 모르건댄 가는 곳을 의심하지 않을 수 없나니라. 생사(生死)의 관문을 깨뜨리지 못한 즉 의정(疑情)이 몰록 일어나리니, 눈썹 위에 맺어 두어 놓을래야 놓을 수 없고 쫓아도 가지 아니하여, 홀연 하루아침에 의심 덩어리를 깨뜨리면, 생사 두 글자가 이 무슨 부질없는 것일까 보냐? 엑(악)!"

이렇게 법문을 하셨습니다. 그러나 여러분에게 알기 쉽게 풀어서 강의를 하면 다음과 같습니다.

대의정이란, 참선의 3대 요건입니다. 그리고 선에 대한 책자에서는 대부분 대의심으로 표현합니다. 대의심은 잘못 알게 되면 남을 의심하는 의혹을 갖고 부정적으로 생각하는 습관을 들일 수가 있습니다.

몽산법어에서도 의정으로 표현한 것처럼 대의심이라고 표현하는 것보다 대의정이라고 표현하는 것이 옳다고 생각합니다.

예를 들어서 왜 화두를 할 때 의정이라고 하냐면, 다른 정(情)은 다 떨쳐 버려야하지만 앉으나 서나 화두를 참구 하는 수행자는 혼자 있어도 외롭지 않고 영원한 자기 화두와 정을 붙여야 하기 때문에 의정을 일으키라고 하는 것입니다.

조작빼기라도 정을 붙이려고 할 때 정이 드는 것이지 정이란 하루 이틀에 이루어지는 것이 아닙니다.

'정주고 마음주고 떠나간 님아.. 하는 것처럼' 남녀지간에 사랑을 하면 정이 들면 항상 님 생각만 하듯이 '이 뭣고' 화두를 정을 붙여 항상 정을 점검하는 것. 그것이 의정입니다. 그러니까 의정이 옳은 것입니다.

대의정! 화두 하나만 생각해야돼요. 수좌는 다른 것은 절대 생각하면 안돼요. 대의정이란 것은 여러분들이 노서입우각(老鼠入牛角)이라, 늙은 쥐가 물소 뿔이 자라는데 그 속에 들어가서 머리가 걸려 나갈 수도 없고 뺄 수도 없어 이러지도 저러지도 못해요. 한번 화두에 맛을 들이면 이러지도 저러지도 못해 안 할 수도 없고. 그렇게 항상 대의정을 하라는 겁니다.

참선의 자세

1. 자세의 종류

참선의 자세는 크게 두 가지로 나누는데, 반가부좌와 결과부좌로 나누어지고 있습니다.

(1) 반가부좌(半跏趺坐)

반가부좌는 길상좌와 항마좌 두 가지가 있습니다.

1) 길상좌

불교에서는 왼쪽은 부처님을 표현하고 오른쪽은 중생을 표현한다. 그래서 왼쪽을 근본체(體)라 하며, 오른쪽은 많이 쓴다 하여 용(用)이라 한다. 중생이업을 많이 짓는 것을 참선할 동안만이라도 짓지 못하도록 누른다는 뜻에서 오른쪽 다리를 왼쪽 허벅다리 밑으로 놓고 왼쪽 다리는 오른쪽 허벅다리 위에 발바닥이 위로 보이도록

반가부좌의 자세

올려놓는 자세를 반가부좌 중에서 길상좌라 한다.

* 선방 스님들 자세도 대부분 반가부좌 중 스님들은 항마좌를 많이 하는 편이다. 그리고 간경 할 때도 반가부좌자세를 한다.

2) 항마좌

길상좌의 반대되는 자세로 졸음이 오거나 무서움을 많이 탈 때 수마를 조복 받는다.

해서 항마좌라고 한다. 항마좌란 왼쪽 다리가 오른쪽 허벅다리 밑으로 가고 오른쪽 다리를 왼쪽 허벅다리 위에 올려 놓는 자세를 말한다. 알기 쉽게 설명하면 길상좌는 부처님이 중생을 제도하는 자세라 하면, 항마좌는 반대로 부처님이 중생을 자비심으로 받드는 자세라고 할 수 있다. 반가부좌 중에서 길상좌만 하기가 지루하면 항마좌로 바꾸어도 좋다. 또 항마좌로 하다 길상좌로 바꾸어도 신체에 균형이 맞기 때문에 좋다.

(2) 결가부좌(結跏趺坐)

왼쪽 발을 오른쪽 넓적다리 위로 올려놓고 다시 왼쪽 발을 두 손을 잡고 들으면서 당겨 오른쪽 넓적다리 위에 겹쳐서 올려놓는 좌법을 결가부좌(降魔坐)라 한다.

* 최대한 발은 몸통 쪽으로 당겨야 두 발이 몸 중심에 가까이 놓이게 한

다. 이 자세는 요가 수행자들의 기본자
세이고 방석이 없이 바위 위에서나 밀
림 속에서 고행하는 남방불교권의 인도
나 티벳, 태국, 미얀마, 스리랑카 등에
서 행해지는 기본적인 자세이다.

그러나 한국 수행자들은 다리에 살이
많기 때문에 〈결가부좌〉가 쉽지않다.
또 되더라도 오래 유지할 수가 없다.
그 대신 좌복으로 대처하기 때문에 〈반

결가부좌의 자세

가부좌〉로 좌선을 하더라도 결가부좌의 효과와 별 차이가 없다. 좌복을
사용하는 우리나라 선방에서는 그렇게 크게 강조하지 않는다.

■ 세부적인 자세

(1) 곧곧한 바른 자세

보기좋은 떡이 먹기도 좋다고 선방에서 허리를 딱 펴고 하는 것
이 정상입니다. 그렇다고 너무 화두는 하지않고 긴장될 필요는
없지만, 최소한도로 예의는 갖춰주는 것이 좋은 것입니다. 다음
과 같이 심하게 자세가 흐트러진 분들의 예를 몇가지 들어보이겠
습니다.

턱을 당기지 않아서 턱이 위로 튀어나오는 사람도 간혹 있고,
너무 긴장이 지나쳐서 어깨에 힘이 들어 보이는 사람도 있습니

다. 또 어떤 사람은 자기 혼자 단전호흡을 한다고 '흡·토~' 이 렇게 속으로 호흡을 한다는 것이 자기도 모르게 숨소리가 커져서 참선하는 옆사람에게 심하게 방해가 될 정도로 신경쓰게 하는 사 람도 있습니다. 또 척추(청량골)는 자기 편한 데로 너무 심하게 활(弓) 모양으로 꾸부러트리고 참선한다는 것이 허리를 펴는 것 이 아니고 고개만 자라모양으로 쳐들고 하는 사람도 좋은 자세가 아닙니다.

(2) 손의 자세 - 법계정인(法界定印)

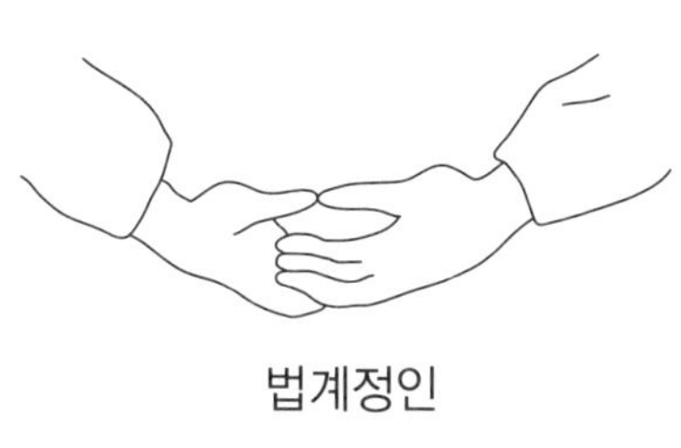

법계정인

반가부좌한 상태에서 오른손이 아래로 가고 왼손이 위로 올라 가도록 다리의 자세처럼 하며 타 원을 그리듯이 양손의 엄지끼리 거의 맞닿는 것처럼 합니다. 그 리고 또한 왼손 등이 오른손 등을 포개어 얹어놓고 잡는 자세를 차수라 합니다. 차수로 손의 자세를 해도 단정하기 때문에 무방 합니다. 그러나 너무 손의 자세에 신경을 쓰다 보면 긴장이 되고 정진의 능률이 오르지 않으므로 손도 자기에게 맞는 편한 자세로 하는 것이 좋습니다. 다시 요점을 정리하면 크게 세가지입니다.

① **법계정인** : 오른손 위에 왼손을 둡니다. 동그랗게 원을 만들며

두 엄지는 맞대서 단전에 닿게 둡니다.

② **차수** : 오른손 바닥으로 왼손 등을 감싸주고 단전에 댑니다.

③ **금강권** : 엄지손가락을 손안에 넣고 가볍게 주먹을 쥔체 양 무릎에 올려놓은 자세입니다.

④ **손등을 차지 않게!** : 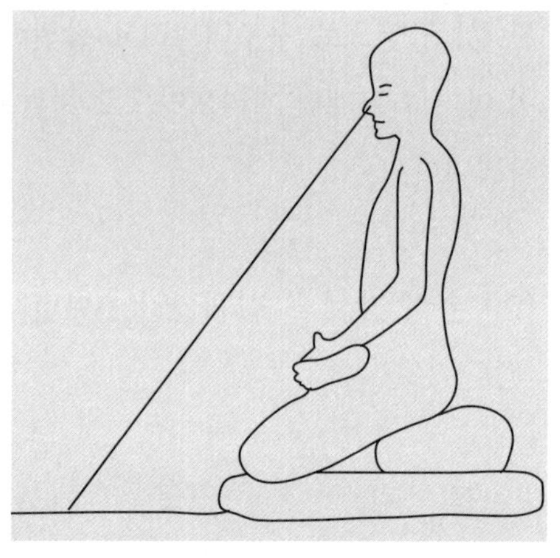
손바닥은 따뜻한데 손등이 찬 경우는 척추에 영향을 줄 수가 있습니다. 척추가 시리거나 더 추위를 탈 수가 있습니다. 왜냐하면 손등 뼈의 기능은 척추와 연결이 되어 있기 때문입니다. 항상 손등을 차지 않게 하는 것이 좋습니다. 그래서 법계정인을 참선할 때 많이 하도록 권하는 것입니다.

(3) 허리의 자세

엉덩이를 뒤로 쭉 빼서 허리를 세우면 허리가 자연스럽게 쭉 펴지며 어깨에 힘을 주지말고 부드럽게 가슴을 펴면 됩니다. 반가부좌를 할 때 좌복을 1/3정도를 접어서 엉덩이 쪽으로 살짝 걸쳐 놓고 하면 허리를 펴기가 더 수월해집니다.

(4) 얼굴의 자세

① 눈의 시선은 약 90cm 정도 앞바닥을 보는바 없이 보는데, 눈은 자연
스럽게 반만 뜨는 것을 원칙으로는 하는데 대부분 눈을 감고하는 경
우가 있습니다. 눈이 하루종일 사용하다보니 눈꺼풀에 기운이 빠져 감
기는 것은 억지로 반을 뜰려고 하는 것은 없고 감고하는 것이 마음이
편하고 참선이 잘되면 감고해도 좋습니다.

② 귀는 앞에서 볼 때나 뒤에서 볼 때 어깨선과 일직선이 되도록 자연스
럽게 신경 쓰지 말고 내버려두면 됩니다.

③ 코는 냄새를 맡는 기관인데 참선할 때는 나쁜 냄새 악취가 나는 것은
물론 금물이지만 향을 피는 것도 호흡하는데 도움이 되지 않기 때문
에 참선할 때는 향을 피지 않는 것이 좋습니다.

④ 입은 자연스럽게 다물고 하는 것이 좋습니다. 입이 벌어지면 보기도
안좋고 공중파 나쁜 균들이 입을 통해 들어 갈 수 있기 때문입니다.

⑤ 침은 삼키는 것이 좋습니다. 참선할 때 침이 생기면 옆 사람에게 방해
되지 않을 정도로 조용히 삼키면 됩니다. 그러나 일부러 꼭 혀를 입천
장 위에 말지 않아도 평소처럼 자연스럽게 혀를 가만히 내버려두어도
좋습니다.

⑥ 턱은 자연스럽게 당기고 하시면 됩니다.

⑦ 얼굴 전체는 참선이 시작되기 전이나 끝난 다음에 손바닥을 비벼서
만져주는 것이 좋습니다. 눈, 귀, 코 등 얼굴을 비벼주면 얼굴 세포가
살아나 늙지 않고 건강하고 윤택하게 보입니다.

■ 좌선을 끝낼 때의 주의

① 다음 미미하게 서서히 몸을 움직이라. 어깨, 목에 긴장감 그리고 뿌듯한 감이 있을 때에는 부드럽게 만져 주고, 고요히 움직이면서 이 역시 내뿜는 숨 가운데 붙여서 뱉어버리는 기분을 가지라.

② 다음 입술을 조그맣게 둥글게 하고 고요히 마음껏 숨을 내어 뿜으라, 내뿜는 숨 가운데 이때까지의 마음의 긴장, 몸의 긴장이 얼음 녹듯이 풀려 버리는 듯한 심리작용(心理作用)을 가하면서 두서너 번 마음껏 숨을 내뿜으라.

③ 틀었던 발을 두 손을 잡고 서서히 내려놓고 다리를 뻗고 풀어라. 아프거나 저릴 때에는 손으로 발부분이나 종아리 부분을 주물러 주어라.

④ 다음 양손을 마찰하여 손바닥의 따뜻한 기운으로 양 눈을 비벼주면 시력이 좋아진다. 손으로 눈을 덮은 채 서서히 눈을 뜨라.

⑤ 좌선이 끝난 후에는 여운이 있기 때문에 가급적 말을 하지말고 침묵을 지속해야된다. 몸은 움직이더라도 뇌리속에 뇌파나 세포들은 안정되어 있기 때문에 시끄러운 음악을 듣거나 말을 많이 하거나 TV를 시청하는 것은 아주 금물이다.

이상은 혼자 집에서 참선을 할 때 해당되는 것이지 스님들 선방에서는 해당되지 않습니다.

2. 참선 전후의 운동

　참선을 하기전이나 한 후에 초보자는 가벼운 운동을 하는 법을 일러 드리겠습니다. 선방에서는 할 수가 없고 집에서 할 경우를 말합니다.

① 상체를 좌우로 움직인다.

② 상체를 앞으로 굽힌다.

③ 손바닥을 비벼서 얼굴을 비벼준다.

④ 가벼운 목운동을 한다.

⑤ 몸통을 뒤로 젖힌다.

⑥ 무릎을 꿇고 앉아서 몸통을 뒤로 젖힌다.

3. 호흡하는 법

참선할 때는 호흡을 어떻게 합니까? 이렇게 질문하는 분들이 많이 있습니다. 그럴 때 저는 이렇게 대답합니다.

호흡은 가장 자연스럽게!!!

호흡법이 중요하다고 생각하면 중요한 것이고 중요하지 않다고 생각하면 또 중요하지 않은 것입니다. 그래서 선종의 선지식 스님들도 크게 두 가지로 나누는데 호흡을 강조하는 선지식이 있고 호흡보다 화두를 강조하는 선지식이 있습니다. 본회에서는 호흡을 강조하지 않고 화두를 강조하는 쪽입니다.

그러므로 호흡은 자연스럽게 하라는 쪽입니다. 참선하기 위하여 처음 들어온 초보자에게 호흡도 하라 화두도 하라 동시에 두 가지 중요성을 강조하면 처음에는 하지만 나중에는 헷갈리기 때문에 지쳐서 권태를 느끼게 됩니다.

그러므로 편한 자세가 좋은 자세고 자연스러운 호흡법으로 초보자에게 가르치는 것이 더 낫다는 결론이기 때문입니다. 간단한 호흡법으로는 들어마실 때 입으로 들어마시면 안됩니다.

공중에 눈에 보이지 않는 탁한 공중파 균들이 순식간에 막혔던 고속도로가 뚫려서 차가 소통이 잘되 터널 속으로 달리는 것처럼 입 속으로 수천억의 나쁜 균들도 들어갈 수 있기 때문입니다.

그러니 호흡할 때는 입을 다물고 코로만 호흡을 하되 들어 마실 때는 크게 들어마시고 멈출 때는 한참 멈춘 후에 아까운 금싸라기가 서서히 빠져나가는 것처럼 길게 오랫동안 코로 내뿜는 것입니다.

호흡은 꼭 코로만 하는 것은 아닙니다. 호흡이 잘 정돈되어 호흡을 하는지 안 하는지의 분별이 없는 상태에 이르러서 전신의 8만 4천의 털구멍이 호흡하여 자기의 몸과 외계와의 사이에 있는 피부의 존재 의식이 사라지면, 자기 몸의 존재의식과 호흡 의식이 없어지게 됩니다.

몸의 존재의식, 호흡 의식이 사라지면 따라서 나라는 존재 의식도 없어집니다. 인체에 모세혈관에 있는 땀구멍은 모두가 호흡을 하는 것입니다. 머리로도 호흡을 하기 때문에 삭발한 스님들은 머리를 통해서도 자연스럽게 호흡이 되는 것입니다.

그런데 억지로 참선을 더 잘하려고 신경을 호흡에 많이 쓰고 하면서 육식을 많이 먹고 했을 때 소화가 안되고 기혈이 돌지 않고 막히는 과정에서 기가 불그스레하게 얼굴로 올라와서 머리가 아픈 병을 상기병이라 합니다.

상기병은 원인이 화를 잘내는 사람들이 걸리기 쉬운데 왜그런

가 하면 성질이 불같아서 화를 내면 순식간에 기가 얼굴로 뭉쳐서 얼굴이 시뻘개지기 때문입니다.

조금만 흥분해도 핏대가 서는 분은 참선한다고 앉아 있으면 온몸혈액순환이 안돼서 일어날 수도 있으니 다리가 아프면 잠깐만 뻗어줘도 혈액순환이 하체로 되기 때문에 상체까지 올라갈 피가 많지 않기 때문에 상기가 안될 수 있습니다. 선방에 수좌가 상기가 걸리면 그것으로 끝입니다. 상기병은 약이 없다고 합니다. 그러니 참선할 때 초보자는 다리가 아프면 참지 말고 10초만이라도 요령껏 뻗어주고 호흡은 자연스럽게 마음은 편안하게 육식은 먹지말고 옷은 통풍이 잘되는 가벼운 옷으로 입고 참선 잘하면 상기는 안 걸립니다.

상기병이란 어떤 증상이냐 하면 머리통이 난로 불을 핀 것처럼 뜨끈뜨끈하기 때문에 머리가 빠개지는 듯 아픈 두통 때문에 참선 못한다는 경우도 많이 있습니다.

사람은 머리는 차고 발은 따뜻해야 잠을 자고 개는 코가 따뜻하면 잠을 잔다고 했습니다. 머리는 항상 차게 하라는 뜻은 머리 속으로도 호흡을 하기 때문입니다.

만약에 고기 먹고 단전호흡 하는 것보다 그래도 채식하고 자연스럽게 호흡하는 것이 훨씬 낳을 수 있다는 것이 결론입니다.

4. 참선시의 세부적인 요령

(1) 참선 전에 해야 할 일

① 반드시 대소변을 억지로라도 먼저 보는 습관을 들여야 됩니다. 대소변을 본 후에는 기혈이 잘 돌아 온몸이 편안하게 신체 리듬이 정상적으로 돌아갑니다. 그러므로 당연히 참선하기 전에 해야 할 일은 대소변입니다.

② 대변은 시원하게 해결한 후에 반드시 휴지로만 닦지 말고 물로 뒷물을 해주는 것이 당연합니다. 그래야만이 개운하고 위생적이며 건강에도 좋습니다.

③ 악신들은 냄새를 좋아합니다. 피비린내부터 똥냄새까지 좌우지간 무조건 냄새나는 곳은 악신들의 구역이라고 생각하시면 됩니다. 맑고 깨끗한 청정한 선방 좌복 위에서 생사일대사 화두를 참구하는 수좌가 나하나 쯤이야 하고 뒷물을 하지 않고 정진한다면 그 한 명의 냄새 때문에 악신들이 선방까지도 쫓아 들어올 수 있습니다.

④ 참선하기 전에는 TV나 영화를 많이 보지 마십시오. TV나 영화를 본지 얼마 안되서 바로 참선한다고 앉아 있으면 조금 전에 봤던 장면이나 대화가 떠올라서 화두가 안되는 것은 당연한 것입니다. 뇌

의 휴식이 필요하기 때문에 TV를 밤 늦게까지 많이 보게 되면 잠
이 깊어집니다. 그러기때문에 참선하는 사람은 잠을 적게 자고 정
진해야 되기 때문에 과다한 TV시청이나 영화를 많이 보는 것은 번
뇌망상만 키울 뿐이지 아무 도움이 안됩니다.

 그리고 요즘은 핸드폰이 많은데 핸드폰 통화한 후에는 참선이 잘
안될 것입니다. 그러니 도인이 나오겠습니까. 참선하는 사람은 끊
어야 됩니다. 멀리해야 합니다.

(2) 목욕

　선방에서는 결제 때 삭발, 목요일이 음력 14일 초하루 전날을
기준으로 월 2회 실시하는 곳이 있고 음력 4일, 14일, 24일마다
10일 간격으로 정해서 하는 선방도 있습니다.
　삭발, 목욕일 날은 새벽정진만 하고 아침 공양에서 저녁 공양까
지는 자유정진으로 삭발도 하고 목욕과 밀린 세탁을 하며 긴장된
일정표에서 정진하던 리듬을 좀 쉬어주면서 다시 다음 삭발, 목
욕까지를 목표로 준비도 하는 시간입니다.
　재가자들은 목욕을 매일 할 수도 있기 때문에 깨끗이 씻어주는
것은 좋은데 너무 뜨거운 사우나에서 많은 땀을 빼면 몸의 진액
이 빠져나가기 때문에 참선하기 전에 가볍게 샤워정도 하는 것이
좋습니다.

(3) 참선 복장

　참선할 때는 헐렁한 면으로 만든 법복바지가 좌선하는 데 효과
적입니다. 상의도 입고하면 더욱 좋지만 재가자는 겨울에 누비를
입는 스님들과 달리 꼭 의무적으로 상의까지 구입해서 입을 필요
는 없습니다.
　부득이 양복이나 정장을 입고 참선을 해야 할 때에는 넥타이,
허리띠는 헐겁게 풀어서 편하게 하고 시계, 반지, 목걸이 등 몸에

달라 붙어 있는 것들은 모두 풀어놓고 합니다. 몸에 부착물이 없어야 신경이 덜 쓰이게 되므로 안경도 벗고 하는 것이 훨씬 능률적입니다.

(4) 좌복의 중요성

세속에서는 방석이라고 하는데 참선할 때 쓰는 가장 중요한 좌복은 넓고 편해야 참선하는 데 능률이 오릅니다. 속에 솜은 국산 목화솜을 넣어야 기를 뺏기지 않고 기가 순환이 되므로 꼭 국산 목화솜으로 만든 좌복을 사용하는 것이 좋고 좌복 껍질은 당연히 면으로 감촉 있게 만드는 것이 좋습니다.

IV

참선의 종류

참선의 종류에는 크게 5가지 종류가 있습니다. ①범부선 ②외도선 ③소승선 ④대승선 ⑤최상승선으로 나눌 수 있으며 알기 쉽게 설명하면 다음과 같습니다.

1. 범부선(凡夫禪)

중생이 현실적인 이익을 위하여 닦는 禪으로서 종교하고는 아무 상관이 없고 누구나가 부담없이 닦을 수 있는 선입니다. 고도로 과학이 발달된 물질 만능 시대를 살아가고 있는 현대인들이 잠시라도 정신적 휴식을 취하기 위하여 닦는 선을 범부선이라 합니다.

현재 미국, 유럽 등 서양에서 지식인들한테 폭발적으로 인기를 얻고 있으며, 우리나라의 지식인이나 일반인이 정신적 스트레스를 해소하기 위하여 닦는 禪입니다. 그리고 최근에는 우리나라 대기업체 사원연수과정에서 신입사원에게 업무능력 향상을 위해 가르치는 禪 등이 다 〈범부선〉에 해당됩니다.

현대인은 TV나 신문을 통하여 너무 많은 정보의 홍수 속에 살고 있습니다. 게다가 요즘은 또 인터넷이 등장하여 1분 1초를 다투면서 전 세계적으로 정보를 주고받으니 정신적 휴식을 취할 여가도 없는 것이 현대인들의 하루하루 바쁘게 살아가는 모습입니다. 자고 깨어나 맑은 머리에 범부선이라도 닦으면 하루 일과가 시작될 때 능률적으로 업무나 공부를 할 수 있습니다. 오직 5분이라도 참선하는 습관을 들이면 뇌파의 주파수가 다운되어 머리도 맑아지고 효과를 보는 것은 틀림없습니다. 다음과 같은 자료를 참고하시기 바랍니다.

2. 외도선(外道禪)

　부처님의 인과법(因果法)을 믿지 않고, 진리가 아닌 것을 진리로 잘못 알고 집착하여 그것에 의해 닦아 가는 禪을 〈외도선〉이라 합니다.

　천주교의 묵상, 신선도, 단(丹), 인도의 요가수행자의 명상을 말합니다. 외도선은 몸에 집착을 가질 필요가 없는데 몸을 아끼고 집착을 합니다. 외도의 공통점은 부처님법을 믿지 않습니다. 불교의 계율을 지키는 것을 무시하고 〈丹이나 氣를 돌린다〉 하여 참선을 하는 자세로 주문을 외우기도 합니다.

　〈외도선〉의 자세 또한 결가부좌나 반가부좌를 하고 있기 때문에 외형적 모습으로는 참선을 한다고 말을 하고 있으나 내용 면에서는 불교의 禪과는 엄청난 차이가 있으며 요즘 널리 알려진 다른 수행(단전호흡, 요가, 명상 등…)을 하는 사람들이 모두 자기들 나름대로는 진리를 통했다고 하지만 거의가 외도선에 해당하는 것입니다. 외도선의 특징은 쉽게 업장소멸을 시켜주고 소원성취를 시켜줄 테니 자기만 믿으라는 것이고 다른 단체는 가지 말라고 하며 신비스럽게 말하며 제물을 요구합니다. 또한 조직이 탈하기가 어렵습니다. 차라리 범부선을 닦을지언정 외도선을 만나는 것은 잘못된 만남입니다. 과거생에 남을 잘못 인도했으면 금생에 인과에 의해 잘못 인도를 받아 외도선으로 빠지게 될 수 가 있습니다.

3. 소승선(小乘禪)

　부처님이 말씀하신 아함경을 소승경전이라 하며 아함경 내용을 중심으로 수행하는 관법을 닦는 선을 소승선이라 합니다. 현재도 인도, 스리랑카, 미얀마, 태국, 캄보디아, 라오스, 베트남 등 동남아시아 불교국에서 오후불식 등 엄정한 계율을 지키며 수행하고 있습니다.

(1) 5정심관

　오정심관이란, 부처님 당시부터 현재까지 동남아시아, 미얀마, 스리랑카로 전해 내려오는 정통 교종선(敎宗禪)의 수행방법으로 스승이 제자를 볼 때 제자의 강한 업력을 녹여주기 위하여 수행 정진 시키는 방법 중에 특색있는 하나하나의 수행방법을 5가지로 크게 모은 것을 말합니다.

1) 부정관 (不淨觀)

　음욕심이 너무 많은 사람한테 대승관법이나 화두가 통하지 않을 정도로 업이 무거운 사람에게 육체는 냄새나고 더러운 것이며

3일만 지나면 썩어서 문드러지는 것이니 육체를 너무 집착하여 좋아하지 말고 청정한 마음이외에는 믿을 것이 없으니 그 이치를 알게 하기 위하여 계속 관찰시키는 수행방법이 부정관입니다.

무량억겁을 생사윤회하면서 수컷은 암컷을 좋아하고 암컷은 수컷을 좋아하며 세세생생 익혀온 음욕심으로 인해 생사윤회를 한량없이 한다는 것을 그래서 참기 어려워도 고통스러워도 혼자 독신으로 살면서 생사해탈의 대도를 닦으라고 오늘날에도 비구 · 비구니가 있는 것입니다.

좀더 자세하게 부정관을 3단계로 나누면 다음과 같습니다.

① 생체부정(生體不淨)　　② 현상부정(現相不淨)

③ 구의부정(究意不淨)

2) 자비관 (慈悲觀)

《화엄경 보현행원품 華嚴經 普賢行遠品》에서는, 다음과 같이 부처님께서 말씀하셨습니다. "한번 진심을 일으키면 백만가지 장애의 문이 열린다"라고 하셨습니다. 중생의 진심을 뒤집으면 자비가 되는 것입니다. 그러므로 자비심으로써 진심을 다스리게 하였습니다. 그 방법은 고요히 앉아서, "모든 사람에 대하여 성내거나 미워하지 않고 사랑하고 불쌍히 여기자"라고 생각하여야 합니다.

우리 주변에는 화를 잘 내는 부모님이나 상관들이 있습니다. 또 화 잘내는 할아버지 할머니를 역정낸다는 말로 표현합니다. 화를 잘 내는 사람은 주변 사람들을 불안하게 하고 불쾌하기 때문에 복이 감복될 수 있습니다.

그렇지 않아도 복이 없어 일이 뜻대로 잘 안되는 사람이 자기잘 못은 생각하지 않고 힘이 있다고 나이가 많다고 직책이 높다고 권한이 있다고 무조건 성질부터 내면서 아랫사람이나 상대방 마음을 상처를 주고 괴롭힙니다.

한 마디로 말해서 듣는 사람 입장에서는 기분이 엄청나게 나쁜 데도 자기감정만 실컷 소리높여 화를 내는 사람들을 제도하기 위해서는 자비관을 닦으라고 기분 좋은 말을 선택해서 조용히 권하셔야 됩니다.

자비관을 닦을 때는 대자대비한 자비하신 부처님의 미소를 항상 생각하도록 하고 부처님 사진을 넣고 다니다가 화가 낫다하면 부처님 사진을 보면서 참던지 아니면 중생한테 화를 내지 말고 부처님 사진한테 화를 내는 것도 좋은 방법이 될 것입니다.

아마 벌 받을 것 같아 아무리 신심이 없어도 부처님 사진한테는 화를 내지 않을 것입니다. 그러니 화를 잘 내는 중생한테 시키는 참선법이 자비관입니다. 여러분, 잘 아셨죠?

3) 불상관 (佛相觀)

업장(業障)이 무겁고 두터운 사람은 세상 사는데 고통이 남보다 곱빼기로 많습니다. 틀림없이 될 일도 안되고 어디가나 사람들이 잘못한 것도 없는데 싫어하기 때문에 따돌림을 당하고 취직을 하려고 해도 안되기 때문에 몇 년을 놀다가 다행히 좋은 회사라고 직장을 구해 취직이 되었는데 들어가자마자 며칠 못다니고 회사가 부도가 나서 다시 실업자가 되고 학교 입학시험이나 모든 자격시험을 보면 아슬아슬하게 꼭 떨어지게 됩니다.

남들하고 달리 업장을 소멸하는 참선법으로는 불상관을 하는 것이 가장 빠르다고 합니다. 불상관은 어떻게 하느냐 하면 항상 부처님만을 생각하는 것입니다.

4) 인연관 (因緣觀)

옷자락만 스쳐도 5백생 인연이라고 부처님께서 말씀하셨습니다. 우연은 없습니다. 뿌린대로 거둔다고 좋은 인연을 씨를 뿌리면 좋은 사람을 만나고 나쁜 사람의 인연을 뿌리면 나쁜 사람을

만나는 것입니다.

원하던 원하지 않던 많은 생동안 부처님과 깊은 인연이 있기 때문에 참선법을 만날 수 있는 것이고 이 글을 통하여 서로가 발심도 하고 공감을 하는 것도 많은 생에 저하고도 인연이 있기 때문입니다.

더 나아가서는 이 몸뚱이도 언젠가는 버려야되고, 좌우지간 인연! 인연이란, 무엇인가. 알면 다행인데 모르면 집착이 생기는 것을 떨쳐버리는 수행방법이 바로 인연관입니다.

부처님께서는 이렇게 말씀하셨습니다.
"모든 만유는 어떤 실체가 없이 인연에 의해 거짓으로 화화되어 있음을 관하는 관법 (예를 들어 집착으로 영원히 늙고 병들고 죽는 법칙을 깨닫지 못한 사람이 닦아야 되는 수행법)은 부정관, 자비관, 불상관이 아니고 인연관입니다.

5) 수식관 (數息觀)

처음으로 참선을 할 때 가장 큰 장애가 되는 것은 산란심입니다. 산란심이란 너무나 번뇌망상이 많이 이 생각 저 생각이 앉아서 밤사이에 기와지붕을 하루밤 사이에 열채를 짓는다고... 망상에 망상을 실천가능성도 없는 생각의 꼬리를 물고 일어나는 사람이 있습니다.

그런 사람보고는 냉수 먹고 속차리라고 하고 싶지만, 그렇게 심한 말을 할 수도 없고 도를 닦게 하기 위해서 수식관을 권해 드립니다.

수식관이란, 숫자를 마음속으로 세는 것을 말하는데, 초보자는 열부터 거꾸로 아홉, 여덟, 일곱, 여섯... 0 그 다음에는 하나 둘 셋 넷 다섯... 열까지 그 다음 단계는 50부터 거꾸로, 그 다음은 100부터 그 다음은 500부터 499, 498.. 그렇게해서 0까지 0에선 500까지, 만약 숫자를 마음속으로 세다가 틀리면 다시 원점으로 돌아가 시작하여야 됩니다. 숫자를 세느라고 딴 생각이 없기 때문에 산란심을 다스리고 조복 받는 법은 수식관입니다.

넓은 의미의 수식관은 육묘문(六妙門 : 數·隨·止·觀·還·淨)을 포괄한다. 범어로는 아나파나사티(anap-anasatti)라고 하며 한자로 안반수의(安般守意)로 음역(音譯)하였다. 아나(ana, 安)는 숨을 들이쉬는 것이고, 아파나(apana, 般)는 숨을 내쉬는 것이며, 사티(satti, 守意)는 집중의 뜻입니다.

4. 대승선(大乘禪)

　대승불교권인 중국·한국·일본·대만·홍콩·베트남 등에서 닦는 선을 대승선이라 합니다. 대승선은 대승경전을 근거로 하여 참선을 하는데, 대승선 중에서도 크게 두 가지로 분류할 수가 있습니다. ①자력선과 ②타력선으로 나눌 수 있는데, 자력선과 타력선에 비교설명은 다음과 같습니다.

(1) 자력선

　예를 들어 알아듣기 쉽게 말씀드리겠습니다. 땅을 파야되는데, 혼자 삽자루와 곡괭이를 들고 한 삽 한 삽 땅을 파는 것은 힘도 들고 시간도 많이 걸립니다. 이렇게 혼자서 땅을 파는 것과 같이 참선을 하더라도 불보살님의 신통력이나 가피력을 의지하지 않고 고집스럽게 묵묵히 땅을 파는 것과 같이 자기 힘으로 닦는 선을 대승선 중 자력선이라고 합니다. 그래서 자력선은 원리 원칙대로 대승경전대로 수행하면 최상승 화두선과 차이가 없는 동등한 경지라고도 합니다.

　화엄경의 4법계관(① 이법계(理法界)-참선할 때 이치로는 모든 법계에 일어난 생멸의 현상을 통달하여 천상 아수라 인간 축생 아귀 지옥 등 육도윤회와 과거 현재 미래의 삼생의 인과를 다 아는 해탈의 경지에 도달했다 하더라도 현실 중생들을 제도하는 능력이 부족할 수도 있고, 방편력이 현실성이 없어서 고통스런 업보를 받는 중생에게는 큰 도움이 되지 않고 자기 홀로 높은 경지에는 도달하여 색계 욕계 무색계의 삼계의 이치는 훤히 알지만, 구름 잡는 소리하는 것처럼 중생들이 볼 때는 아무 쓸모가 없는 높은 경지의 이상참선

② 사법계(事法界)-현실에 일어나는 모든 중생들의 업보와 고통
은 타심통이 터진 것처럼 훤히 알고 정치 경제 사회 등 모든 방면
은 방편력이 뛰어나 잘 알며 천상, 아수라, 인간, 축생, 아귀, 지
옥 등 육도의 모든 중생들을 나름대로는 현실속에서 고통받는 현
상을 현실참선을 했기 때문에 자기 마음대로 중생을 제도할 수
있으나, 이법계관과 같이 대지혜가 열려있지는 않은 경지
③ 이사법계(理事法界)-이상과 현실을 동시에 통달하여 생사의
경지는 마음대로 잡아쓰고, 색계 욕계 무색계를 마음대로 종행무
진하며 생사를 벗어날 정도의 대해탈의 경지이나, 신통은 갖추지
못한 참선의 최고의 경지
④ 사사법계(事事法界)-법계에서 일어나는 이상과 현실을 다 통
달할 뿐 아니라 신통력도 갖춘 완벽한 불보살의 경지. 그러므로
화엄경의 최고의 완벽한 경지는 사사법계관입니다.),

여러분 일본사람들이 너무나 좋아하는 법화경의 관법은 실상관
(實相觀)입니다. 한국불교는 선종이기 때문에 선사상으로 똘똘
뭉쳐있는데 일본은 현실을 중요하게 여기기 때문에, 일본불교는
현실을 강조한 법화경 사상을 근본으로 닦습니다.

일본은 선종이면서도 정통 수좌맥은 임제종 묘심사파라는 것을
상식으로 알아두시기 바랍니다. 법화경 사상은 다시 말씀드리지
만 실상입니다.

그래서 참선할 때 실상관을 꿰뚫어봐야 최고의 경지로 인정하
는 것입니다. 결론은 참으로 실상관을 터득하면 그 경지는 화엄

경의 사사법계관과 원각경의 중도관, 금강경의 공관과 다르지 않고 똑같은 경지를 말하는 것입니다. 그래서 법화경을 좋아하는 사람이 닦는 선은 실상관이라는 것입니다. 아시겠습니까?

(2) 타력선

대승경전을 중심사상으로 닦는 대승선은 자력선과 타력선으로 분류합니다. 그리고 특히 타력선은 자력선과 달리 타의 힘으로 닦는 선으로서 대승선중 자력선을 설명하기 위하여 비유법으로 땅을 파는 사람이 삽자루와 곡괭이로 파는 것은 얼마나 시간도 많이 걸리고 힘들겠습니까? 이렇게 말씀 드렸습니다. 그것처럼 타력선은 땅을 파는데 불보살님의 가피를 얻은 후 닦는 것을 말하는 것입니다.

중생들은 자기는 업장이 많아서 안된다고 생각하고 모든 불보살님의 가피부터 받아야 된다고 생각하고 닦습니다. 그것이 타력선입니다. 대표적인 타력선들은 모두가 진언을 외어 업장을 말끔히 씻어버려야 한다고 하며, 타력적 가피나 힘을 구하며 참선하는 중에도 마음속으로는 아미타불 16관법을 닦거나 관세음보살 육자-진언(옴마니반메훔) 또는 능엄심주 신묘장구다라니 등을 마음속으로 염송하며 거치른 번뇌를 조복받고 어느 정도 진언의 힘으로 평정을 찾아가는 선입니다.

5. 최상승선(最上乘禪)

최상승선이란, 항상 대근기가 확실한 믿음을 갖고 정진하는 선이라고 하여 최상승선이라 합니다. 명칭만 다를 뿐이지, 祖師禪이라고도 합니다. 조사선이란 조사 스님들이 바로 가르친 선이라고 하며 격식 바깥의 근본자리를 바로 가르치는 선

이라 해서 格外禪이라고도 합니다.

그리고 조사들의 말씀을 가르치신 근본 체의 자리를 가장 가깝게 표현한 화두를 참구하기 때문에 話頭禪이라고도 합니다. 그리고 화두선을 公案禪이라고도 합니다. 공안이란 관청에 공문서가 한 번 결정되면 바꾸지 못하는 것처럼 화두도 관청의 공문서와

같이 바꾸질 못하고 참구만 한다하여 화두공안선이라고 합니다.

그리고 근래에는 살아있는 글귀를 참구하는 선이라 해서 활구(活究)참선법이라고도 합니다. 명칭만 다를 뿐이지 뜻은 최상승선을 표현하는 것입니다.

마지막으로 또 다른 명칭으로는 간화선이라고도 합니다. 결국 일반인들은 상식이 없기 때문에 1.범부선 2.외도선 3.소승선 4.대승선 까지는 그런데로 이해를 할 수 있는데 최상승선은 부처님 말씀이신 불경마저도 덮어두고 마음이 본래 부처요 마음을 떠난 부처가 없다는 깊은 뜻을 이해하지 못하기 때문에 믿고 실천하는 사람이 그렇게 많지 않습니다.

최고의 신심있는 대근기 선근 종자 인연있는 수행자만이 닦는 선이라 해서 5.최상승선 이라 합니다. 결국 다시 말해서 최상승선·조사선·격외선·화두선·공안선·활구선·간화선 등은 명칭만 다르게 부를 뿐이지 뜻은 똑같다는 것을 여러분들은 꼭 아십시오.

V

선종발달사

선종발달사

禪은 처음에 부처님께서 마하가섭에게 전하셨습니다.

[나의 정법안장(正法眼藏)과 열반묘심(涅槃妙心)을 마하가섭에게 부촉하노라]

1. 마하가섭	2. 아　난	3. 상나화수
4. 우바국다	5. 제 다 가	6. 미 차 가
7. 바수밀다	8. 불타난제	9. 복타밀다
10. 협 존 자	11. 부나야사	12. 마　병
13. 가비마라	14. 용수보살	15. 가나제바
16. 라후라다	17. 승가난제	18. 가야사다
19. 구마라다	20. 사 야 다	21. 세친보살
22. 마 나 라	23. 학 륵 나	24. 사　자
25. 바사사다	26. 불여밀다	27. 반야다라

28. 보리달마가 중국으로 건너와 중국인 제자인 혜가대사에게 전법을 하니,

29. 혜　가　　30. 승　찬　　31. 도　신

32. 홍　인

33. 혜　능 (중국1조 달마~6조 혜능) 순으로 계승되었습니다.

　우리나라 선종의 시작은 혜능(638~713) 이전으로, 31대 도신(580~651)시대, 구산선문이 형성되기 이전에 신라 법랑법사가 들어왔다는 학설이 있는데, 비유하자면 첫번째 선법(禪法)의 씨는 뿌려졌는데 봄이 되기 전에 뿌려 추위에 얼어 죽은 것으로 볼 수 있습니다.

[그 당시는 교종이 도처에 자리를 굳게 잡고 있었기 때문에 직지인심 견성성불(直指人心 見性成佛)이라는 선종의 시본사상이 뿌리를 내릴 수가 없었다.]

　그리고 두 번째는 신라 41대 선덕여왕 5년(784) 도의국사가 당나라에 들어가 35대 마조대사의 제자인 서당 지장선사에게 불립문자 견성성불(不立文字 見性成佛)사상을 배워 귀국한 데에서 비롯되었다는 설인데 도의국사가 뿌린 씨는 잘 간수되어 구산선문(九山禪門)으로 발전되었습니다.

　이후 구산선문이 고려에 들어와 쇠퇴하였으나 고려 충렬왕 때 태고보우국사(1301~1382)가 46세 때 중국 원나라에 건너가 56대 석옥청공선사로부터 정식으로 법을 인가 받고 57대 조사가 되어 48세(1349)에 귀국하였으니 한국 선종의 중흥기가 시작되었습니다.

　선의 황금시는

58대 환암혼수	59대 구곡각운
60대 벽계정심	61대 벽송지엄

62대 부용영관   63대 청허휴정(서산대사)

이렇게 내려오면서 선종이 크게 발전하였으며 禪이 대중에게 널리 인정받게 되었습니다.

그리고 64대조는 서산대사의 제자로 알려진 사명대사가 아니고 64대 편양언기선사(1581~1644)이며

65대 풍담의심(1592~1665)
66대 월담설제   67대 환성지안
68대 호암체정   69대 연담유일
70대 도연백련   71대 완호윤우
72대 하의정지   73대 금허세원
74대 경허성우로 내려온다.

근세에는 74대조인 경허선사의 출현으로 만공, 혜월, 혜봉, 용성, 한암, 수월 등 6대 선지식이 출현하시어 선풍을 드날렸습니다.

그리고 경허선사의 전법을 6대 선지식 중 만공선사가 받으셨으며, 75대 만공선사는 제자인 보월선사에게 인가를 하셨고 보월은 금오선사에게 전법하였으나 전법받은 보월선사가 스승(만공)보다 먼저 세상을 버리고 열반을 하였으니, 다시 만공선사가 76대 전강선사에게 법을 전하였다는 것과 경허가 혜월선사께, 혜월선사가 운봉선사께, 그리고 운봉선사가 향곡선사에게 전법

하여 내려왔다는 3가지 설 중에서 두가지 선맥(전강-송담, 향곡-진제)이 오늘날 선객 사이에 크게 논란도 되고 인정도 되는 것이 종단의 현실입니다.

　그러므로 오늘날 고도과학문명이 발달된 세계 속에서 우리 나라에만 정통선, 부처님의 心印을 면면히 이어 내려오는 최상승 화두선이 계승되고 있다는 점과 재가불교단체 중 수선회(修禪會)가 정통선(正統禪)을 이념으로 가르치고 실천한다는 점을 모두 명심하여 크게 신심을 일으켜 정진해야 합니다.

화두의 중요성

1. 화두의 정의

〈화두(話頭)란 여래체(如來體)의 자리를 가장 가깝게 제시한 진리의 자리로서 수행자가 참구해야할 절대적인 근본자리를 화두라 한다.〉

여래의 체자리라고 하는 것은 부처님의 근본마음자리를 여래의 체라고 합니다. 부처님은 오고감이 없기 때문에 여래라 합니다. 체라고 하는 것은 근본을 이야기 합니다.

그러므로 참선의 근본은 화두이고 화두의 근본은 여래의 체자리를 참구하는 것이기 때문에 여래의 체자리라고 하는 것입니다. 일부에서는 화두도 방편이다. 강을 건넜으면 배는 놓고가라 깨쳤으면 화두도 필요없다. 또 화두도 하나의 망상을 없애는 방편이다. 이렇게 그럴듯한 이론을 제시하는 사람들도 있습니다.

그것은 꿈에도 화두법을 모르고 말하는 것입니다. 자기 마음자리가 방편입니까. 있기도 하고 없기도 하는 것입니다. 있다 없다를 떠나서 항상 존재하고 있는 여여부동한 근본자리를 자기 마음이라 합니다. 자기 마음자리를 여래의 체 자리라고 하고 화두라 합니다. 좀 더 구체적으로 실감나게 참구하기 위하여 화두참구법을 말씀드리겠습니다.

그러니 오늘은 화두참구법을 강의하기 이전에 화두의 중요성부터 말씀드리겠습니다.

화두란, 무엇이냐... 公案이라고도 하는데 한마디로 숙제입니다. 요즘은 정치인들도 "우리의 화두는 국민들의 경제문제를 푸는 것이 화두입니다." 이렇게 말하기도 하고, 총각 처녀들은 좋은 배필 만나려고 하는 것이 화두가 될 수 있습니다. 그리고 실업자에게는 취업하려고 골똘히 생각하는 것이 화두가 될 수 있습니다.

결국 화두라는 것은 현실적으로 풀어야될 문제를 화두라고 보통 말합니다. 전혀 틀린 말은 아닙니다.

왜냐면 화두는 말씀 화(話), 머리두(頭) – '말머리', 말 중에서 가장 으뜸이 되는 중요한 말 – 그래서 화두! 그 날의 주제. 그 날의 숙제, 영원한 인생문제를 해결해야될 숙제, 자기마음자리를 참구해야 되니까 화두.... 화두라는 것이지요.

그런데 무슨 엉뚱하게 방편이란 말을 알지도 못하고 쓰는 사람이 있습니다. 화두는 방편이 아닙니다. 화두는 진리의 체자리입니다. 화두가 후대에 만들어졌다든지 화두는 망상을 없애는 도구라든지 이런 헛소리하는 골빈 사람들이 많은 시절입니다. 여러분들은 절대 속지 마십시오.

2. 화두의 全提·單提

(1) 알기쉬운 '이뭣고' 설명

이 화두는 한국불교 선종의 대표적인 화두로서 이 마음이 무엇
인고? 이 몸뚱아리 끌고 다니는 이 놈이 무엇인고? 경상도 사투
리로 '이뭣고?' 앉으나 서나 밥을 먹으나 꿈을 꾸나 오직 일편단
심으로 '이뭣고'만 참구하는 것입니다.

근본마음 당처자리를 화두라 하고 화두를 '이뭣고'라고 합니
다. 앉으나 서나 '이뭣고' 자동차가 운전수 없이 혼자 굴러갈 수
없는 것처럼 육신 몸뚱아리는 자동차에 비유들 수가 있고 자동차
를 운전하는 운전수는 자기 본심 마음자리를 표현하는 것입니다.

운전을 잘 하면 정비도 잘 하는 것처럼 정비를 잘 하는 사람은
운전도 잘 하는 것처럼 병이 나지 않게 건강관리를 잘 하는 것이
운전 잘 하는 것이요, 운전을 잘 하고 싶어도 차가 너무 낡아 똥
차가 되면 마음 같지 않은 것이 육신이 나이 먹은 탓입니다.

'이뭣고' 화두는 삼세제불조사도 붙지 못하는 절대적인 근본자
리로 참구만 있을 뿐입니다. 일초에 칠만 번 요동치는 생사심을
오직 '이' 하는 순간 붙지 못하는 이뭣고 화두는 굉장히 깊은 것
입니다. 임종 순간에도 이뭣고 속에 육신을 벗어던져야 됩니다.

이뭣고 '이' 하는 이놈이 무엇인고. '이~' 이~' 이~'

계속 '이'만 하다보면 화두가 안되고 지루하고 스트레스가 쌓입니다. 그럴 때는 다시 전제를 넣어서 단제에 들어가는 것입니다. 전제란, 우주가 있기 이전에도 마음은 있었고 우주가 없어진다 해도 마음은 있는데 나의 소소영영한 이 마음은 어디서 왔는고. 부모님은 육신을 만들어줬지만 나의 정신 나의 마음은 언제 어떻게 왜 생겼는가 알 수가 없구나. 이 마음이 무엇인지 도대체 알 수가 없구나. 이뭣고. '이' 하는 이놈이 무엇인고.

앉고 서고 보고 듣고 옷을 입을 때나 옷을 벗을 때나 밥을 먹을 때나 남하고 말할 때나 가만히 혼자 있을 때나 작용하는 이놈이 무엇인고. 이뭣고. 이렇게 상황을 마음 속으로 정리하는 것을 전제라 합니다. 전제가 자리가 잡히면 결론에 해당되는 단제자리 '이'만 바르게 하면 '뭣고'도 필요없습니다.

그리고 이 하는 순간에도 일초에 칠만 번 요동치는 생사심이 일어났다 꺼졌다 하기 때문에 69,999개의 번뇌망상은 전제가 되버리는 것입니다.

알 수 없는 금덩어리 같은 한 개밖에 없는 '이' 가운데 또 '이' 그것이 단제자리입니다. 단제자리는 생노병사도 없고 생사윤회도 없고 확철대오 자리도 없고 성불자리도 없는 그대로 여여부동한 불생불멸의 근본자리입니다.

이치로만 아는 것이 아니고 힘을 얻어 근본 '이' 자리를 참구하는 그 순간에 69,999개의 업식은 참구할수록 닦을수록 한 철씩 자꾸 정진할수록 6,999개로 소멸되고 소멸되는 것을 업장소멸이라 합니다.

또 699개로 줄어들고 줄어드는 것만큼 지혜로 변하는 것입니다. 어리석은 무명업식이 겨울철에 쌓인 눈이 봄이 되면 녹는 줄 모르게 녹는 것처럼 '이'만 바르게 하면 699개가 또 69개로, 69개가 6.9개로 6.9개마저도 완전히 녹아버리면 육신통이 저절로 나는 것이고 직지인심 견성성불 화두일념 확철대오의 구경각에 들어가는 것입니다.

그래서 수좌는 많이 보고 많이 들으면 업식만 더 하기 때문에 보지도 듣지도 않고 오직 벽만 바라보고, 면벽참선을 일평생 아니 세세생생 이 길을 걷는 것입니다. 이 뭣고 화두는 바꾸는 것이 아니고 바르게 참구만 하는 것입니다.

일제 시대 때 일본식 화두가 들어와서 문처와 답처가 있고 척척 한 가지 대답을 하면 또 한 가지 질문과 대답으로 거량을 하는 가풍이 생겼습니다만은 정통 조사선은 단제자리 알 수 없는 '이'하는 근본 당처자리 참구만 있을 뿐이지, 답은 없는 것입니다. 문제만 있고 답이 없는 것, 이것이 정통 한국식 조사선 화두의 생명입니다.

(2) 알기쉬운 '이뭣고' 설명

화두 한두 개를 풀이하고 알았다한들 그것이 생사문제하고 무슨 상관이 있습니까? 우주가 생기기 이전에도 마음은 있었고 우주가 없어져도 마음은 있는데 이 마음은 언제 만들어 졌으며 언제 끝날 것인가? 시작도 끝도 없는 이 마음-. 이 몸뚱아리는 아버지 어머니가 정자와 난자 한 방울 혼합되어 10개월 배속에 있다가 세상에 나왔기 때문에 이 몸이 '나'인 줄 착각하고 허우적거리며 살다가 가지만, 이 마음은 부모가 만든 것도 아니고 그렇다고 하늘에서 떨어진 것도 아니며 땅에서 솟은 것도 아닌데 이 마음은 존재하고 있으니 이 마음은 무엇인고? 알 수가 없습니다.

어떤 분은 조사어록에 화두 한두 개 풀었고 깨쳤다고 한시로 게송을 짓고 조사의 경지를 샅샅이 점검하고 토를 달기도 하는데, 설령 그렇게 아는 것이 우주가 생기기 이전에도 마음이 있었고 우주가 없어져도 마음이 있는 근본 마음 자리와 무슨 상관이 있겠습니까. 마음은 마음일 뿐입니다.

우주 은하계를 보십시오. 푸른 하늘 은하수 하얀 쪽배에~ 계수나무 한 나무 토끼 한 마리! 돛대도 아니달고 삿대도 없이~ 아기도 잘도 간다 서쪽 나라로~♬. 이런 동요를 잘 들어보십시오. 여름에 하늘을 쳐다보면 천문학적인 숫자의 별들... 엄청난 광대무변한 우주의 신비와 질서... 그 속에 별자리 중에 하나인 지구! 지구 속에 60억 인구 중에 단 하나밖에 없는 자기 몸! 그리고 현재 이 글을 읽고 생각하는 자기 마음! 그 마음이 화두입니다.

화두를 깨쳤다는 것은 우주를 아는 것이고 우주를 아는 것은 마음을 아는 것입니다. 마음과 우주가 둘이 아닌데 화두 조금 참구하다가 깨쳤다고 하면서 우주의 도리를 모르며 눈 먼 장님이 장

님 속이듯이 중생이 중생을 속이는 가짜 화두타파 했다는 진실하
지 못한 사람도 있습니다.

　화두는 화두일 뿐입니다. 알 수 없는 의정! 화두가 타파되면 우
주의 도리를 아는 것입니다. 푸른 하늘 은하수 하얀 쪽배에~ 이
도리를 아는 것입니다.

　옛 조사들 말씀이 화두는 문제만 있고 답이 없다고 하셨습니다.
답이 있는 화두는 죽은 화두요, 사구(死句)입니다. 살아있는 화두
– 백천가지 모든 公案 중에 공안은 '이뭣고' 입니다. 이 몸뚱아리
끌고 다니는 이 몸이 무엇인고? 우주가 있기 전에도 마음은 있었
고 우주가 없어져도 마음은 있는데, 우주와 마음이 동시에 있다
고 하는 이 도리가 무엇인고? 이뭣고! 오직 '이~' 만 바르게 하면
'뭣고' 는 필요없는 것입니다.

(3) 알기쉬운 '이뭣고' 설명

　다음과 같이 전제와 단제를 18단계로 구분하여 설명을 드리오
니 잘 참조바랍니다. 이렇게 상세하게 '이뭣고' 화두에 대한 설
명은 역사적으로 처음입니다. 이 도표를 만들기 위해서 엄청나게
노력했다는 것을 알아주시기 바랍니다.

단계	全　　提	單　　提
1	별 하나 나 하나… 별 둘 나 둘… 별 셋 나 셋…수 많은 여름 밤하늘에 은하계 대우주속…	우주 속에 단 하나 밖에 없는 소중한 지구! 지구라는 별!
2	지구 속에 오대양 육대주와 2백 4십여개의 국가…	오대양 육대주 중에 하나인 아시아
3	아시아 중에 동북아시아…	동북아시아 중 대한민국!
4	한국(남북포함)	대한민국(남한)
5	서울　　예를 들어 지방일 경우〉　　　○○도	서울시 종로구
6	수송동　예를 들어 지방일 경우〉　　　○○시, ○○군	46-19번지 원당빌딩
7	4층　　　예를 들어〉　○○면·리	선방
8	참선하는 대중	하나 밖에 없는 소중한 몸과 마음이 있는 참선하는 '나'
9	몸이 나인가? 마음이 나인가?	마음이 진짜 나이다.
10	나는 누구일까? 의심이 됨… 알 수가 없는 나는 누구일까?	누구긴 누구야? 내 마음이지!
11	마음은 도대체 무엇인가?	틀림없이 작용하고 있는데 이 놈이 무엇인고?
12	"이~"하는 이 놈이 무엇인고?	이 뭣고？〈참조〉 1~12단계의 전제나 단제의 참구과정을 무시하거나 생략하고 시작하는 대부분 중생들이 상식적으로 알고 있는 흔한 화두의 '이뭣고'로 알고 있는 단계 '이뭣고'…?

13	이 뭣고? 〈참조〉 일부 불교학자들이 잘못 알고 있는 경우 '화두는 방편이다' '중국에서 만들어진 것이다' 라고 주장하는 경우도 13단계정도 상식	'이~뭣고'할 때 '이~'만 바르게 하면 '뭣고'는 필요없다 다시 '이~' 이렇게 참구하는 단계 생사해탈 확철대오를 목적으로 흔들리지 않는 경지
14	………… 화두참구법을 잘 알아, '이~' 이전이나 '이~' 이후나 문자나 말에 흔들리지 않고 오직 화두가 생명임을 알고 틈만 나면 좌선하는 확실한 수좌의 경지. 말로는 표현은 못하지만 생각으로는 지금 이 글을 읽으면서도 '이~'해 보십시오. '이~'하고 참구하는 순간에는 자동차가 달리다가 브레이크 잡는 것처럼 번뇌망상을 하다가 화두 '이~'만 하면 망상이 멈추는 것을 느끼는 단계. 그러나 1초에 7만번 요동치는 전제 단제가 다 섞여 있기 때문에 적군과 아군이 구분되지 않고 참구하는 단계의 '이~'입니다.	운동회를 하려면 어쩔 수 없이 청군 백군으로 나누는 것처럼 예를 들어 청군이 전제라 하면 백군은 단제로 비유를 들었을 때, 백군인 단제자리가 진짜 화두 중의 진짜 화두... 성품 중의 진성품... 자리로 알고 14단계의 전제설명을 이해하고 참구하는 경지를 말합니다. 알아듣기 쉽게 또 설명하면, 1초에 7만번 생사심이 요동치는 번뇌망상이 포함된 '이~'하는 마음자리를 눈에는 보이지 않지만 미세한 7만개의 먼지로 비유를 들었을 경우, 6만 9천 9백 9십 9개의 번뇌(먼지)는 전제이고, '이~'하는 한 개는 진짜 금덩어리같은 자기의 소소영령한 마음자리를 참구할 줄 아는 것을 단제자리 화두를 바르게 참구하는 것입니다. 그 단제의 '이~'!
15	14단계 단제의 '이~'에 대한 설명을 완전히 이해하는 순간을 불교 교리에서 비유를 들면, 전제는 제8아뢰야식을 말하고 단제는 제9백정식(무구청정식)을 이해하는 것을 말합니다. 그렇기 때문에 '이~'만 바르게 하면 그동안 제8아뢰야식 가운	'이~'를 바르게 열심히 시간투자를 많이 해서 참구하니까 1초에 7만번 요동치던 생사심 중에 단제 하나를 제외한 6만9천9백9십9개의 업식이 6천9백9십9개로 줄어드는 단계

	데 훈습되었던 보고 듣고 말하고 생각했던 업식(업장)은 참구만 하면 소멸될 것이고 이 때부터 바른 참선에 들어가는 것을 말하는 단계입니다.	
16	6천9백9십9개의 업식이 '이~' 하는 순간부터 줄어들어 지혜로 서서히 변하는 과정. 평상시에는 잘 되는데, 꿈 속에서는 꿈에 폭 빠져서 단제 '이~'를 십만팔천리 잃어버리고 깬 다음에 후회하는 단계	6백9십9개로 줄어들고 줄기차게 화두가 잘 되는 경지. 꿈이야 꾸던 말던 '이~'는 꿈하고 상관없다는 것을 알고 '이~'만 뚜렷이 하는 단계
17	69개로 줄어드는 속에 '이~'하며 하루하루를 보내고 세상에 있어도 있는 것 같지 않고 '이~' 하는 것이 자연스럽게 시간적으로나 공간적인 구애를 받지 않고 성성적적하게 들리는 '이~'단계.	6.9개로 소멸되는 경지. 미세망념은 약간 남아있으나 업식이 요동치지 못하는 단계를 말한다.
18	6.9개 마저도 완전히 녹아 없어진 경지.	1초에 7만번 요동치던 생사심이 완전히 소멸되고 15단계 단제설명에서 보충으로 말하면, 소멸된 그 순간부터 지혜로 변해 완전히 없어진 상태에서는 허공으로 증발된 것이 아니고 1초에 7만번이 6만9천9십9개의 전제가 모두가 지혜로 변하고 지혜는 신통으로도 변해 자유자재로 법을 잡아 쓸수도 있는 완벽한 생사윤회를 초월한 부처님과 같은 최고의 경지. 이 순간을 화두타파! 확철대오! 돈오돈수! 라고 당당하게 말 할 수 있습니다. 엄청난 우리 모두의 원하는 경지.

전제는 상황을 설명한 것, 전문적인 용어로 말하면 수식어가 되
고, 결론을 이야기하는 목적어는 단제입니다. 전제를 인식했으면
바로 단제만 알면 됩니다. 『이~뭣고』 화두하는 사람이 〈이 몸뚱
아리 끌고 다니는 이 놈이 무엇인고?〉 끝까지 이렇게만 해서는
견성을 못합니다.

사이사이 세번뇌가, 전생 번뇌까지 엄청나게 먼지 일어나듯 막
일어나서 안 됩니다. 〈몸뚱아리 끌고 다니는 이 놈이 무엇인고〉
하고 알았으면 바로 『이~뭣고』만 하면 됩니다.

그런데 『이~뭣고』만 하면 또 안됩니다. 왜냐하면 〈이〉는 단제
가 됐고 『이~뭣고』는 전제이니까 자리가 잡히면 〈뭣고〉를 떼어

버리고 〈이〉만 해야 됩니다. 〈이〉를 잘하다 말고 법문들은 게 습관이 되어서 〈뭣고〉를 하려고 할 때 망상이 들어옵니다. 〈이〉만 바르게 하면 〈뭣고〉를 하려고 할 때 망상이 들어옵니다. 〈이〉만 바르게 하면 〈뭣고〉는 필요없습니다. 〈이〉가 잘 안 되니까 〈뭣고〉를 한번 정도 넣어주는 것은 몰라도, 〈뭣고〉를 계속해서 하는 것은 안 됩니다.

여기서 획기적인 것은 상황에 따라 전제와 단제는 수시로 바뀐다는 것, 자기가 알고 있는 인식에서 바뀐다는 것입니다. 아무 것도 모르는 사람한테는 〈송장덩어리 끌고 다니는 이 놈이 무엇인고?〉 이렇게 가르쳤지만 이젠 길이 들었으니까 『이~뭣고』로 딱 시켜야 된다는 것, 『이~뭣고』를 알았으면 그 다음엔 〈이〉로 시켜야 된다는 것, 여기까지 인식이 되었으면 그 다음엔 〈이〉마저도 전제가 된 거고 알수 없는 고물고물하게 일어났다 꺼졌다 하는 고 놈이 단제가 되니까 그걸 하라는 것입니다. 이것이 화두참구법의 생명입니다.

〈이~ 하는 이것이 영원하고 단제니까, 이것을 해야겠구나〉하는 순간에도 미세한 번뇌, 밀밀한 번뇌가 1초에 칠만번 요동칩니다. 그 번뇌 가운데 딱 하나만은 진짜가 있습니다. 그 하나만을 빼 두고 〈이~〉하는 순간에도 칠만 개의 번뇌가 있으니까 막연히 〈이〉해서는 견성을 못 합니다. 〈이〉가 단제라고 했지만 단제를 참구하라고 해서 고것만 참구해서는 견성을 못합니다.

그러니까 그 중에서 구분을 지어서 다시 자기가 알고 있는 〈이〉

는 전제로 변해 버리면서 변치 않고 줄기차게 힘차게 분명하게 하나가 있습니다. 그것 하나만이 단제입니다. 『이~뭣고』 참구법은 이렇게 깁니다. 막연하게 가르쳐서는 안됩니다.

(4) 알기쉬운 '이뭣고' 설명

참선을 할 때 아무리 망상이 재미있고 꼭 해야될 생각이라고 하지만, 그것은 생사해탈을 하겠다는 확실히 발심한 선객의 태도가 아닙니다. 왜냐면 한 생각이 일어나면 일체가 필요한 것이고, 한 생각이 쉬면 일체가 필요없는 것이기 때문입니다. 생각이 소용돌이치는 것이 윤회하는 것이고, 반복되는 생각을 하는 것이 업이 되는 것입니다.

집착이란, 가장 무서운 마음자리입니다. 아무리 좋아도 한번에 끝내야 되는 것인데, 중생은 좋은 일을 맛을 보면 반복하려고 합니다. 그렇기 때문에 반복된 생각이 업이 되는 것이고 업은 몸을 끌고 행동으로 옮기기 때문에 업장이 되는 것입니다.

업장에 과보는 마음으로 받는 것이 아니고 몸으로 받는 것입니다. 마음을 바르게 청정하게 개운하고 깨끗하게 쓰면 몸에 병이 없습니다. 마음을 삿되게 잘못 쓰게되면 몸을 망치게 되는 결과가 되는 것입니다.

금생에 마음을 잘 써서도 과거에 잘못 썼던 마음에 습기자리가 금생에 들어날 때 과보가 오는 것이고, 그 과보는 정신적인 과보와 육체적인 과보로 나누어서 받게 되는 것입니다.

　정신적인 과보는 금전적인 큰 손실이나 마음을 괴롭히는 주변의 사람에게 시달리는 등 그런 것들이며, 육체적 과보는 육신을 무시하고 생명체를 함부로 죽이거나 고통을 주거나 주변에 병들고 아픈 사람을 깔보고 인색하고 냉정하게 하면 병고의 고통을 통해서 무엇인가 느끼게 하기 위하여 받는 과보가 병고일 수 있습니다.

　그래서 과거에 마음을 잘 닦은 선객은 금생에 정신적 고통도 없고 몸의 육체적 고통도 없이 아무 장애없이 참선공부만 전념할 수 있는 것입니다. 그러면 '이뭣고' 화두를 바르게 '이~' 하고 참

구만 하게되면 나쁜 생각이 붙지도 못하고 집착하는 생각이나 좋은 생각도 붙지 못하는 것입니다. 그렇기 때문에 마음공부란, 화두의 단제자리를 참구하면서 처음에는 시간적으로 짧지만 자꾸 하다보면 시간단위도 늘어나게 되는 것입니다.

이렇게 하는 것이 바르게 참구하는 것이지... 부모형제 걱정근심, 처자식, 사회문제, 국가문제, 자기 개인문제 등을 아무리 그날그날 참선하다가 망상으로 생각하다가 한 시간... 두 시간... 훌쩍 지나간다는 것은 화두 공부하는 것이 아니고 앉아서 반성하고 계획 세우는 범부선 밖에 안되는 것입니다.

화두는 화두일 뿐입니다. 10년 전에도 독한 마음먹고 그 당시에

망상을 하지않고 '이~' 하고 진짜 단제자리의 화두를 참구하였다면, 10년이 지난 지금쯤은 '이~' 하는 단제자리의 참구시간이 시간적으로라도 늘어났을 것입니다.

예를 들어서 알기쉽게 비유를 하면 자동차 운전면허증을 따고 운전하는 것은 위험하다고 주행연습도 안하고 차를 사지도 않고 면허증만 따가지고 세월이 10년 지나 무사고가 되어 녹색면허로 바꾸었다면, 세속적인 말로 '장롱면허' 라고 합니다.

그것이 면허증 딴 거하고 녹색면허 바꾼 것하고 아무 상관이 없습니다. 10년간 과감하게 직접 차를 몰고 때에 따라 접촉사고도 나고 딱지도 때고 산전수전을 겪듯이 운전을 면허증을 땄으니까 10년간 운전을 하고 녹색면허로 바꿨다면, 그것이 진짜 녹색면허고 사고가 여러 번 났기 때문에 보통면허로 가지고 있다하더라도 장롱 속에 보관되었던 경험없는 녹색면허와는 엄청난 운전실력의 차이가 있을 것입니다.

이제 다시 지금이라도 10년 세월은 다 흘러간 것이기 때문에 다시 시작해야 되는 것입니다. 그것처럼 참선할 때 망상을 10년전에도 필요해서 한 것처럼 지금도 필요해서 망상을 한다는 것은 참선하는 선객이 해야될 일이 아닙니다.

지금이라도 늦지 않았습니다. 망상이 아무리 필요하고 즐겁더라도 단제자리의 진짜 '이~' 이렇게 찰나를 참구하더라도 참구하는 것만이 공부고, 그 이외는 아무것도 아닌 것입니다. 그런데 하물며 참선도 아니고 기도나 주력이나 사경이나 이런 식으로 세월을 보낸다는 것은 있을 수가 없는 일입니다.

근기따라 한다고는 하지만, 전생에 수행하는 습을 따라 하는 것이기 때문에 말린다고 되는 것도 아니고 화두하는 사람한테 권한다고 따라하는 것도 아니고 정진하는 것도 전생 습기와 인연따라 하는 것이기 때문에 확실히 화두 참선하는 분은 앉으나 서나 잘되나 안되나 어떤 생각이 일어나더라도 '이~'만 바르게 하는 것이 수좌가 나아갈 길이고, 생사해탈 하는 바른 길입니다.

이 순간에도 '이~'가 들립니까. '이~' 뭣고… '이~' 이전을 찾는 것은 틀린 것입니다. '이~' 이후를 찾는 것도 틀린 것입니다. '이~'에 답이 있을거라고 생각하면서 참구하는 것도 틀린 것입니다. 다만, 알 수 없는 단제자리의 '이~' 일뿐입니다.

VII

화두의 단계

화두의 단계

화두는 전제, 단제를 참구하는 과정에 있어서 8단계 또는 13단계로 나눈다. 한국은 도를 통한 큰스님들께서 8단계로 나누었고, 일본사람들은 13단계로 나누었다.

먼저 한국의 전통 8단계는 다음과 같다.

<table>
<tr><td>송화두(誦話頭)</td><td>염화두(念話頭)</td></tr>
<tr><td>주작화두(做作話頭)</td><td>진의돈발(眞疑頓發)</td></tr>
<tr><td>좌선일여(坐禪一如)</td><td>동정일여(動靜一如)</td></tr>
<tr><td>몽중일여(夢中一如)</td><td>오매일여(寤寐一如)</td></tr>
</table>

이렇게 되어 있는데, 일본 사람들은 오매일여를 다음과 같이 더 세분하여 늘어놓았다.

<table>
<tr><td>생사일여(生死一如)</td><td>입태일여(入胎一如)</td></tr>
<tr><td>주태일여(住胎一如)</td><td>출태일여(出胎一如)</td></tr>
<tr><td>영겁일여(永劫一如)</td><td></td></tr>
</table>

1) 송화두(誦話頭)

첫 번째 단계는 송화두이다.

초보수행자가 제일 첫 번째로 화두의 중요성을 인식하고 소리를 쫓아서 하는 것, 읊을〈송〉자를 써서〈송화두〉라 한다.

정토교에서 "관세음보살, 관세음보살, 관세음보살……", 이렇게 염불하듯이, "석가모니불, 석가모니불, 석가모니불……", 이렇게 정근하듯이, 뜻도 모르고 "이~뭣고, 이~뭣고, 이~뭣고"를 항상 소리를 내어 부르면서, 스스로 입으로 말하고 귀로 들으면서 익히는 과정을〈송화두〉라 한다.

남편이 와도 〈이~뭣고〉, 자식이 와도 〈이~뭣고〉, 물건을 살 때도 〈이~뭣고〉, 버스를 탈 때도 〈이~뭣고〉, 남들이 흉을 보든 말든 앉으나 서나 걷거나 서 있거나 모든 상황에서 〈이~뭣고〉 하는 것이다.

〈이~뭣고〉를 소리 내어 6개월 정도 하면, 그때부터는 안 하더라도 화두가 가끔 들어온다. 노래도 처음부터 히트치는 것은 없다. 자주 듣다가 보면 자기 심정과 비슷해져 팔리게 되고 틀어 달라고 한다. 처음 신곡이라고 들으면 듣기 싫고 아무래도 옛날 노래보다 못한 것 같은데, 자주 들으면 괜찮아진다. 그렇게 해서 발심이 일어날 때까지 하는 것이다.

그러나 선방 안에서는 옆 사람에게 방해가 되므로 할 수가 없고, 혼자서 남에게 피해가 되지 않는 범위 안에서 하는 것이 좋다.

2)염화두(念話頭)

두 번째 단계는 염화두이다.

몇 개월을 혼자서 중얼중얼 송화두의 과정을 겪으면서 열심히 하다보니, 어느 날은 무엇인가 허전한 것 같은데 "무엇 때문에 허전한가?" 생각하고 있는 가운데, 자기도 모르게 어제까지 열심히 외웠던 〈이-뭣고?〉를 소리 내지 않아도 불연 듯이 생각으로 마음속의 자리가 잡혀 화두가 불쑥 올라옴을 경험하는 단계를 염화두라 한다.

짝사랑하던 애인이 헤어졌어도 가끔 생각나는 것처럼, 물위에 떠 있는 나무토막을 쑤욱 집어넣으면 잠시 후에 다시 떠오르는 것처럼, 소리쳐 외우지 않아도 화두가 마음에 잡히고 희미하나마 의심이 일어나다가 말다가 하는 단계이다. 참선교육을 듣다보면 '내 마음을 찾기는 찾아야 되겠는데…' 라는 생각을 갖게 되면서도 그 생각이 오래가지 않는다. 그러다가 불현듯이 '이뭐꼬'가 생각으로 떠오르는 것이다.

이때부터는 선방에서 화두를 속으로 챙길 수 있는 경지이므로 몇 달 송화두의 과정을 겪은 보람을 느끼는 순간이나, 간절히 염화두라도 확신을 갖고 참구하지 않으면 퇴타할 수 있는 경지이다.

많은 초보수행자들이 몇 달 몇 년 염화두 정도를 하다가 별 진전도 없고, 권태가 나고, 좀 쉽게 수행이 잘 되는 방법이 없는가를 찾다가, 다시 주력이나, 기도나, 아니면 소승선(위빠사나), 염불선 등에 관심을 가질 수도 있고, 능엄주를 하거나, 신묘장구대다라니 등이 효과가 있다고 하면 솔깃하여 옆으로 빠질 수 있는 경지이기도 한다.

그러므로 초보수행자는 염화두까지를 공을 들여서 간절하게 하였으면 뒤를 돌아보지 말고 다음단계인 주작화두를 목적으로 정진하여야 한다.

3) 주작화두(做作話頭)

세 번째 단계는 주작화두(做作話頭)입니다.

송화두, 염화두의 과정을 통과하고, 화두에 대한 확신을 가지고 일평생 해야될 수행법은 화두법 밖에 없다는 수행 목적의식이 확실히 서 있지만 화두가 되기도 하고 안 되기도 하는 단계이다. 아주 초보적 단계를 송화두라 한다면, 참선교육을 받은 사람 정도라면 〈주작화두〉 수준에 들어간다.

'참선을 해야겠다', '화두밖에 없다', '〈이~뭣고〉'를 해야 되겠다' 생각하고 <이~> 하고 앉아있다 보면, 반은 의심이 되고 반은 망상이 푹 들어오고, 어느 날은 특히 잘되고 어느 날은 잘 안 되는, 이렇게 번갈아 가면서 마음이 거칠게 소용돌이치는 경지를 말한다.

그러나 오직 해야될 것은 화두법이고, 화두법이 정법이고, 역대의 조사들이 다 이 과정을 겪었다는 확신을 가지고, 못 깨쳐도 주력이나 기도는 관심도 없고, 일념 일념이 화두로 돌이키려고 노력하는 단계를 주작화두의 경지라 한다.

4) 진의돈발(眞疑頓發)

네 번째 단계는 진의돈발이다.

문자 그대로 <참된 의심이 몰록 일어나는 단계>이다.

진위돈발 화두의 경지에 진입하면서부터는, 가게에서 셔터 문을 아침에 올려놓으면 주인이 먼저 들어오고 손님이 나중에 들어오는 것처럼, 잠이 푹 들었을 때 잠에서 깨어나자마자 첫 생각이 화두일념으로 〈이-뭣고?〉하고 들어오게 되면, 〈이-뭣고?〉속에 자리에서 일어나 세수하고 예불하고 참선하고 아침공양을 들고 할 때까지도 화두는 성성적적(惺惺寂寂)하고, 옆 사람이 말을 걸면 말은 말대로 하며 〈이-뭣고?〉는 〈이-뭣고?〉대로 그대로 남아 있는 상태에서 망상이 붙지 못하고 점심때까지 몇 시간 정도가 여여하게 이어지는 경지를 말한다.

지금까지 닦아왔던 송화두, 염화두, 주작화두와는 하늘과 땅 차

이며, 본격적으로 생사해탈의 대도를 닦는 첫 단계로서 이 때부터는 무섭다.

비유를 들면 산 위에서 구르는 주먹만한 눈덩어리가 밑으로 밑으로 굴러 내려오다 보면 나중에는 집채만한 눈덩어리가 되는 것처럼, 한생각 〈이-뭣고〉 의심을 조그맣게 시작했는데 자기도 모르는 사이에 참선을 하는 시간이 점점 많아지고 일체망상이 붙지도 못하면서 간절하게 되는 경지이다.

일상생활의 비유를 들자면, 아침에 깨어나자마자 〈이-뭣고?〉가 첫 생각으로 들어오고, 들어온 첫 생각을 그대로 의심하면서 세수하고 아침 먹고 회사로 출근하면서도 〈이-뭣고?〉가 그대로 들려있는 상태에서, 회사에서 회의를 하거나 업무에 관해 할 말을 다하면서, 표정하나 바뀌지 않고 평소와 똑같이 일을 보면서도 화두가 들어와 있으며, 전화를 받으면서도 〈이-뭣고?〉가 간절하게 의심이 되며, 점심때까지 단 한번도 놓치지 않는 경지 속에 직장동료들과 점심을 먹으러 가서도, 웃고 가벼운 농담을 하여도, 몇 시간 째 계속 〈이-뭣고?〉가 이어지는 엄청난 경지이다.

그런데 점심을 먹고 친구들과 헤어져서 혼자 오다 10년 전에 만난 사람이 서로 인사를 할 때에도 화두가 잘 들렸는데, 과거에 10년 전에 사랑했던 옛 애인을 만나서 너무 반가워 서서 이야기 몇마디 하다가 깜빡 화두를 놓치고, 세속적인 옛정이 일어나기 때문에 본인도 모르게 회사로 돌아와서 무엇인가 허전하여 무엇을 잃어버렸는가 혼자 생각하며, 혹시 돈지갑을 잃어버렸나, 아니면 서류를 잃어버렸나, 무엇인가 잃어버린 것 같은데…하며 한참 생각하다보니, 잃어버린 것은 돈지갑도 서류도 아니고 아침부터 조금 전까지 〈이-뭣고?〉 화두 의심이 잘 됐는데, 〈이-뭣고?〉를 놓쳐버린 것을 아는 순간 그렇게 아깝고 허전하게 느낄 정도의 경지를 진위돈발이라고 한다.

그러니 이 정도의 경지부터는 진짜로 엄청난 경지이며, 전생에 닦던 대근기가 아니면 인간의 노력으로 한계를 느낄 정도의 경지라 할 수 있다.

5) 좌선일여(坐禪一如)

다섯 번째 단계는 좌선일여다.

이 단계는 진위돈발의 경지마저도 통과한 경지로, 좌선한다고 앉아만 있으면 망상이 붙지 못하고, 일념으로 화두가 성성하고 적적하게 분명하고, 움직일 때는 번뇌가 들어오지만 좌선할 때만은 또렷하게 〈이-뭣고?〉가 확실하게 화두일념(話頭一念)으로 들리는 경지를 말한다.

이 단계는 앉아만 있으면 한 시간이고 두 시간이고 시간가는 줄 모르고, 뭔가 짚이는 것이 있고, 목적이 있어서 지루하지도 않으며,

중간에 어떠한 일을 하든, 무엇을 하든 부동한 마음으로 단제자리가 줄기차게 이어 들어오는 것, 앉아만 있으면 망상 없이 단제만 쭉쭉 들어오는 엄청난 선정력을 얻은 대근기의 수행경지를 말한다.

6) 동정일여(動靜一如)

여섯 번째 단계는 동정일여다.

좌선일여에서는 앉아있을 때 잘되고 움직이면 잘 되지 않았으나, 동정일여는 앉으나 서나 잠드는 순간을 빼두고는 〈이-뭣고?〉 화두가 순일무잡(純一無雜)하게 시공을 초월하여 분명하게 잘되는 경지, 아침에 눈뜨자마자 첫 숨에 화두 의심이 들어와서 저녁까지 앉아 있거나 서 있거나 의심이 지속되는 경지, 고요할 때나 움직일 때나 화두가 너무 잘 되어 뭔가 떼려고 해도 떨어지지 않는 경지, 자기도 모르게 자꾸 의심이 생기고 남의 말을 들으면서도 의심이 생기고 말하는 가운데서도 의심이 생겨서 화두가 끊어지지 않는 경지, 이것이 동정일여의 단계이다.

예를 들어 경허선사가 동정일여의 경지를 시험하기 위하여 동네마을 어린아이들을 모아놓고 "돈을 줄 터이니 너희들이 나를 무조건 몽둥이로 두들겨 패라"고 시켰는데, 겉으로 봐서 경허선사가 어린애들에게 몽둥이로 실컷 두들겨 맞는 것처럼 보였으나, 경허선사는 〈이-뭣고?〉 화두가 너무나 성성적적하게 들리기 때문에 육신이 맞는 고통마저도 잊어버리고 화두삼매 속에 들어있는 경지를 경험했다고 하는데, 실컷 두들겨 맞아도 아픈 기색 없이 얻어맞으면서도 화두가 순탄히 들리는 경지였다고 한다.

동정일여의 경지는 육신의 고통마저도 초월한 화두삼매의 경지로써 이 때부터 몸도 안정되고 표정도 달라진다.

7) 몽중일여(夢中一如)

일곱 번째 단계는 몽중일여(夢中一如)입니다.

여섯 번째 동정일여의 단계는 낮에는 자기 뜻대로, 노력대로 어느 정도 이어지는데 밤에 꿈 가운데서는 화두는 하지 않고 놀러도 다니고, 무서운 꿈도 꾸면서 엉뚱한 짓을 하게 되는데, 꿈이 없는 것도 좋은 것이 아니고 꿈이 있는 것도 좋은 것이 아니지만 꿈속에서까지도 화두가 이어지고 단제가 되는, 꿈 가운데서도 일여가 되는 이 경지는 몽중일여의 단계이다.

낮에도 단제자리요, 밤에 꿈속에서도 역시 단제자리다.

단제자리에는 낮도 없고 밤도 없다.

도인은 단제자리에서 자기 때문에 여러분들이 그냥 잠자는 것과는 다르다.

뼈에 사무치면 낮에도 단제만 생각하는 것처럼 꿈속에서도 단제만 생각한다. 이 정도만 되면 더 이상 얘기할 게 없다. 사실은 여기서 졸업이라 해도 과언이 아니다.

　　그런데 하루저녁 잠깐 꿈속에서 〈이-뭣고?〉가 조금 되었다고 몽중일여를 통과했다고 착각하는 경우도 있을 수 있는데, 옛날 조사들이 통과하는 기준의 몽중일여라는 것은 낮 밤 없이 일주일 이상을 화두가 푹 익어서 들리는 것을 몽중일여의 경지라고 하였다. 육신은 피곤해서 누워서 자더라도 자기의 소소영영(昭昭靈靈)한 화두자리는 잠드는 바가 없이 일여하게 들어가는 경지를 몽중일여라 할 수 있다.

8) 오매일여(寤寐一如)

여덟 번째 단계는 오매일여의 경지이다.

몽중일여를 통과했다할 정도라 하면, 인간의 정신력이 최고의 경지에 다다랐고 그때부터는 도를 통한 조사들의 경지로 인정하므로 이 경계를 깨달음의 경지라 하여 오매일여라 한다.

오매일여라는 것은 화두가 타파된 경지로 그 순간부터는 범부가 아니고 조사가 된 최고의 경지라고 할 수 있는데, 꿈도 없는 깊은 잠 속에서도 화두가 들어오는 경지이다.

예를 들어 우리 나라 기록에 의하면 부처님으로부터 56대 임제종의 법을 이어 받은, 석옥청공선사의 인가를 받아 57대 조사가 된 태고 보우국사는 90일간을 낮과 밤이 없이 화두가 이어져서 화두가 타파되었다고 하는데 이 경지를 오매일여라 한다.

이 정도가 되면은 생사일여, 입태일여, 주태일여, 출태일여, 영겁일여도 이미 다 끝난 것이다.

※ 화두의 3단계

    1단계 : 송화두, 염화두, 주작화두

    2단계 : 진위돈발, 좌선일여, 동정일여

    3단계 : 몽중일여, 오매일여

　한국의 정통 화두선에서는 화두의 단계를 8가지의 단계로 끝마치는데, 학문의 입장에서 구체적으로 분석하고 분류하면 생사일여, 입태일여, 주태일여, 출태일여, 영겁일여는 물론 오매일여 속에 모두 포함되어 있는 것으로 보는 것이 당연한데, 옛날 조사들은 대근기들 만을 상대하였기 때문에 더 이상의 화두의 단계를 설명할 필요가 없었으나, 구체적으로 다음과 같은 설명을 하니 참고하기 바란다.

　보통 사람들은 업력(業力)에 의해서 몸을 받는다. 그러나 도인은 원력(願力)에 의해서 몸을 갖는다. 도를 통한 사람은 자기가 원해서 몸을 받아 나오는가 하면 도가 없는 사람은 원하지 않는데, 전제자리에 단제가 끌려가서 몸을 받는다.
　이렇게 생사하는 과정을 세분하여 설명한 것이 생사일여에서 영겁일여의 과정이다.

9) 생사일여(生死一如)

　아홉 번째 단계는 생사일여의 경지이다.
　〈오매일여〉 정도가 되면 몸을 받을 때, 껍네기를 벗고 싶을 때 자기 도력으로 웃으면서 벗는다. 죽고 사는 것을 마음대로 하는 경지가 생사일여의 단계이다.

　매미가 껍질을 벗고 죽는 것처럼 혼이 생사를 자유자재로 하는 것인데, 물구나무서서 죽기도 하고, 앉아서 죽기도 하고, 누워서 죽기도 하고, 물 속에서 죽기도 하는 것으로 자기 마음대로 껍질을 벗고 자기 영혼만 빠져나갑니다. 이렇게 생사를 마음대로 한다고 해서 생사일여라고 한다.

조사들이 서서 또는 앉아서 열반하고, 법문을 하시다 열반하시는 경지를 후학들에게 보여주는 경우가 기록을 통하여 보면 간간이 있는데, 그런 경지를 생사일여라 한다.

어떤 조사는 향불하나 피워놓고 수많은 제자들을 모아놓고 향 타기 전에 법상에서 법문하다가 "내가 육신을 벗을 것이니 너희들이 내 말을 믿을 것 같으면 화두만을 간절히 참구하라"고 일러

주는 법문을 하시고 실제로 향하나 타는 사이에 생사일여의 경지에 들었다.

　다시 한번 쉽게 생사일여의 경지를 표현하면 〈이-뭣고?〉속에 몸뚱아리는 버렸어도 다시 사람 몸 속으로 들어가려면 보통의 선정력과 법력이 아니면 들어갈 수가 없다. 그런데 향하나 타는 사이에 육신을 버리고 다시 제자들이 울며 너무 안타깝고 슬프게 생각하니, 다시 법상에서 살아나 "너희들은 봤느냐, 생사없는 이 경지를 !" 이렇게 보여주는 생사에 자유자재하는 경지를 생사일여라 한다.

10) 입태일여(入胎一如)

　열 번째 단계는 입태일여의 경지이다.

　생사일여의 경지를 마음대로 할 정도가 되는데 그 순간에도 화두가 들려야 하며, 〈이-뭣고?〉 의심을 몸은 벗어 사바세계에 벗어 던지고 허공에서도 화두 의심만을 놓치지 않고 정진하는데, 다시 중생을 구제하기 위하여 업보로서 중생들처럼 몸을 받는 것이 아니고 원력을 세우고 인간 세상에 다시 한 번 태어나려면 부모를 정해야 되고, 부모를 정하였더라도 주변의 수십·수백만의 영혼들의 경쟁을 하는데, 화두 의심속에 〈이-뭣고?〉하고 생시처럼 뚜렷한 목적의식을 갖고 태중으로 들어가는 과정을 입태일여라고 한다.

태중에 들어갈 그 때에도 단제가 들리는 것, 본인 스스로가 정신을 차리고 몸을 받는 목적, 그리고 전생에 어렵게 오매일여까지 들어간 것을 다 기억하며 화두의심이 분명한 경지를 말한다.

11) 주태일여(住胎一如)

열 한 번째 단계는 주태일여(住胎一如)의 경지이다.

일단〈입태〉가 됐으면 10개월간 머물러 있어야 되는데, 그 때도 계속 단제가 이어지는 경지를 주태일여라 한다.

이제는 부모를 정했고 태중에 머물러 있는데, 첫 달 몸을 만드는 태아이지만 그 순간에도 〈이-뭣고?〉 화두가 분명하게 의심이 되고 수행하며, 둘째 달, 셋째 달을 향해서 태아는 커가면서도 화두가 이어지는 경지를 주태일여라 한다.

그런데 7개월, 8개월 점점 지날수록 화두의 힘은 희미하게 약해지고, 즐거운 마음도 간간이 들어올 수 도 있고 괴로운 마음도 간간이 어머니의 마음에 번뇌에 함께 요동치는 것을 느끼는 경지속에서도 있는 힘을 다해 화두만을 참구하는 경지를, 어머니 배속의 태중에 머무르면서도 7 · 8 · 9 · 10개월이 다되도록 끊이지 않는 경지를 주태일여라 한다.

그러나 어지간한 조사도 태 중에 들어가면 어머니의 업식(業識)

의 영향을 받기 때문에 화두를 놓치고 매해지기 쉽다고 한다. 그래서 옛 조사들은 여자의 자궁을 화두가 통과하기 가장 어려운 깨지지 않는 금강과 같다고 하여서 금강문(金剛門)이라고 말하며, 참으로 통과하기 어렵다고 말씀 하셨다.

12) 출태일여(出胎一如)

열 두 번째 단계는 출태일여(出胎一如)의 경지이다.

주태일여를 통과하여 조금만 더 참으면 중생구제를 위하여 원력을 세우고 사람 몸을 받아 다시 인도환생한다는 확신을 갖고 출태되는 순간만을 기다리다가 너무나 오랫동안 금강문 속에서 〈이-뭣고?〉를 하고 드디어 세상에 나온다는 기쁨으로 출태할 때

조사들도 깜박 또 매하는 경우가 있다. 그래서 갓난아기들이 우는 것은 누구나가 전생을 기억하다가 출태 할 때에 잊어버리기 때문에 억울해서 운다는 말도 있다.

그런데 출태일여라는 것은 울면서 세상에 나올 때에도 성성적적하게 〈이-뭣고?〉가 또렷하고 분명하게 의심 속에 아기답게 울면서도 화두를 챙기며 세상에 나오는 것을 출태일여의 경지라고 한다. 출태 할 때도 단제를 놓치지 않는 것을 출태일여라고 한다.

13) 영겁일여(永劫一如)

열 세 번째 단계는 영겁일여(永劫一如)의 경지이다.

출태일여의 경지를 통과했다는 것은 몸을 버리고 다시 얻어 인도환생까지 되었는데도 〈이-뭣고?〉 화두가 분명할 것 같으면 생사를 자유자재하였고, 이 정도의 경지라면 앞으로도 무량영겁을 윤회에 물들지 않고 자유자재하는 경지를 체득했다고 보기 때문에 영겁일여라고 한다.

그래서 영겁일여를 정확하게 말하면 화두타파(話頭打破), 확철대오(廓撤大悟)라고 하며, 견성성불(見性成佛) 하였다고 한다.

말로 <견성을 했다>고 하고 <깨쳤다>고 하는 것은 모두 외도입니다. 옛날 사람들은 이 경지가 되어야 견성했다고 본다. 화두법은 이렇게 명백하다.

근기에 따른 화두의 단계

　화두의 단계라는 것은 꼭 형식적으로 송화두 부터 염화두, 주작 화두 등 차례로 하여 영겁일여에 들어가는 것이 아니고, 전생에 닦은 경지가 진위돈발 부터인 수행자는 금생에도 단번에 좌선일여를 향하여 닦아 들어갈 수도 있고, 동정일여인 경지에 있는 사람은 몽중일여의 경지를 목적으로 정진할 수 있다. 또한 단번에 몽중일여에서 오매일여 경지까지 들어 갈 수도 있는 것이다.

　그것은 왜 그러냐 하면, 중생의 전생의 업이 천차만별이며 백인 백색이기 때문인데, 업장과 업력이 두껍고 얇고에 따라서, 전생을 맑게 산 사람과 탁하게 산 사람과 구분이 있으며, 전생에도 복덕을 많이 지은 사람과 반대로 빚을 많이 짓고 세상에 나온 사람과 구분이 있기 때문이다.

　성불은 찰나간에 이루어지는 것이다. 도닦는 것은 어려운 것이 아니고 손바닥을 뒤집듯이 쉬운 것이다. 그래서 근기가 높고 업장이 가벼운 사람은 바람소리만 듣고도 깨우치고, 나뭇잎 떨어지는 것 보고 깨우치고, 기왓장 깨어지는 소리에 깨우친다고 하는 것이다.

그런데 왜 이렇게 어렵게 느끼느냐?

왜 근기에 따라 화두의 단계는 다른가?

간단한 비유를 들어보겠다.

야구공 만한 금덩어리가 땅속에 묻혀있다고 하자. 어떤 금덩어리는 1000M 지하 땅속에 묻혀있고, 어떤 금덩어리는 500M에 묻혀있고, 또한 50M에 묻혀 있는 것도 있을 수 있고, 1M에 묻혀 있는 것도 있다고 가정하여 볼 때, 업장이 무겁다는 것은 1000M에 해당이 된다고 할 때 금생 내내 수도를 하여야 100M 밖에 금을 캐내기 위해 파지 못하였으면 10생은 몸을 받고 세상에 나와 참선을 하여야 영겁일여에 들어갈 수 있을 것이며, 500M 금덩어리는 한 생에 수도를 잘해 250M를 파 들어갔다면 반이 남은 것이고, 50M에 묻혀있는 금덩어리는 금생에 자만하여 1M 밖에 닦지 못했으면 49M는 그대로 남아 있는 것처럼, 각자의 전생에 닦은 대로 화두의 단계가 등차가 있는 것을 부인할 수 없는 것이다.

전생, 전생, 전생에는 몇 생을 속인이었다가 금생에 불법을 만나서 참선을 하려면 잘 안되고, 힘들고, 답답하고 선방에서 적응하기가 어려운 것처럼, 스님이라도 참선하지 않는 분은 전생에는 참선하는 수좌스님이 아니었기 때문에 그럴 수도 있다.

이와는 반대로 재가자라도 전생, 전생, 전생에는 수좌스님으로 참선만 하였는데, 금생에는 한 생 쉬면서 재가불자로 참선을 잘 하는 경우가 있는데, 참선에 관하여 정진력도 있고, 자신감도 있고, 모든 용어나 해석이 낯설지도 않고, 쉽게 선지식을 만나고, 훌륭한 도반을 만나고, 어느 사찰 어디를 가나 속인이라도 대접을 잘 받고, 조금만 참선을 하여도 주작화두의 경지에 들어갈 수도 있고, 더 크게 노력하면 진위돈발로도 들어갈 수 있는 것이다.

만약에 금덩어리가 10cm에 묻혀있다고 하면 파 낼 것도 없이 비바람 몇 번 맞고 지나가는 사람이 야구공 만한 금덩어리를 발견하여 힘들지 않게 가져갈 수 있는 것처럼, 천차만별의 중생의 전생의 업장과 백인백색, 천인천색의 환경과, 직업과, 위치와, 나이와, 취미와, 습관이 다른 사람이 교과서식으로 무조건 남들과 똑같이 한번에 좌선일여, 동정일여에 들어가려고 하는 것은 뜻은 대견하나 될 수가 없는 것이다.

그러므로 안 된다고 업장이 무거운 1000M의 지하에 묻혀있는 금이라고 1M도 캐들어 가지 않고 가만히 있으면 누가 손해를 보겠는가?

과연 누가 이 길이 힘들다고 하였는가?

과연 누가 이 길이 쉽다고 하였는가?

힘들다는 것도, 쉽다는 것도 오직 참선에서도 자업자득의 법칙만이 적용될 뿐이다.

이 공부는 전생, 전생, 전생 밑천이 80%를 차지하고 금생 노력
은 20% 정도를 차지하므로 전생에 닦은 적이 없는 사람일수록
더 발심하여 금생 노력을 100%를 목적으로 정진으로 보내는 시
간투자를 많이 하여야 빠르면 금생에 힘을 얻을 것이며, 못 얻는
다 하여도 닦은 위치에서는 내생에 시작이 되니 금생에 누구든지
일체의 주력이나 외도법을 버리고 송화두라도 시작하는 길만이
현명한 길이고 바른 정법으로 나아가는 길이며 수좌의 사명이다.

수좌는 항상 〈나는 손으로만 훑어내면 금덩어리가 드러난다〉라
는 마음가짐을 가지고 수행을 해야 한다. 그래야 철야도 하고 싶
고, 도를 닦고 싶은 것이다. 이 법을 못 만난 사람은 더 아득하니,
이 이치를 아는 사람은 꾸준히 수행할 수밖에 없는 것이다.

간혹 이런 이야기를 하는 사람들이 있다. "나는 왜 절에도 열심
히 가고 보시도 많이 하는데 일이 잘 안 됩니까?" 라고 반문하시
는 불자님들이 계시는데, 그 이치도 마찬가지다. 예를 들어 구들
장을 데울 때 처음이 힘이 들어간다. 다 식어 있는 구들장을 따뜻
하게 하려면 얼마나 많이 불을 때야 하는가? 그렇지만 한 번 따뜻
하게 데워 놓으면 그 온기가 오랫동안 가고 불을 조금씩만 때도
온기가 식지 않는다.

사람의 업장이라는 것도 이와 마찬가지다. 보시를 많이 해도 잘
안 되시는 분들은 수행이라는 불을 때지 않아서 구들장이 차갑게

식어 있는 분들이다. 이런 분들은 더욱 더 수행을 열심히 하셔야
한다. 그리고 하는 일마다 잘 되고 수행을 안 해도 아는 소리를
하고 지혜로운 사람들도 더러 있다. 이런 사람들은 전생에 구들
장을 따뜻하게 해놓고 온 사람들이다. 이런 사람들도 더욱더 수
행에 정진해야 한다. 그런 분들은 금생에 수행을 하지 않으면 데
워 놓은 구들장 다 식히는 것이다.

금생에 수행자가 되었더라도 전생에 빚 많이 지고, 업장 무겁
고, 정진하지 않았다면, 세상에 나와서 발심하고, 도를 아무리 하
려고 하여도 과보가 있기 때문에 참선이 잘 되지 않고, 그런 경우
는 참선법을 만나기도 어렵고, 만났다 해도 실천하기 어렵고, 실
천을 한다해도 조금 하다말거나, 선지식을 만날 복력도 없고, 정
진 잘하는 훌륭한 도반을 만날 복력도 없는 경우에는, 아무리 노
력을 해도 참선이 잘 안되기 때문에, 선지식들이 소리를 내서 외
우는 〈송화두〉부터 6개월이고, 1년이고, 3년이고 주력하듯이 소
리를 내어 〈이 뭣고 !〉 화두를 시킬 수도 있다.

전생에 참선이라도 좀 하던 인연이 있는 사람은 금생에 참선인
은 꼭 참선이 주업이고 일체의 모든 세속적 직업이나 모든 것은
부업이라는 사상으로 계율을 굳게 지키려고 노력하며, 신심 있는
선지식을 찾아가서 법문을 듣고 스스로가 경책하며, 남은 시간은
틈나는 대로 참선하려는 사상이라도 확고하게 갖는 경우는 전생

에 그래도 닦던 인연이기 때문에 그런 것이다.

그러나 수많은 사람들이 자신의 업장은 무거운데, 생각으로는 쉽게 진위돈발에 들려고 노력을 하는 경우도 많은데 잘 안 되는 이유는 송화두라는 기초단계를 겪지 않고, 전생에 염화두를 닦지도 않고, 주작화두 과정도 겪지 않고, 책 몇 권 읽은 얄팍한 지식과, 선에 관한 어록 몇 마디를 읽고 그 경지에 쉽게 들어갈려는 것은 투자는 적게 하고 이익은 많이 남기려고 하는 것처럼 현실적으로 맞지 않는다.

그러므로 수많은 사람들이 자기의 업장이 무겁거나 두터운 것을 탓하지 않고, 참선공부가 안 된다고, 힘들다고 포기하기도 하고, 잘 하는 사람을 주력이나 기도나 독경이나 하라고 권하기도 하고, 참선하는 사람을 무시하고 가련하게 생각하는 사람들도 주변에 많이 있다.

법은 법일 뿐인 것처럼, 참선이 안되고 잘되는 것은 자기한테 있는 것이지 참선법 자체에 문제가 있거나 모순이 있는 것은 절대 아니다. 말세가 될수록 근기가 약하고, 핑계 대길 좋아하고, 힘들고 고통스러운 고행수도를 하는 참선은 하려고 하는 사람이 적은 시절이 지금이다. 그래서 지금은 참선을 좋아하는 시절이지 실천, 정진하려는 시절은 아닌 것 같다.

　그런데도 흔들리지 않는 불퇴전의 신심으로 화두의 단계를 한 단계라도 더 끌어올리려고 노력하는 사람은 말세에 반은 성불한 사람으로 볼 수 있고, 시방삼세 모든 불보살님과 허공의 신장들이 환희심을 내어 옹호하고 일체의 장애가 없도록 특별 가호로 정진할 수 있도록 도와줄 것이다.

　결론은 어떤 사람이든 참선 수행을 해야 한다는 것이다. 누구든지 성불할 예비 후보자라는 자부심을 가지고 열심히 참선을 해야 한다. 그 중에서도 단제자리를 열심히 찾는 것이다. 화두를 한 번 들었다 하면, 북을 치면 딩~ 하고 여운이 있는 것처럼, 마음속으로 화두를 잡으면 의외로 딩~~ 하면서 화두의 힘으로 지속되는데, 식을 때마다 계속해서 군불을 때는 것처럼, 화두를 잡고 단제자리를 찾으면 찾을수록 여운이 자꾸 번지기 때문에, 누가 무엇이라 해도, 미운 말, 더러운 말을 하더라도 들리지 않는 것이다.

　화두를 잡고 있으면, 딩~ 하는 그 순간에 모든 팔만 사천 업장을 녹아지고, 그때부터 새로운 세포가 자라면서, 여러분의 행운과 행복이 오면서, 모든 불보살의 가피를 입으면서, 여러분이 영험 있는 사람이 되고, 가피 입은 사람이 되고, 여러분들은 그때부터 바른 삶을 살수 있다는 것이다.

　다시 한 번 강조한다. 참선을 열심히 하면 인생이 바뀐다.

VIII

선사와의 백문백답

1. 원담선사 백문백답

○ 원담선사(1926~2008)

· 경허, 만공선사로 내려오는 법맥을 이어 받음

· 덕숭총림 3대 방장

· 법랍 76년 세수 83세로 열반

문 : 평상심이 도라고 했는데, 어떤 것이 평상심입니까?

답 : (머리통) 꿀밤 세 번!

문 : 배고프면 먹고 졸리면 잔다는 것이 평상심이 맞습니까?

답 : 그래

문 : 윤회가 무엇입니까?

답 : 이쪽으로 갔다가 저쪽으로 가며 뺑뺑 도는 것이 윤회여.

문 : 생사가 둘이 아니다라는 깃은 무슨 뜻입니끼?

답 : (머리통) 꿀밤 세 번!

문 : 깨닫고 나면 도를 통했다는 생각이 없습니까?

답 : 깨달았다는 생각이 있지.

문 : 깨달았다는 생각은 남아 있습니까?

답 : 남아 있으면은 깨달은 것이 아니지.

문 : 깨달은 사람과 못 깨달은 사람의 차이는 어디에 있습니까?

답 : (주먹을 내 보이며)너한테 있다.

문 : 욕심과 탐심의 차이는 무엇입니까?

답 : (주먹을 다시 내 보이며) 그것도 이거여~

문 : 소유욕이란 것이 무엇입니까?

답 : (주먹을 다시 내 보이며) 그것도 내내 이거여~

문 : 간탐심이란 어떤 것입니까?

답 : (주먹을 다시 내 보이며) 내내 그것이 이거여 바로~

문 : 아상이란 것은 어떤 것입니까?

답 : (주먹을 다시 내 보이며) 똑같은 거여~

문 : 정진할 때 미래 망상보다 흘러간 망상이 많이 나오는 것은 왜 그렇습니까?

답 : 습기지.

문 : 신심 있어야 참선한다는데, 대신심은 무엇입니까?

답 : 과거 석가모니불이 그랬어. 대신심이 났어. 과거에도 없었고, 현재에도 없고, 미래에도 석가모니 부처님만한 신심이 없어. 전무후무해, 그런 분을 가리켜 부처님이라고 해.

문 : 참선을 할 때 분심이 있어야 한다는데, 어떤 것이 대분심입니까?

답 : 생사를 뛰어 넘으려고 해야지. 조그만한 것 가지고 내 자리를 떠날 수 있겠나?

문 : 진언으로도 도통할 수 있습니까?

답 : 진언은 욕심이 있어야 되고, 참선은 욕심이 있으면 안 된다. 내가 도통하려는 욕심을 가지고선 도가 통하지 않는다.

문 : 화두를 아무리 노력해도 안 되는 이유는 어디에 있습니까?

답 : 하려고 하는 욕심 때문에 안 되는 거여.

문 : 스님께서는 하려는 욕심마저도 다 쉬었습니까?

답 : 내가 한 말도 잊어버렸다.

문 : 큰스님께서는 수좌스님을 가르치는 것이 쉽습니까? 속인들
    을 가르치는 것이 쉽습니까?

답 : 아무래도 해본 놈들이 낫지.

문 : 전생에 익힌 대로 여자 남자로 태어나는 것이죠?

답 : 그것 맞다.

문 : 근본에서 봤을 때 어떤 것이 상구보리 하화중생입니까?

답 : 그게 그거여.

문 : 상구보리를 잘 하면 하화중생도 잘하는 거죠?

답 : 그렇지.

문 : 만공스님은 어떤 사람을 싫어 하셨습니까?

답 : 저(자신)를 속이는 사람을 싫어 하셨어. 착하지 않은 놈이
    착한 채, 아닌 채 하는 것을 싫어 하셨어.

문 : 못 깨쳤으면서도 깨친 채 한 것도?

답 : 그렇지.

문 : 상수제자로 금봉스님이십니까. 보월스님이십니까?

답 : 보월스님이지.

문 : 보월스님은 왜 그렇게 일찍 돌아가셨습니까?

답 : 병으로 돌아가셨지. 만공스님이 평생에 눈물 흘리는 것을
　　내가 두 번 봤어.

문 : 그것이 언제입니까?

답 : 경허스님이 돌아가셨을 때, 그리고 보월스님 돌아가셨을
　　때였지.

문 : 보월스님은 스님이 태어나시기 전에 돌아가셨는데, 법상좌

가 금오스님 말고 또 있습니까?

답 : 없었어.

문 : 청담스님은 만공스님 밑에 있었죠?

답 : 만공스님 제자여.

문 : 동산스님은 어떻습니까? 용성스님 제자이지만 만공스님을
　　신(信)했죠?

답 : 그렇지.

문 : 효봉스님도 만공스님을 신했죠?

답 : 그럼. 신했지.

문 : 손경산스님은 어떻습니까. 신했죠?

답 : 그랬지.

문 : 해인사 지월스님도 신했죠?

답 : 신했지. 그런데 받아 주질 못했지. 견성을 못했어. 그래서
　　만공스님이 "공부를 더해라. 조금만 더해라" 하셨지.

문 : 방장스님(원담선사)께서는 기록에 의하면 8살에 출가하여
　　14살에 인가를 받은 것으로 되어 있는데, 맞습니까?

답 : (대답대신 고개를 끄덕이시다)

문 : 그러면 14살에 인가 받을 때 전법게를 받지 않으셨습니까?
　　구전으로만 주고 받으셨습니까?

답 : 구전으로 받았지.

문 : 전법게를 써달라고도 안하시고?

답 : 써달라고도 안했지.

문 : 스님, 상궁들에게 하신 딱다구리 법문을 좀 해 주십시오.

답 : 내 노래 한번 할게. (원담스님께서 웃음을 참지 못하시며 노래를 부르시다) 뒷동산 딱다구리는 생나무 구멍도 잘 뚫는데, 우리집 멍텅구리는 뚫어진 구멍도 못 뚫네.

문 : 네. 맞습니다.

답 : 견성자리가 본래 비어 있어. 빈 구멍을 뚫기가 그렇게 어려워. 누가 뚫어 논 것도 아니고 본래 구멍이 뚫려 있어. 뚫어진 구멍도 못 뚫는다는 얘기여. 사람마다 다 자기 마음구멍이 다 열려있어. 그것을 못 뚫는다 말여. 뚫어진 놈을…

문 : 멍텅구리니까?

답 : 구멍이 뚫어져 있어 멍텅구리인지 모르겠어. 뚫린 구멍도 못 뚫는 게 멍텅구리들이여.

문 : 자성가운데 일체가 다 있다는 얘기죠?

답 : 그렇지.

문 : 바깥으로 멀리 찾으려 하지 말라는 뜻이죠?

답 : 자기 마음가운데 있느니라. 밥 먹고 세수하고 자고 하는

가운데 있느니라.

문 : 그때 상궁들 초청으로 왕실에 가보시니 어떻습니까?

답 : 기웃기웃 하면서 궁녀들을 따라 다녔는데, 부인들이 우루
루 몰려오더니 내 딱다구리 노래를 듣고 깔깔깔깔 웃었어.

문 : 그때 선물로 만공스님이 거문고를 받아 오신 겁니까? 같이
올라 가셨죠?

답 : 그 전에 받은 거지. 그 거문고가 왕궁 국보였어. 이조가 고
려조를 무너뜨리고 제일 처음 잡아챈 것이 그 거문고여.
고려국 공민왕이 애용하시던 거문고여.

문 : 만공스님이 어떤 사람을 좋아했습니까?

답 : 공부 잘하는 사람을 좋아했지.

문 : 제 생각인데 만공스님께서 원담스님을 참 좋아하셨는데,
서열이 아래라 공식적으로 인가를 못하셨다고 생각합니다.

답 : 그래. 맞어.

문 : 그래서 법을 일찍 못 펴셨죠? 스님께서 일찍 살활자재한
법을 못 펴셨기 때문에 덕숭문중이 지금 침체한 것이라고
생각합니다.

답 : 그래. 그래서 도인도 사는데 너무 욕심 내지 말고, 버려버려야
해, 버릴 때 버리고 취할 때 취해야 해. 취사가 분명해야 해.

문 : 돈오돈수 사상은?

답 : 억지 소리지.

문 : 향곡스님은 어떻습니까?

답 : 향곡스님은 눈이 있는 이여. 성철스님은 재주가 비상한 이
고, 내가 겪어봐서 알어.

문 : 같이 생활도 해 보셨죠.

답 : 그렇지. 성철스님은 모시고 내가 직접 살았어. 간월도에서.

문 : 견성이라는 말도 망상이지요?

답 : 그렇지. 그 말 참 좋다.

문 : 꿈과 잠의 차이는?

답 : (원담스님이 오른 손 검지손가락을 펴며 "이것은 꿈이요",
왼 손 검지손가락을 펴며 "이것은 망상인데" 서로 번갈아
올렸다 내렸다 하시며) 꿈과 망상이 이래.

문 : 그게 그거다 이겁니까?

답 : 그게 그거는 맞는데, 조금 차이가 있지. 시늉 내는 것도 이
말세에 희유한 일이지만, 시늉만 가지고서 안 되여.

문 : 박고봉스님이 그렇게 곡차를 많이 드셔도, 선지가 있는 분
이시죠?

답 : 암. 그럼 있지. 나는 잘 하려고 않고 못하지도 않는 처음
마음이나 지금 마음이나 똑같은 사람이 좋아.

문 : 방장스님은 한국불교를 어떻게 생각하십니까?

답 : 한국불교가 어떻게 되려고 이러나. 밤에 걱정하다 보면 동
이 환하게 터.

문 : 지금까지 산중에 계시면서 방장스님이 가장 아끼는 제자는?

답 : 아끼는 사람은 도망 가. 아니면 내 앞에서 교만해지고, 도
가 들어갈 데가 없어.

문 : 교만스럽다는 것은 스스로가 잘난 척하고 넘치는 것을 말
하죠?

답 : 그렇지. 내가 제일이다 생각하지. 내가 제일이다라는 생각
을 버려야 한다. 내가 아니면 한국불교를 유지 못한다는
생각을 갖고 있어.

문 : 삼현 · 사요 · 사료간 · 사할 · 팔방 · 기용제시 · 살활종탈과
빈중빈 · 빈중주 · 주중빈 · 주중주 등 사빈주 임제의 법로
를 아시죠?

답 : 응. 그래.

문 : 사빈주 중에 주중주라고 하는 것이 실질적으로 일구 가운
데 삼구가 들어 있고 삼구 가운데 일구가 들어 있다는 말이
똑같은 말이죠, 주중주가 터진 사람의 경계죠?

답 : 그렇지.

문 : 말하자면 지무생사 · 체무생사 · 계무생사 · 용무생사 중에
　　용무생사에 해당되는 것이지요?

답 : 그렇지.

문 : 체중현, 구중현, 현중현을 삼현이라고 했는데…

답 : 그렇지.

문 : 체 가운데 현이 있고, 구절 가운데 현이 있고, 현 가운데 현
　　이 있다는데, 현중현의 도리가 사빈주 중 주중주의 도리에
　　해당되는 것이죠?

답 : 그렇지.

문 : 일구 가운데 삼구가 들어 있고 삼구 가운데 일구가 들어 있다
　　는 말은체 가운데 용이 있고 용 가운데 체가 있다는 얘기죠?

답 : 그렇지.

문 : 실질적으로 우리가 법을 잡아서 쓴다는 것은 이름을 붙여
　　서 쓴다는 것이지, 명사도 붙지 못하는 자리에서 오가는 것
　　이 거량이죠?

답 : 그렇지.

문 : 화두에서 전제·단제라는 말을 들어보신 적이 있습니까?

답 : 전제는 우리를 전반적으로 이끌어 가는 것을 전제고, 단제
　　는 반짝하는 의심만 들어가는 것이 단제여.

문 : 단제는 근본 불성자리 그 견성을 위한 근본자리를 말하는
　　것이죠?

답 : 그려. 맞아.

문 : 그 단제자리는 사랑도 미움도 없고 계율도 계율 아닌 것도
　　없고, 생과 사도 없고, 천당 극락도 없는 근본 그대로 있는
　　자리를 말하는 거죠?.

답 : 그려. 맞아 그거여.

문 : 그 근본자리를 심지로 보는데, 전제에서 일어나는 업식을
　　아른거려서 거기서 놓고 게송으로 법을 주고받는다 깨쳤다
　　못 깨쳤다 오도다 미도다 모든 사랑 탐욕을 짓는 것은 전제

에서 하는 것이기 때문에 전제자리의 알음알이를 갖고서
단제를 건드려서는 안 되는 것인데 전제의 업식을 가지고
단제를 건드리기 때문에 선법의 구분하나 못 짓는 사람들
이 함부로 법상에 올라가고 함부로 서로 주고받고 하는 데
서 혼선이 온 게 아닙니까?

답 : 맞아. 그게 불교 망하는 것이다.

문 : 근본 단제자리에서 때려도 때린 바 없고 맞아도 맞은 바 없
기 때문에, 경허스님이 초동들을 시켜서 때리게 하고 "천하
의 경허를 누가 때린단 말이냐" 한 그것이 기행을 하고 역
행을 하는 것 같아도, 단제를 보신 그 근본에서, 단제에서
격외도리가 나오고, 단제를 얘기한 것인데 중생들이 그걸
못 보니까 전제의 업식으로 보고…

답 : 맞아.

문 : 그러니까 견성을 했다는 것 자체는, 도를 통했다는 것은 단
제자리를 한번 본 다음에 계속 자기의 단제자리가 어디 있
는가를 찾는 바 없이 참구하면서 계속 밀밀히 닦아나가면
그것이 닦는 바 없이 닦는 보림이 되는 것이죠.

답 : 그렇지.

문 : 유루법이라고 하는 것은 전제자리에서 짓는 생각이 남으면
다 유루가 되는 것이고, 단제자리를 찾는 바 없이 참구하는
것을 무루공부라 하여 무루법이 되는 것이죠.

답 : 그렇지.

문 : 그러면 꿈을 꾸는 거나 잠을 자는 거나 사바세계에서 벌어
지는 모든 것은 전제에서 벌어지는 업식이 우러나오기 때
문이고, 단제는 꿈도 없고 잠도 없는 홀연한 그 근본이 하
나 딱 있는 것을 말하죠?

답 : 그렇지. 맞다 맞아.

문 : 앞으로 화두 참선법을 배우려는 중생들을 꼭 한국에만 국
한하지 않고 전 세계를 찾아다니며, 참선법을 펴야 하는 시
절이 아닙니까?

답 : 맞다! 옳다! 내 말이 그 말이다!!! 이젠 우리나라에서만 큰
소리 쳐봤자 소용이 없어.

문 : 나라가 작아서 그렇습니까?

답 : 그래. 맞아. 우리나라 큰스님들도 중국에서 인정해 줘야
큰소리 쳤어.

문 : 고려 때 태고보우국사가 중국의 청나라 시절 석옥청공선사
에게 법 받을 때도 그랬죠?

답 : 그렇지. 우리나라가 작으니까 남이 알아주질 않아. 그러니
까 크게 펴려면 외국에 나가서 펴야 해.

문 : 견성암 선방에 가 보니 세계일화라는 글이 있던데요…

답 : 그 글이 만공스님이 쓰신 글이더구먼. 만공스님은 그 세계
가 하나의 꽃이라고 하셨지. 세계가 하나가 된단 뜻이여.

지금 그렇게 되고 있잖아.

문 : 해방되기 직전에 방장스님께서 서산 간월도에서 1942년도
부터 3년간 해방기도를 올린 뒤 1945년도에 3년 기도 회향
후 역사적인 해방이 되었죠?

답 : 그걸 어떻게 아냐?

문 : 다 흘러간 기록자료에 나와 있습니다. 그래서 알죠. 그리고
또 스님께서 기도를 마친 뒤 수덕사에 와서 만공선사와 같
이 한 10일 지났는데 만공스님에게 김일엽 비구니 스님께
서 해방된 날 해방소식을 전해와 그 때 아시게 되었다면서
요?

답 : 그것 참 옛날 얘기다! 그때 우리 민족이 참 큰 고생을 했
어. 너무 참혹했다. 그 과거를 생각하면 눈물이 나.

문 : 일제시대때 고생 많으셨죠?

답 : 일본사람들 참 독해. 독종이여. 중국사람들은 미련하고 느
려. 희미해. 명확하지를 못해.

문 : 스님께서는 어려서 글 배우고 쓰시기를 좋이 히셨죠?

답 : 글을 쓰고 싶었는데 누가 쓰게 해야지, 야단을 맞아가면서
도 그것을 그렇게 하고 싶었어. 몰래 하려면 변소간밖에
없었어.

문 : 몇 살 때지요?

답 : 아주 어려서부터…

문 : 그래서 서당에 들어가셨지요? 몇 살 때 들어가셨습니까?
답 : 다섯 살 때 들어갔지.
문 : 서당에서는 몇 년 있었습니까?
답 : 오래 살았지. 책 세 권을 배웠어.

문 : 방장스님 속성이 부안 김씨죠?
답 : 맞아, 부안이여.
문 : 아버님 속명은 기억나십니까?
답 : 김낙관.

문 : 맞습니다. 어머님의 속명은 아십니까?
답 : 어머님은 나채봉이여.
문 : 누님만 두 분이시죠?
답 : 남자로서는 내가 독자였어.

문 : 2녀 1남이셨는데, 8살과 11살 더 먹은 누님이 계셨습니다.
　　맞죠?
답 : 맞아.
문 : 스님께서는 어려서 착하게 잘 자라셨고 글공부를 더 하고
　　싶어하셔서, 비구니이신 이모가 글공부 더 하라고 수덕사와

인연을 지어줘 출가하였다고 합니다. 만공스님이 너무 귀여
워 하셨다는데, 만공스님의 첫 인상은 어떠하셨습니까?

답 : 만공스님은 항상 둥그렇고 단단한 지팡이를 들고 다니셨는
데, 그 무지한 놈으로 내 머리를 딱 때리신 것이 기억 나.
그리고 "어떠냐"하시는데, 맞으니까 맛이 어떠냐 하신 것
이지. 내가 머리를 만지면서 "아야야~" 한 것이 기억나.
가만히 때리는 것도 아니고 힘껏 때렸어.

문 : 어릴 때부터 만공스님을 모시고 평생을 모시고 다니셨죠?

답 : 내가 어릴 적에 매우 부지런했어. 절에 할 일이 또 그렇게
많아. 만공스님이 "진성아"하고 부르시면 "예"하고 대답을
하고, "어디 가자"하면 "예"하고 걸망을 챙겨. 걸망에 들어

가는 것이 물통, 바리때, 평생 입으시던 웃옷이 들어가. 만
공스님은 굉장히 키가 크셨어. 나는 키가 굉장히 작았고.
서울에 오시면 한용운스님께 주로 오셨어. 성북동 심우장
에 주로 주거하셨지.

문 : 수덕사에서 서울에 가실 때 교통편은 어떠하셨습니까?

답 : 삽교까지 걸어가서 기차타고 갔지.

문 : 서울에서는 심우장에서 주무셨습니까?

답 : 아니지. 선학원에서 주로 잤지.

문 : 만공스님과 한용운스님이 만나면 주로 어떤 이야기를 나누
셨습니까?

답 : 내가 어려서 뭘 알아. 지금 기억나는 것은 "얼마나 남았나"
이것만 기억나.

문 : 그게 무슨 뜻인지?

답 : 지금 생각해보니, 우리나라 독립이 얼마나 남았나 하는 그
런 소리였어.

문 : 만공스님이 한용운 스님보다 8살이 더 많았습니다.

답 : 맞아. 한용운 스님은 깐깐한 선비였어.

문 : 만공스님은 언제부터 머리를 기르셨습니까?

답 : 내가 와 보니 이미 기르고 계셨어. 그리고 일년에 1번 깎으
셨어. 그리고 매일 수염도 다듬으셨어.

문 : 만공스님의 식사량은 어떠하셨습니까?

답 : 밥은 많이 드시지 않으셨는데, 잡수실 때는 아주 맛있고
푸짐하게 잡수셨어.

문 : 반찬을 많이 드셨습니까?

답 : 아녀, 한 가지를 드셔도 소담스럽게 잡수셨어. 밥은 맛있
게 먹어야 복이 있어. 사람 밥 먹는 것을 보면 그 사람 평
생을 알 수가 있어. 사람 관상은 밥 먹는데 있어. 밥 먹는
데 트집을 내는 사람은 가만히 보니 평생 고생해.

문 : 만공스님은 생식한다고 솔잎을 드신다거나, 단식 같은 것
은 안 하셨죠?

답 : 그럼 안 하셨지.

문 : 만공스님이 잠은 어떻게 주무셨습니까?

답 : 잠은 3시간 이상 주무시지 않으셨어. 깬 상태로 누워서 정
진하셨지.

문 : 만공스님은 무슨 병을 얼마나 앓으셨는지?

납 : 삼기를 많이 앓으셨는데, 민공스님이 아주 잘 생긴 얼굴이
여. 특히 코가 아주 잘 생기셨는데, 코가 그렇게 잘 생기면
아주 크게 이름을 날리고 크게 출세를 해. 한국불교가 빌
어먹는 불교에서 주는 불교로 바꿔 놓으신 분이 바로 만공
스님이여. 그 수많은 수좌들을 다 베풀어 먹여 살리고 공

부시켰지. 하루는 금선대에 계셨을 땐데, 상궁 보살들이
만공스님을 친견하고 돌아가면서 100원을 주고 갔어. 당
시 백원이면 엄청나게 큰 돈인데, 그것을 나보고 은행에
가서 저금하라고 했어.

문 : 당시 가까운 은행은 어디, 천안에 있었습니까? 홍성에도
　　 있었습니까?
답 : 홍성에 있었지. 홍성이 군 소재지니까 컸었지.
문 : 그 큰돈을 혼자 저금하고 오셨습니까?
답 : 그럼. 혼자 다녀왔지.

문 : 큰돈을 가지고 다니시면 위험한데, 비밀리에 다녀오셨습니
　　 까?
답 : 너무 비밀리에 하면 오히려 사람들이 따라. 비밀리에 하는
　　 데 문제가 생기는 거여. 비밀을 가졌을수록 더욱 의연하게
　　 처신해야 해.
문 : 만공스님께서 불사를 많이 하셨죠.
답 : 그렇지.

문 : 수좌들도 많이 거느리시고, 선방도 많이 지시고 불사를 많
　　 이 하셨다고 하던데요?
답 : 그렇지. 지금 생각해보니까 만공스님이 복이 많으셨던 분

이여. 만공스님 복이 지금 대통령만큼 가지셨던 것 같아.

문 : 그 복을 다 쓰지 못하고 가신거죠?

답 : 맞어. 그 말이 맞어. 만공스님이 평생에 낭비하는 법이 없
으셨어. 공양 할 때에 한 숟가락이라도 많다 싶으면 꼭 덜
으시고, 식사를 다 하시고 나면 설거지 할 필요가 없을 정
도로 물 말아 깨끗하게 드셨어. 남기시는 법이 없으셨지.

문 : 상좌나 남을 때리지는 않으셨습니까?

답 : 사람을 안 때리시더라구. 그래서 내가 물어봤어. "어찌 노
스님, 사람을 때리지 않으십니까?" 하니, "그래, 내가 사람
을 안 때린다." 하셔서, 다시 "왜 안 때리십니까?" 하니,
죽을까봐 안 때린다" 하셨어.

문 : 아, 기운이 좋으시니까, 또 직성이 풀릴 때까지 때리셔서
그런 겁니까?

답 : 아녀. 한 번만 제대로 때리면 죽어.

문 : 기운이 장사라서 그런거죠.

답 : 그렇지. 매민 때리셨는데, 그 매에 근력이 담기셔서 매우
세고 아팠어.

문 : 만공스님께서 곡차를 많이 드셨죠?

답 : 많이는 안 드시고 자주 드셨어. 커피잔으로 8홉 정도를 드
셨어. 더 이상 안 드셨어.

문 : 곡차의 종류는?

답 : 만공스님은 별 종류의 곡차가 다 있었어. 그래도 많이 안
　　드셨어. 애주를 하셨지. 탐식으로 폭음하신 분이 아녀.

문 : 안주는 어떤 것을?

답 : 주로 밤. 깎은 밤을 드셨어. 이가 좋아서 오독오독 소리가
　　났어.

문 : 그러면 밤 까는 것은 스님께서 하셨겠네요.

답 : 그렇지. 내가 만공스님을 보면서 깨달은 것이 있는데, 소
　　식(小食)하는 것이 장수 비결이여. 많이 먹고 폭식하는 사
　　람은 오래 못살어.

문 : 만공스님 목욕은 자주 하셨습니까?

답 : 목욕은 3일에 한 번씩 하셨지. 만공스님이 참으로 정갈하
　　신 분이여.

문 : 제가 필체를 대조해 보니까 경허스님하고 원담스님은 일맥 상
　　통하는 것 같은데, 만공스님의 필체는 조금 다른 것 같던데?

답 : 만공스님이 사실 문필가는 아녀. 세상사람들이 만공스님을
　　무식하다고 하는데, 사실 제대로 학교공부 한 적은 없으셨지.

문 : 서당이나 강원 안 다니셨나요?

답 : 그렇지.

문 : 학교도 안 다니셨나요?

답 : 어려서 출가 하셔서 안 다니셨지.

문 : 스님께서는 어디서 필체를 다듬으셨습니까?

– 지금도 서울에 운당여관이라고 있는가?

– 예. 인사동에 있습니다.

– 옛달에 운당여관이 아주 컸었는데, 박귀희씨라고 있었지.

– 소리하시는 분 맞습니까?

– 맞어. 그 양반이 운현궁 대감한테 그 재산을 받았지.

– 대원군 이하응이 살던…

– 맞어. 그 양반이 대원군의 애첩이었어.

문 : 그러면, 운당여관에서 머무르면서 배우셨습니까?

답 : 그렇지.

문 : 누구한테, 배우셨는데요?

답 : 내가 글씨를 사사 받은 일이 없어. 쓰다 보니까 그렇게 쓰
게 됐지. 글씨를 쓰다 보니까 글씨 쓰는 법을 알아야겠다
고 생각했어. 그래서 그 필책을 인사동에서 구했어. 그래
서 그것을 노다지 익혔지.

문 : 수덕사 대웅전 현판을 쓰실 데 큰 붓으로 쓰셨습니까?

답 : (손을 모으시며) 이만한 붓으로 썼지.

문 : 대웅전 현판을 너무 잘 쓰셨는데, 한 20년 되셨죠?

답 : 그렇지.

문 : 승가사 현판도 스님께서 쓰셨죠?

답 : 그렇지.

문 : 스님은 도필과 법체를 둘 다 겸비하신 것이지요?

답 : 세상 사람들 부르기 좋은 대로 부르라고 그래.

문 : 그런데 일본 사람들이 스님 글씨를 매우 좋아하던데요?

답 : 일본 사람들이 글씨 공부를 많이 한 사람들이여.

문 : 그 사람들이 보는 눈이 있는 거죠?

답 : 그렇지. 일본 사람들이 글씨 보는 실력에 내가 깜짝 놀랬
     어. 사실은 내가 제일 미워하는 게 일본사람들인데…

문 : 미워하면서도 제일 본받을 게 일본사람들이죠?

답 : 그려. 일본 사람들이 사실 문화민족이여.

문 : 그래서 방장스님 글을 청와대에서 많이 가져갔죠.

답 : 박정희 정권 때 많이 가져갔지.

문 : 만공스님 열반에 드실 때, 종정을 지내신 서암스님 말씀으
     로는 만공스님이 드러누워서 코를 크게 골면서 열반에 드
     셨다고 하는데, 맞습니까?

답 : 맞어.

문 : 춘성스님은 내려오셔서 다른 대중들은 장례 준비하는데 격
     외도리로 덩실덩실 춤을 추고 계셨다는데 맞습니까?

답 : 맞어.

문 : 스님께서 임종 장면을 직접 보셨지요?

답 : 봤지. 그럼.

문 : 스님께 만공스님의 임종 장면을 직접 한 번 자세히 듣고 싶
습니다.

답 : 만공스님께서 "내가 이제 열반에 들어갈란다." 말씀하시
고, "목침을 하나 가져오너라." 하셔서 내가 가져다 드렸
지. 만공스님은 목침을 베고 열반에 드셨는데, 하루 밤 하
루 낮 1주야(晝夜)를 코를 고시다가 열반에 드셨어. 언제

가셨냐 하면 예불 종칠 때 가셨어. 코고는 소리가 계속 들리다가 코고는 소리가 끝쳤어. 이상하다 싶어 코에 다 손을 대니 숨을 쉬시지 않는 거야. 그 다음에 맥을 만지니 맥이 안 뛰는 거야. 사람이 죽으면 보들보들 하던 피부가 딱딱해지더구먼.

문 : 유언은 하지 않으셨습니까?

답 : 만공스님 유언은 평생하신 법문이 유언이지.

문 : 거울 보면서 "나 이제 가야겠네" 하셨다는데…

답 : 음 그랬어. "그동안 수고했네" 소리를 내가 들었어. 그래서 "노스님, 그게 무슨 소리입니까?" 하고 물었지. 그러더니 "나는 간다." 하셨어. 그 음성이 냉정하대. 그래서 "예?" 하고 또 물었지. 그러더니 분명한 목소리로 "가!" 하시더니, 열반에 드시대. 내가 도인을 평생 모시다가 임종까지 맞춰 드린 경험을 했어.

문 : 한국불교의 산 역사이자 증인이십니다.

 − 부끄러운 듯이 미소로서 천진하게 웃으신다

문 : 만공스님을 떠나 보내시고, 굉장히 섭섭하시고 서운해하시고 허전해 하셨죠?

답 : 만공스님을 보내고 나서 사흘을 내가 울었다. 막 땅을 치면서 울었다. 만공스님 평소에 장난을 좋아 하셨어. 평생

을 농새(농담)로 보내셨어. 만공스님께서 농새하시던 것을 내가 왜 어린애 장난같이만 받아들였나 하는, 후회하는 눈물을 내가 흘렸어. 사흘을 울었어. 어떤 사람이 와서 말려도 울음을 그치질 못했어.

문 : 그때는 원담스님께서 철이 들던 때이죠?

답 : 그렇지.

문 : 연표를 대조하니까, 만공스님께서 1941년도에 돌아가셨는데, 원담스님이 20세이던 해에 돌아가셨더라구요?

답 : 맞어.

문 : 방한암스님이 만공스님 보다 5살 아래 입니다.

답 : 그럴꺼여.

문 : 수월스님이 만공스님보다 한 20살 정도 차이가 납니다.

답 : 그런 차이가 있지.

문 : 제가 일제시대 선화라는 잡지와 권상노 박사가 만든 불교지를 보니까, 전국에 방부들 는 수좌가 한 650명 징도였는데, 당시 기록으로 보면 만공스님 회상에 방부들인 대중이 그 어떤 스님의 회상에 방부들인 대중들 보다 훨씬 많았습니다.

문 : 보장록을 쓰신 박금봉선사스님을 아시죠?

답 : 박금봉스님이 보장록이라는 책은 당신이 집필하셨어.

문 : 제가 보장록을 보니까, 삼현·사요·사료간·사할·팔방·
기용제시·살활종탈 그 법로가 일부분 비치고 있습니다.

답 : 그렇지.

문 : 제가 조금 더 자료를 찾아서 임제스님에서부터 전제·단제
와 초의선사와 백파선사의 선문수경과 사변만어의 자료를
연구·조사했습니다.

답 : 백파스님은 강사여.

문 : 사실 초의스님이 선에 더 눈이 밝았습니다. 그런데 제가 이
렇게 자료를 정리하고 연구하면서, 한국불교의 맥이, 경
허·만공의 법이 원담스님께 내려오는데, 이 맥과 법을 무
시하면서 한국불교가 절단 났다고 봅니다.

답 : 내 말이 아무리 옳아도 들으려하지도 않아. 그렇지 않으면
내가 발 벗고 나섰을 터인데…, 내가 그만 쉬어버렸지. 쉬
어 버린 것이 한국불교가 요 모양 요 꼴로 추락해 버렸다.

문 : 불사를 해서 절을 많이 짓고 도량도 그럴 듯 하지만 그것보
다 더 중요한 것은 한 생각 돌이키는 근본 최상승 생사해탈
법의 법맥이 중요하다고 생각합니다.

답 : 끊어져 버렸어. 한국 불교의 두 가지 병폐가 있어. 한 쪽은
너무 알리려 하다가 감춰졌고, 한 쪽은 너무 쉬어버려서

감춰졌어.

문 : 알리려 해서 감춰진 쪽은 누구이며, 숨기려 해서 감춰진 쪽
　　은 누구입니까?

답 : 내가 이제는 다 기억을 못한다. 주로 문자상으로 계승한
　　사람들이다.

문 : 6 · 25는 어떻게 지내셨습니까?

답 : 공산당들 참 잔인했어. 거기는 어미아비도 없고 오직 공산
　　당만 있어. 난 공산당을 벌써부터 싫어했어. 왜 싫어했냐.
　　그 사람들은 어미도 무시하고 아비도 무시해. 오직 공산당
　　하나밖에 없어.

문 : 방장스님께서 다 털어 놓으셔야 좋은 글이 나옵니다. 그래
　　야 후대 사람들이 발심을 합니다. 스님, 은사님이신 벽초스
　　님은 참으로 대단한 분이십니다.

답 : 육신보살이다. 육신을 가지고 보살행을 실천하신 분이여.

문 : 전제 · 단제 묻는 사람이 저 밖에 없죠?

답 : 전제 · 단제 용어를 몰라.

문 : 경허선사나 만공선사께서는 말씀은 안 하셔도 전제 · 단제
　　를 구분하여 보셨죠.

답 : 그렇지! 분명히 아셨지.

문 : 게송으로 주고받는 것도 전제밖에 되지 않기 때문에, 단제
　　에서 단제로 이심전심으로 주고받으면 끝난 것이죠. 거기
　　서 생색을 내서 한다면, 상이 상을 낸다면 비상이라고, 단
　　제와 단제를 아는 사람은 줄 것도 받을 것도 없기 때문에,
　　방장스님도 14살에 만공스님과 이심전심으로 알았지만 위
　　어른 스님들이 많았기 때문에 뜻을 펴지 못하고, 달라고 할
　　시기를 놓쳐버려서 지나간 것이죠. 나머지 문서를 쥔 사람
　　이 울궈먹고 울궈먹은 것이죠.
답 : 그려. 맞어.
문 : 진짜는 아무 소리도 못하고, 줄 것도 받을 것도 없는 무문
　　인이니까 가만히 있고, 억지로 달라고 한사람은 울궈먹고
　　울궈먹은 것이죠.
답 : 그려 맞어.

문 : 법이라는 것은 잡아 쓰는 것이 법이죠.
답 : 그렇지.
문 : 거기에 꽁꽁 묶이는 것도 노예가 되는 게 아니죠.
답 : 아니지!

문 : 단제를 본 다음에 전제자리는 잡아 쓰는 게 법이죠.
답 : 그렇지.
문 : 방장스님 좌탈입망이라는 자체가 도는 아니죠?

답 : 도력이 없으면 행동으로 옮겨지지가 않지. 이 몸뚱이를 맘
대로 받는 것도 도력이 없으면 못 혀.

문 : 도력이라는 것은 화두를 딱 참구하는 힘으로 소소영영한
자기의 단제자리를 참구해 나가는 거죠.

답 : 그렇지! 맞어.

문 : 그럼으로써 공포도 없고, 죽음도 없고, 고통도 없고 괴로움
도 없는 거죠.

답 : 그렇지! 맞다 맞어!

문 : 그리고 방장스님은 돌아서면 잊어버리는 가풍이지요? 기억
을 하거나 적어 두거나 하는 것이 아니라 돌아서면 잊어버
리고 눈에 띠면 대해 주시죠.

답 : 내가 그 병이 있어.

문 : 그게 병이 아니라 가풍입니다. 도인들은 그렇습니다. 눈에
띠면 대해 주고 "왔냐?"하고, 돌아서면 잊어버리고, 일부러
기억하거나 적어두는 것 없고…

답 : 우리가 어려서부터 지금까지 그렇게 살았어.

문 : 그것이 조사의 가풍이고 선객들의 살림살이입니다. 옛날
도인들의 삶입니다.

답 : 무엇인지는 모르지만 내가 그렇게 살아왔어. 내 버릇이야.
그것이 도인의 가풍이라고?

문 : 예, 배고프면 밥 먹고 졸리면 잠자고…

답 : 흥이 나면 노래 부르고…

문 : 원담스님께서는 5살 때 서당에 들어 가셨다고 하는데?

답 : 아마. 그쯤 됐을거여.

문 : 그때 혼자서 놀 때도 땅바닥에 글을 쓰고 변소 가서도 글을
　　 쓰고 틈만 나면 글쓰기를 좋아 하셨다고 하는데?

답 : 맞아. 그랬었어.

문 : 그래서 서당을 마치고 나자 이모가 글쓰기를 좋아하고 공
　　 부하고 싶어하는 조카 몽술(원담스님)이를 수덕사에 데리
　　 고 왔다는데?

답 : 맞아. 그랬어.

문 : 위로 이모가 두 분이 계셨죠?

답 : 맞아. 그래.

문 : 누님도 두 분이 계셨죠?

답 : 맞아. 그래. 우리 어머니 자매가 3명이었는데, 둘은 속가에
　　 살고 한 명은 비구니가 됐어.

문 : 그 이모 따라 수덕사에 들어오셨지요?

답 : 그래.

문 : 처음 들어오셨을 때 은사는 마벽초 스님이셨고, 계사는 만
공스님 이셨나요?

답 : 맞아. 그래.

문 : 그때부터 만공스님이 손주처럼 여기고, 원담스님은 만공스
님을 계속 시봉하셨죠?

답 : 그래.

문 : 간월도에서 3년 동안 정진하실 때만 빼고 항상 만공스님과
함께 계신 것이죠?

답 : 그래.

문 : 서울은 최초로 몇 살 때 가신 겁니까?

답 : 8살 때.

문 : 절에 온지 얼마 안 되셔서 서울에 가신 겁니까?
답 : 그래. 얼마 안돼서 갔어.
문 : 서울에 가서는 어떻게 다니셨습니까?
답 : 전차를 타고 다녔지. 전차가 앞뒤로 다니는 것이 신기했어.

문 : 만공스님께서 서울에 오시면 제일 먼저 성북동 심우장에
　　있는 한용운 스님께 들렀다면서요?
답 : 맞아. 그랬어. 아무도 모르게 갔어.
문 : 그리고 잠은 선학원에 가서 주무셨구요?
답 : 맞아. 그랬어.

문 : 만공스님께서 선학원에 가시면 젊은 수좌들을 비롯해서 여
　　러 스님들이 만공스님을 친견하려고 기다리고 있었나요?
답 : 그랬지.
문 : 만공스님께서는 주로 법회 때나 회의 때를 맞춰 서울에 올
　　라 오셨나요?
답 : 하여튼 올라오시면 낮이나 밤을 가릴 것 없이 수 천명씩
　　꽉꽉 찼었어.

문 : 가는 데마다 따르는 사람들이 친견하려고 꽉꽉 찼었죠.

답 : 아 참, 만공스님은 복도 많은 분이셨어.

문 : 그때, 원담스님은 어리셨는데, 따로 시봉하신 분이 계셨나요?

답 : 아녀. 그때도 내가 시봉했어.

문 : 그때 만공스님은 방장스님을 어떻게 불렀나요? 속명인 몽
　　술이와 진성사미 중에 어떤 것을 불렀습니까?

답 : 얘, 진성아 하고 부르셨지.

문 : 만공스님은 물통을 꼭 지니고 다니셨는데?

답 : 그려 물통을 꼭 지니고 다니셨어.

문 : 어떤, 물통이셨나요?

답 : 겉통은 쇠로 되어 있고, 속은 유리로 되어 있었어.

문 : 아, 보온이 되었겠네요?

답 : 그렇지. 거기다 뭘 넣고 꼭 매면 잘 안 쉬었어.

문 : 발우도 꼭 지니고 다니셨다는데?

답 : 그러셨지.

문 : 누두마기와 사사도 지니고 디니셨죠?

답 : 그러셨지.

문 : 그러면 그 바랑을 누가 메고 다니셨습니까?

답 : 내가 메고 다녔지.

문 : 8살 때도 메고 다니셨습니까?

답 : 그랬지.

문 : 만공스님은 키가 크셨죠?

답 : 그려. 한 7척쯤 되는 것 같았어.

문 : 7척이면 2m10㎝인데요?

답 : 한 6척쯤 된 것 같아. 어쨌든 큰 키여.

문 : 만공스님께서 음식은 소식하셨다면서요?

답 : 그래. 소식하셨어.

문 : 수좌들과 법거량 하는 것도 보셨습니까?

답 : 봤지.

문 : 그러면 할과 방도 보셨는지, 그리고 싸우듯이 하는 법거량
도 보셨습니까?

답 : 그런 것도 봤지.

문 : 덤벼드는 스님 중에 기억나는 스님이 계십니까?

답 : 덤벼드는 사람은 없대.

문 : 만공스님 앞에서는 일단 겸손한 척 했었죠?

답 : 그랬지.

문 : 보월스님은 만공스님을 어디서 만나신 것입니까?

답 : 덕숭산에서 만났지. 수덕사에서…

문 : 보월스님은 사진을 비롯해서 자료가 별로 없는데…

답 : 보월스님은 얼마 못 사셨어. 만공스님 일생에 딱 두 번 우
    셨는데, 당신 엄마가 돌아가실 때하고 보월스님 돌아가셨
    을 때 우셨어. 아주 슬프게 우셨어.

문 : 방장스님이 20살 때 만공스님께서 돌아가셨는데, 3일 동안
    아주 슬프게 우셨다면서요?

답 : 옛날 일이라…, 그때는 생각할수록 허무하고 슬퍼서 울었어.

문 : 8살 때부터 20세 까지 시봉하셔서 정이 푹 드신거죠?

답 : 그랬었던 것 같아.

문 : 평생 안 어디를 가나 안 잊어지시죠?

답 : 안 잊어지지.

문 : 혹시 꿈속에서도 선몽하신 적이 있습니까?

답 : 가끔 꾸었지.

문 : 만공스님께서 다시 인간의 몸을 받으신 것 같습니까?

답 : 저 도솔천 내원궁으로 올라 가셨어. 만공스님 살아계실 때
    내가 물었어. "노스님" "왜, 그러느냐?" "노스님, 돌아가시
    면 어디로 가십니까?" "도솔천 내원궁으로 갈란다." 하셨
    어. 내가 참 만공 노스님 무척 신(信)했어. 보통 사람이라

기 보다는 부처님이라고 생각했어. 그래서 만공스님에게는
조금도 거짓말도 안 했고, 만공스님 말에 한번도 반대를
안했어. "아니요, 기요"를 안했어. 만공스님 말씀은 절대적
이지, 이유를 붙여서 해석하려고도 않하고, 또 더 잘해보
려고도 안했어.

문 : 만공스님이 사람을 때리거나 하신 적은 없으시죠?

답 : 말을 안 들으면 때렸어. 미워서 때린 것이 아니라, "맞아야
　　된다"라고 하셨어. 종아리를 걷으면 3대씩 때리셨어.

문 : 말 안듣고 장난하거나 그러면 때리셨습니까?

답 : 어째서 때리는지 이유를 묻지도 않았고, 또 설명하지도 않
　　았어.

문 : 어릴 때는 같이 주무시기도 했겠네요?

답 : 옆에서 잤지. 만공스님 참 대인(大人)이여.

문 : 일본 사람도 친견하려고 참 많이 찾아 왔지요?

답 : 일본인은 많이 왔어도 안 만나려고 하셨지. 그 분이 일본
　　인들하고 제일 지독하게 싸운 양반이여.

문 : 그 남차랑(총독)하고 싸울 때 목숨 내걸고 하신거죠?

답 : 그렇지.

문 : 본사 주지 회의할 때?

답 : 그 양반이 목숨 생각했으면 그렇게 못했지. 수 백명 수 천
명 만 명도 넘는 사람들이 혼쭐이 났지.

문 : 그때 만공스님께서 지금 방장스님보고 간월도에서 기도하
라고 한 것은 어떤 깊은 뜻이 있는 것이죠?

답 : 그랬던 것 같아.

문 : 그 뜻을 참으로 깊이 신(信)하는 스님을 가장 믿고 아꼈기
때문에 그 기도를 맡기신 거죠?

답 : 그랬을 거여.

문 : 스님께서 1942년부터 1945년 3년 동안 1000일 기도를 하
      실 때에는 4분 정진을 하신 것입니까?

답 : 물론 4분 정진이지.

문 : 3시부터 5시까지, 9시에서 11시까지, 2시부터 4시까지, 7
      시부터 9시까지 하신 것이죠?

답 : 그렇지.

문 : 그러면 정근은 석가모니불 정근을 하셨습니까? 관세음보살
      정근을 하셨습니까?

답 : 관세음보살 정근을 했지.

문 : 그때 간월도는 지금하고 어떻습니까?

답 : 지금하고 똑 같지.

문 : 물이 차면 배로 건너가야 했죠?

답 : 그렇지.

문 : 그때 간월도 대중은 몇 명 정도였습니까?

답 : 대중이 나 하나였지. 나 혼자 기도하고, 밥해 먹고, 물길어
      오고… 거기서 제일 어려운 일이 물 길어오는 일이여. 간
      월도에 물이 안 나와서 동네까지 건너가서 길어왔는데, 물
      통에서 물이 자꾸 새는 거여. 그래서 솜을 얻어다가 틈새
      에 칼로 꾹꾹 집어넣고 페인트칠을 하니까 새질 않았어.

문 : 간월도에 신도들은 없었습니까?

답 : 신도들이 있었으니까 지낼 수 있었지.

문 : 스님. 기록에 보니까 1938년도 3월에 선학원에서 일봉스님을 계사로 비구계를 받았다고 하는데, 일봉스님은 어떤 스님이십니까?

답 : 일봉스님이 계사였는데, 범어사 스님이었어. 그때 일봉스님이 율사이셨어.

문 : 그런데 스님, 비구계를 참 일찍 받으셨는데, 사미계를 받은 지 5년만에, 즉 12살 때 받으신 거죠?

답 : 그랬나봐.

문 : 그리고 1954년도 8월 전라남도 구례 지리산 천은사에서, 용하스님 밑에서 대교과를 수료하셨다는데?

답 : 그때 천은사에 용하스님이 계셨지. 용하스님이 본산 주지도 오래하셨어. 거기서 용하스님께 경을 배웠어.

문 : 거기서 대교과까지 나오셨다는데 몇 년 계신 겁니까?

답 : 한 3,4년 있었지.

문 : 그러면 6·25를 어디서 보내셨습니까?

답 : 수덕사에서 6·25를 만나서 피난 갔던 곳이 지리산이었어.

문 : 당시 천은사는 어땠습니까?

답 : 그 당시 오동림스님이 천은사의 약사전을 맡았어.

문 : 그리고 1958년에 임시로 화엄사 주지서리를 맡으셨는데?

답 : 맞아.

문 : 그리고 그 뒤에 어디에 계셨습니까?

답 : 금오스님이 화엄사 주지로 올 때까지 화엄사에 있다가, 수
    덕사에 들어 왔지.

문 : 그러면 수덕사말고 제일 오래 주석한 곳이 어디입니까?

답 : 구례 화엄사지.

문 : 그리고 1970년도에 3대 중앙종회의원을 하셨죠?

답 : 그래.

문 : 그리고 1971년도에 수덕사 주지를 하셨죠?

답 : 그래.

문 : 그리고 1972년도 2월에 동국대학교 대학원을 수료 하셨죠?

답 : 그래.

문 : 이름만 걸어 두신 겁니까? 직접 수업하신 것입니까?

답 : 이름만 걸어 뒀지.

문 : 그러면 세속 교육은 동국대 대학원 졸업하신 것이 마지막
    이신거죠?

답 : 그래. 그때가 세속교육은 마지막이여.

문 : 그러면 중·고등학교는 안 다니신거죠?

답 : 당시는 갈 마음도 없었고, 갈 여건도 되질 못했어.

문 : 또 74년도에 4대 중앙종회의원을 역임하셨죠? 그때도 종
　　회에서 많이 싸웠죠.

답 : 그때나 지금이나 싸우는 데가 종회여.

문 : 싸우고 따지는 데가 종회죠?

답 : 아이고~, 징글징글혀. 내가 볼 적에는 아무 것도 진행되는
　　것이 없는데, 좋다고 손뼉치고 나오는 것이 종회여.

문 : 그리고 1975년 6월에 수덕사 주지로 재발령 받으셨죠?

답 : 그래.

문 : 그리고 1976년도에 2월 26일에 일본 범종사 금당 문화재
시찰하려고 일본에 가셨죠?

답 : 그래.

문 : 그때는 아무나 외국에 갈 수가 없었던 시절인데?

답 : 그때 화가 김태신씨 역할이 컸었어.

문 : 그 뒤에 미국 가신거죠?

답 : 그래.

문 : 처음 외국 나가신게 일본 가신거죠?

답 : 그렇지.

문 : 외국은 어디어디를 다녀오셨습니까?

답 : 태국, 미얀마, 월남, 중국, 그리고 서양(유럽)도 가 봤지.

문 : 외국에서 배운 것도 많았죠?

답 : 그랬지.

문 : 외국에서 돌아와서 해보고 싶은 것도 많았는데 잘 되질 않
았죠?

답 : 그때 나이가 어려서 해보고 싶다는 생각도 잘 내질 못했어.

문 : 나이가 어리다는 것은 위로 어른스님들과 노장스님들이 많
　　 았다는 뜻이죠?

답 : 어른들이 시키는 대로만 했었지.

문 : 그래서 스님께서 어떤 주장같은 것은 안 하셨죠?

답 : 그런 것은 안 했어.

문 : 어른들을 많이 모셨는데, 세대차이 같은 것은 안 느끼셨습
　　 니까?

답 : 그런 것은 모르고 살았어.

문 : 1977년에 선원장을 역임하시고, 1978년에 다시 주지를 역
　　 임 하셨죠?

답 : 그래.

문 : 덕숭총림 1대 방장에 최혜암스님, 그리고 2대 방장에 은사이
　　 신 마벽초스님, 그리고 3대에 지금 방장스님이 되신거죠?

답 : 그래.

문 : 은사이신 벽초스님도 비구계를 일봉스님께 받으셨는데?

답 : 그때 율사가 일봉스님이셨어.

문 : 그리고 벽초스님은 만공스님을 모시고 나서 1929년부터
　　 금강산 유점사에 계셨고, 유점사에서 사교과를 수료하신
　　 것으로 되어있는데?

답 : 그랬을 거여.

문 : 그리고 벽초스님이 1940년대부터 수덕사 주지를 맡아 1960대까지 계속 주지를 맡으신 것으로 되어 있는데?

답 : 벽초스님을 내가 어려서부터 봤지만 무식한 어른이 아녀. 굉장히 유식한 분이셨어. 경학에도 밝고 사회학에도 밝으셨어.

문 : 벽초스님은 쉬지 않고 일을 많이 하셨죠?

답 : 그렇지. 그 양반이 많이 하셨어. 그 어른 쎄어. 장정 대여섯 몫은 하셨어. 으샤 한번 하면 쑥쑥 빠져 나가버려. 그러면 수 십 명이 달라붙어도 꼼짝 못해. 힘이 장사였어.

문 : 방장스님께서 만공스님을 모시고 계실 때, 만공스님이 수좌들을 제접하는 특별한 가풍이 따로 있었습니까? 임제스님은 할을 하고 덕산스님은 방을 했다면 만공스님의 가풍은 어떤 것이었습니까?

답 : 다 쓰셨지. 양구, 방, 할 삼관을 다 쓰셨지.

문 : 휴거도 쓰셨나요?

답 : 휴거… 그렇지.

문 : 화두를 할 때 전제와 단제는 무엇입니까?

답 : 전제는 원인과 결과를 쭉 꿰어 맞추는 것이여.

문 : 단제는요?

답 : 이렇게 전제를 몰고 가서 의심 맺힌 그 당체를 콕 갖다 그
　　자리에다 쑤셔 밖는 거여.

문 : 화두를 참구하는 것은 단제를 참구하는 것이죠?

답 : 그렇지.

문 : 그러면 단제자리가 불성자리죠?

답 : 그렇다.

문 : 단제자리를 놓고 참구만 할뿐이지, 무슨 요술이나 도술을
　　부리거나 신통을 얘기하는 것은 다 전제자리지 단제하고는
　　상관이 없는 거죠?

답 : 맞다.

문 : 법거량을 하거나 선문답을 하거나 남전참묘니, 덕산탁발화
　　니 같은 것으로 법거량을 하는 것은 서로가 차별지의 마음
　　을 서로 알려고 전제자리에서 하는 것이지 단제하고는 상
　　관이 없는 것이죠?
답 : 그렇지.
문 : 선문답에서 대답을 잘 했다고 해서 깨쳤다고 할 수는 없는
　　것이죠? 그것은 별개죠.
답 : 문답을 해서 깨친 사람은 많지.

문 : 깨쳤다는 생각 자체도 전제자리지 단제하고는 상관이 없는
　　것이죠?
답 : 단제는 의심맺힌 데가 단제고 전제는 의심을 내기 위한 것
　　이여.
문 : 법을 거량하는 데 있어서 중요한 것은 평등지와 차별지 이
　　두 가지라 생각합니다. 평등지는 일체를 평등하게 봐 버리
　　는 것이죠? 우주와 내가 둘이 아니고 산하대지와 산천초목
　　이 둘이 아니다라고 보는 것이죠?
답 : 그래.

문 : 차별지라는 것은 우주는 우주요 사람은 사람이다, 하늘은

하늘이고 땅은 땅이다, 남자는 남자고 여자는 여자다라고
분별해서 보는 거죠?

답 : 그래.

문 : 그러므로 법을 잡아 쓸 때는 두 가지 가운데 잡아 쓰는 것
이죠? 평등지 가운데 차별지, 차별지 가운데 평등지가 있
는데, 평등지로 볼 때는 전제 단제가 둘이 아니지만, 차별
지로 볼 때는 전제와 단제로 구분해서 후학들에게 알려 주
기 쉽게 구분해 준 것이죠?

답 : 그래.

문 : 그래서 법거량을 하는 데서, 삼현, 사요, 사료간, 사할, 팔
방, 기용제시, 살활종탈 등 이 기본적인 단어도 모르는 것
은 어떻게 해야 합니까?

답 : 지금 수좌들은 그 뜻을 잘 모르지.

문 : 체중현이라는 말과 체 가운데 용이 있다는 말과 같은 뜻이죠?

답 : 그렇지.

문 : 구중현이라는 말은 용 가운데 체가 있다는 말과 같은 뜻이죠?

답 : 그렇지.

문 : 현중현이라는 말은 터진 경계라 체 가운데 모든 것 즉 체상
용이 들어 있다는 말과 같은 뜻이죠?

답 : 그렇지.

문 : 이것이 법로죠?

답 : 그렇지.

문 : 터진 사람들끼리 눈을 뜬 주인공끼리 법거량 하는 것을 주
중주라고 하죠?

답 : 그렇지.

문 : 도가 없는 사람들끼리 법거량 하는 것을 빈중빈이라고 하죠?

답 : 그렇다.

문 : 일구 가운데 삼구가 들어 있다는 말이나, 삼구 가운데 일구
가 들어 있다는 말이나, 체 가운데 용이 있다는 말이나 용
가운데 체가 있다는 말이나 다 같은 말인데 표현만 달리 한
것이죠?

답 : 그렇지.

문 : 사무생사 중에 지무생사 도리는 생사 없는 도리를 이치로
아는 것이죠?

답 : 그렇지.

문 : 또한 사무생사 중에 체무생사는 생사 없는 도리를 체득한
경지죠?

답 : 그렇지.

문 : 또한 사무생사 중에 계무생사는 앉아서 죽고 서서 죽고 하
는 법을 잡아 쓰는 경지죠?

답 : 그렇지.

문 : 또한 사무생사 중에 용무생사는 살활종탈하고 마음대로 입
　　 태도 하고 주태도 하고 출태도 하는 활철대오의 경지죠?

답 : 그렇지.

문 : 방장스님이 보실 때 경허선사와 만공선사는 용무생사의 경
　　 지라고 할 수 있습니까?

답 : 두 분은 용무생사의 경지에 올랐지.

문 : 다른 분들은 신(信)이 안 가시죠?

답 : 안 가지.

문 : 방장스님은 사무생사 중에 어느 경지라고 생각하십니까?

답 : 지무생사지.

문 : 너무 얕게 보시는 것 아닙니까? 스님은 계무생사 정도 되
　　 시는 것 아닙니까?

답 : 원래 생사가 없는 거여. 그렇게 망상을 만들어서 나누었을
　　 뿐이지. 본래 생사가 없는 것이여.

문 : 그 자리가 단제자리가 그렇습니다. 전제자리에서는 구분을
　　 지을 수 있다고 봅니다. 같은 군인이다 하지만 장군과 졸병
　　 을 구분 짓듯이 계급을 매길 수 있습니다. 이렇게 분명히
　　 오가는 것이 법로에 대한 확인을 짓는 것입니다. 방장스님

이 보았을 때 좌탈입망이라는 것이 도가 아니죠? 하나의 방법이죠?

답 : 그렇지.

문 : 좌탈입망을 안하더라도 얼마든지 더 성성하고 또랑또랑하게 근본을 챙겨서 껍질을 벗고 갈 수 있는데, 꼭 앉는 것만 놓고 보는 것은 상견에 빠진 것이죠?

답 : 그렇지.

문 : 그러면 방장스님께서는 앉아서 가실 것입니까? 누워서 가실 것입니까?

답 : 제 몸뚱이가 여럿 있느냐?

문 : 교가에서는 번뇌를 108번뇌라니, 8만4천번뇌로 말하는데, 선가에서는 망념이라는 것을 추번뇌, 세번뇌, 겹번뇌로 크게 나누는데, 추번뇌라는 것은 거칠은 번뇌라고 해서 재색식명수 오욕락이라 합니다. 세번뇌라는 것은 미세번뇌 망념으로 기억하지 못하지만 잠자고 있는 전생번뇌를 말합니다. 그런데 중생들은 거칠은 추번뇌와 전생번뇌가 겹으로 일어나는 겹번뇌를 가지고 있습니다. 재색식명수 오욕락과 전생번뇌가 겹쳐서 원결을 짓고 원결을 받고 하면서 일초에 7만번씩 번뇌가 요동치면서 살아가고 있습니다. 추번뇌는 사경을 하거나 주력을 하거나 기도를 하면서 순간적으로 쉬게 하거나 없앨 수 있지만 세 번뇌를 멸진정의 상태로

녹일 수 있는 것은 화두 참구밖에 없는 것이죠?

답 : 그렇지.

문 : 그래서 화두법이 한 수 위라고 하는 것이죠?

답 : 그렇지.

문 : 그래서 세세생생 화두정을 익혀야 하는 것이죠?

답 : 암. 그렇지 그래.

문 : 이것이 수덕사 덕숭총림의 가풍이자 방장스님의 가풍이죠?

답 : 그렇지.

문 : 이것을 바르게 신(信)하는 사람은 틀림없이 아뇩다라삼먁
삼보리의 바른 정법으로 가는데, 요법을 모르기 때문에 위
파사나를 한다고 하는 것은 불법외도죠? 불법 안에 들어왔
지만 샛길로 빠진 것이죠?

답 : 그렇지.

문 : 전생의 정법 선근의 종자가 너무 약해서 그런 것이죠?

답 : 그렇지.

문 : 전생에 닦은 사람이 아니면 강제로 주입을 시킨다거나 전
생에 닦은 선근종자가 아니면 강제로 때린다고 해서 공부
가 늘어나는 것도 아니고 되는 게 아니죠.

답 : 그렇지.

문 : 방장스님은 다시 몸을 받는다면, 다시 사람으로 세상에 나
　　오고 싶습니까? 만공스님을 따라서 편안히 도솔천 계시고
　　싶습니까?

답 : 공부는 이 사람이 더 능해.

문 : 어느 곳에 태어나시고 싶습니까?

답 : 한국이지.

문 : 한국에 태어나면 다시 충청도에 태어나고 싶습니까?

답 : 불교의 신심은 경상도가 난데, 충청도는 불교의 신심이 없
　　어. 불교의 신심이 있거나 없거나 나는 충청도에서 태어날
　　란다.

문 : 제 생각으로는 전생에 방장스님이 닦았기 때문에 8살에 출
　　가를 하셨는데, 방장스님은 전생에 어떤 모습이었습니까?

답 : 그런 것은 생각해 본 일이 없어. 그런 생각 안 했어.

문 : 화두일념의 경지, 일념삼매의 경지가 시간을 인식 못하는
　　것이 삼매죠?

답 : 그렇지.

문 : 삼매에 든 사람은 몇 일이 가도 시간을 잘 모르겠네요?

답 : 그렇지.

문 : 방장스님도 실제로 시공을 초월한 정에 든 적이 있었습

니까?

답 : 지금 정에 들어 서 있다. 묻지 마라. 물으면 어리석은 놈이다.

문 : 도인은 괴로운 것이 있습니까?

답 : 도인도 괴로운 것이 있지.

문 : 어떤 것이 괴롭습니까?

답 : 아픈 것이 괴롭지.

문 : 아픈 것은 어디서 왔습니까?

답 : (말 대신 허벅지를 두 번 치시다)

문 : 몸에서 왔습니까? 그 몸은 어디서 왔습니까?

답 : (말 대신 다시 허벅지를 두 번 치시다)

문 : 그 몸나기 전에 어디서 왔습니까?

답 : (말 대신 또 다시 당신 허벅지를 두 번 치시다) (웃으시며)
    잘 물었다. 그것 참 정통으로 잘 물었다. (다시 허벅지를
    두 번 치시고 웃으시며) 아느냐. 이 도리를…

문 : 예. 알겠습니다. 친다고 해서 알고 안 친다고 해서 모르는
    것이 아닙니다. 방장스님의 미소를 한 번 보고가면 10만억
    겁의 업이 녹습니다. 경을 권하거나 주력을 권하는 스님들
    은 전생의 습기죠?

답 : 그렇지.

문 : 못 깨치더라도 바른 길로 이끌고 나가야죠?

답 : 그렇지.

문 : 그런 스님들은 자기 업이 동해서 그런거죠?

답 : 맞다. 업이 동해서 그런거여. 이번엔 한마디 제대로 맞았다.

문 : 금강경에 업이 맞는 사람은 금강경을 하라 그러고, 지장경
    에 업이 맞는 사람은 지장경을 하라 그러고, 법화경에 업이
    맞는 사람은 법화경을 하라 그러고, 다라니에 업이 맞는 사
    람은 다라니를 하라 그러고…

답 : 그래. 맞다. 딱 소리가 났어.

문 : 예. 알겠습니다. 중요한 것은 의식(儀式)이라는 것이 필요
    하기는 하지만, 수좌들에겐 시간 낭비하는 것이 많죠? 화
    두 한번 더 하는 것이 낫죠?

답 : 그래. 화두하면 화두한다는 것까지 다 녹아버려.

문 : 제가 이렇게 질문하는 것이 어떻습니까? 계획적이라고 생
    각하십니까? 신통하게 생각하십니까?

답 : 네가 구업을 얼마나 지으려고 나한테 그렇게 묻냐?

문 : 구업은 날 때부터 짓기 시작했습니다. 방장스님의 말씀은
    그대로 법이 되기 때문에 앞으로 한국불교에 엄청난 영향
    을 미칠 수 있습니다. 앞으로는 방장스님의 가르침을 따르

고 실천하는 시절이 옵니다.

답 : 그래?

문 : 이제 때가 됐습니다. 저는 방장스님을 신(信)합니다. 방장
스님의 사상과 생각과 일거수일투족은 바로 한국불교에 앞
으로 엄청난 영향을 미칩니다. 지금까지 싸우는 불교였다
면 이제는 평화스러운 불교가 옵니다.

답 : 그래? 한국불교가 어지간히 싸웠어. 법을 몰라서 싸우는
거여.

문 : 화두를 나눌 때 소리를 쫓아서 하는 송화두, 생각으로 관하
는 염화두, 생각이 됐다 안됐다 하는 것을 주작화두, 진정
한 의심이 이어지는 진의돈발, 앉아 있으면 망상이 붙지 못
하는 것을 좌선일여, 움직일 때도 되는 동정일여, 꿈속에서
도 되는 몽중일여, 낮과 밤이 끊임없이 되는 것을 오매일여
라고 합니다. 그런데 일본사람들이 구분하여 말하는 생사
일여, 입태일여, 주태일여, 출태일여, 영겁일여까지 오매일
여에 다 들어가는 것이죠?

답 : 그렇지.

문 : 그것을 구분하여 말하면 화두속에서 껍데기를 맘대로 벗는
것을 생사일여라고 하죠?

답 : 그렇지.

문 : 입태일여라고 하는 것은 강한 화두삼매속에서 태에 들어가
　　는 것을 말하죠?

답 : 그래.

문 : 태 속에 머물러 있으면서 화두삼매에 있는 것을 주태일여
　　라고 하죠?

답 : 그렇지.

문 : 출태할 때도 화두삼매속에 나오는 것을 출태일여라고 하
　　는데, 대부분 매해서 화두를 잃어버릴 경우가 많다고 하
　　거든요?

답 : 다 매하지.

문 : 태 속에서 다 기억하고 있다가 그때 '응에' 하면서 다 잊어
　　버린다고 하거든요?

답 : 그렇지.

문 : 화두를 잊어버리지 않고 화두가 들리면서 나오는 것을 출
　　태일여라고 하죠?

답 : 그렇지.

문 : 영겁일여는 돈오돈수에서 보는 것처럼 견성성불이라 할 수
　　있는데, 견성이라고 하는 자체는 진의돈발의 경계와 같은
　　것이죠?

답 : 그렇지.

문 : 그렇면 심우도에서 봤을 때 어떤 것을 견성이라고 봐야 합
　　니까?

답 : 소를 볼 때에 견성한 것이여.

문 : 그러면 어렴풋이 자기 성품을 보면 견성한 것인가요?

답 : 그렇지.

문 : 그러면 남아있는 습기만 닦아내면 되겠네요?

답 : 아무렴 그렇지.

문 : 이즉돈오 사비돈제라는 말은 거기서 나온 겁니까?

답 : 그렇지. 그래.

문 : 습기를 제하지 못한 것을 놓고 시비를 하면 안 되는 거죠?

답 : 그렇지.

문 : 습기하고 법하고는 아무 상관이 없죠?

답 : 그렇지.

문 : 그렇다면 이즉돈오 사비돈제라는 말은 부처님의 말씀이고,
육조스님의 말씀이고 모든 도인들의 말씀이죠?

답 : 그렇지.

문 : 그것이 경허 만공의 가풍이자, 원담스님의 가풍이죠.

답 : 그렇다.

문 : 그런데 성철스님이 돈오돈수라 하여 영겁일여까지 돼야 하
고, 용무생사가 돼야 확철대오라 하고 그것을 견성이라고
하는 것은, 이론은 그렇다지만 실제는 안 맞는 도리죠?

답 : 아니지.

문 : 그런데, 중생들이 작은 것을 가지고 깨쳤다고 하는 많은 사
람들이 이즉돈오 사비돈제를 앞세워 견성법을 얕게 잡았
을 때, 그 사기를 꺾기 위해서 법을 쓰는 가풍으로 돈오돈
수 사상을 내세울 수는 있지만, 그 시비논쟁을 떠나서 닦는
수밖에 없다는 결론이 나오죠?

답 : 그렇지.

문 : 실질적으로 경전을 아무리 많이 안다하여도 견성법하고는
　　상관이 없는 것이죠?

답 : 안 되지. 안 되여.

문 : 그러므로 강사자리에 지내면서 경허스님처럼 견성하기는
　　참으로 드물죠?

답 : 역대조사가 다 경허스님처럼 다 경을 버리고 자기 자성을
　　찾아서 견성을 했어. 천불만조가 다 똑같어.

문 : 그러면 자기자신이 점검을 하면 스스로 다 알죠?

답 : 법의 실력이 있고 확실히 눈 밝은 분이 가려 줘야지.

문 : 혼자 잘 못하게 되면 완전히 사도로 빠지고, 구렁텅이에 앉
　　아 있는 것이죠. 혼자 기쁜 마음에 귀신굴을 짓고 세월 보
　　내는 것이죠.

답 : 그렇게 되기가 십중팔구지.

문 : 그런 사람들을 방장스님께서 일평생을 사시면서 많이 보셨
　　죠? 세월 까먹고, 묻지도 않고, 점검도 안 받고, 오지도 않
　　는 사람들을 많이 보셨죠?

답 : 한국불교의 중들이 다 그렇지 뭐.

문 : 그런데 후학들은 묻고 싶어도 대부분의 선실이 어려워서
　　못 묻거든요? 일방적으로 상당법문이나 듣지, 방에 들어와
　　묻거나, 예의를 차리고, 이것 저것 따지기에 눈치도 보이

고, 물을 시간도 없고, 체계가 그렇기에 복이 없는 사람은
가까이서 모시지도 못하고 듣지도 묻지도 못하기 때문에
더 아득해지는 것 아닙니까?

답 : 그려.

문 : 그래도 자기가 법만 바르게 정진하면 그런 인연이 다 와 닿
게 되는 것이죠?

답 : 그렇지.

문 : 그것도 자기 할 탓이죠? 선지식이 쫓아와서 가르쳐 주는
것이 아니라 자기가 매달려야 되는 것이죠?

답 : 자기 공부가 되면 선지식이 찾아오게 되고 만나게 되지.
　　시절인연이 도래해야 해.

문 : 인연이 없는 사람은 아무리 잘 한다고 노력을 해도 마음이
　　안 가죠.
답 : 그렇지. 인연이 없으면 그렇지.
문 : 지금 짓는 복의 종자가 내생에 넘어가는 것은 몰라도…
답 : 인연이 없으면 보기도 싫어.

문 : 보기도 싫은 것은 악연이 있어서 그런 것이지, 그 악연도
　　없으면 만날 이유도 없는 것 아닙니까? 과거에 섭섭하게
　　했거나 피해를 입혔으면 보기도 싫은 것이죠?

답 : 그렇지.

문 : 한번이라도 단제자리를 참구하려고 하고 선지식을 친견하
　　려는 것이 수도자의 자세요, 수행하는 수좌의 마음이요, 그
　　런 목적을 가지고 용맹정진 해야지요?

답 : 그렇지.

문 : 용맹정진 하는 사람은 항상 바깥으로 한 눈 안 파는 것을
　　말하죠?

답 : 그렇지.

문 : 유혹에 안 넘어가는 것을 말하죠?

답 : 그렇지.

문 : 힘없는 사람을 짓밟지 않고, 항상 자비와 따듯한 마음으로
　　대하는 것을 용맹정진이라 하는 거죠?

답 : 그렇지.

문 : 불법을 펴는 사람을 도와주고 불법을 만 천하에 펴려고 노
　　력하는 것도 용맹정진이라 할 수 있죠?

답 : 그렇지.

문 : 삼천대천세계가 아무리 타락했다하더라도, 타락하도록 만

들은 것은 중생들 모두의 업력 때문이죠?

답 : 그렇지.

문 : 그 업력을 조금이라도 정화시키려고 노력하고 정화하는 것
이 눈 밝은 사람들의 일들이죠?

답 : 그렇지.

문 : 방장스님의 말을 백 번 천 번 새겨들어서 실천해야지, 방장
스님의 은혜를 갚는 것이고, 만공스님의 은혜를 갚는 것이
고, 경허스님의 은혜를 갚은 것이죠?

답 : 그렇지.

문 : 더 크게는 조사들의 은혜를 갚는 길이고, 부처님의 은혜를
갚는 길이죠?

답 : 그렇지.

문 : 지옥에 있는 중생들이 한량이 없다 하더라도 선지식의 바
른 한 마디 한 생각이면 지옥까지 다 통하는 것이고, 일체
중생 모두에게 법계로 영향을 줄 수 있는 것이죠?

답 : 그렇지.

문 : 바른 법을 닦은 바르게 나가는 사람은 항상 당당하고 떳떳
한 거죠?

답 : 그려.

문 : 불교를 너무 어두운 쪽으로 몰고 나가는 것은 좋은 것이 아
    니죠?

답 : 그렇지.

문 : 영가로 몰고 나가는 것도 바른 것이 아니죠?

답 : 암.

문 : 또 귀신불교로 끌고 나가는 것도 옳은 게 아니죠?

답 : 그렇지.

문 : 제사불교로 끌고 나가는 것도 옳은 게 아니죠?

답 : 다 옳은 일이 아니지.

문 : 화두법은 잘 먹고 잘 지내면서 법에 대한 신(信)을 바탕으
    로 단제자리만을 잘 참구하며 허례허식을 다 버리는 것이
    정도죠?

답 : 그렇지.

문 : 정도를 닦는 사람은 정법 명안종사를 만나야 되고 만나서
    명안종사의 말을 듣고 또 듣고 해서 바르게 하는 것만이 자
    기에게 이익이 되는 것이죠?

답 : 그렇지.

2. 정일 禪師와의 백문백답

○ 정일선사(1932~2004)

· 경허, 만공, 보월, 금오선사 상좌

· 경봉, 동산, 전강, 춘성, 향곡, 성철선사 문하에서 정진하셨
  으며 해인사 선원장을 역임하셨고, 법주사 선원장 · 선학원
  이사장 · 보광선원 조실 등을 역임

대담장소 – 우이동 보광선원(1981년)

문 : 스님 평상심(平常心)이란 무엇입니까?

답 : 평상심이라는 것은 일체의 추번뇌 · 세번뇌(麤麤 煩惱 · 細煩
  惱)가 항복 받은 상태에서 바로 쓰는 것, 다시 말하면 추번
  뇌, 세번뇌의 장애를 받지 않고 직관하는 그곳에서 용심
  (用心)이 나오는 것, 그것이 참으로 〈평상심〉이다.
  중생들의 추번뇌, 세번뇌에서 나오는 것은 망상심에서 나
  타나는 평상심이니 망식 평상심이고 전자는 순수한 평상심
  을 말하는 것이다.

문 : 배고프면 밥먹고 졸리면 자고 목마르면 물 마시는 것이 평

상심(平常心)입니까?

답 : 일체 번뇌가 없이 순수하게 추번뇌, 세번뇌의 끄달림을 받
지 않고 용심(用心)을 나타내는 것, 이것을 일러<평상심이
도(道)>라 한다.

문 : 육도윤회(六道輪廻)는 무엇입니까?

답 : 생각이 자꾸 소용돌이치고 생각이 자주 바뀌는 것이 윤회
다. 부처님께서는 윤회하라고 가르친 것이 아니라 그것을
정지시킬 때 본연 도리가 나타난다고 말씀하셨고 윤회 가
운데도 고와 낙의 상반된 것을 초월해서 사는 방법을 가르
쳐 주신 것이다.

문 : <생사가 둘이 아니다>라는 것은 번뇌가 쉬기만 하면 윤
회가 없기 때문에 생사가 없다 하는 것입니까?
답 : 윤회에 끄달리지 않기 때문에 그렇다는 것이다.

문 : 깨닫고 나면 생각 작용이 없는 것입니까?
답 : 중생의 망식(妄識)은 티끌도 없는 것이다. 망식 그대로 보
리(菩提)가 되는 것이다.

문 : 깨달은 사람의 생각과 깨닫지 못한 사람의 망식으로 뛰는
생각과는 엄청난 차이가 있습니까?
답 : 말로 할 수 없는 차이가 있다. 억지로 비유한다면 탁한 물
을 증발시켜서 수증기가 되었다면 탁수하고 수증기의 차이
는 어떤 것인가? 수증기는 혈관에 넣어도 되고 탁수는 입에
만 넣어도 설사가 된다. 엉뚱한 소견에 떨어질까 봐 억지로
비유하는 것이지만 그것도 부족하고 맞지 않는 것이다.

문 : 불교의 삼법인(三法印) 중에서 가장 중요한 것은 무엇입니까?
답 : 다 똑같다. 제법무아, 열반적성, 제행무상은 모누가 다 같
은 말이고, 다만 표현만 달리한 것일 뿐이다.

문 : 욕심과 탐심의 차이는 무엇입니까?
답 : <욕심>이라는 것은 하고자 하는 것을 말하고 <탐심>이라는

것은 탁한 경계를 말한 것이다. 욕심이 옳은 것은 아니지만 땅에 엎어져있는 사람이 땅을 짚고 일어서는 것에 쓰는 것이다. 부처님 법은 욕심도 붙지 않는 경계다. 지금의 하고자 하는 번뇌는 모두 항복 받아야 하니까 탐심이 욕심에 속하지만 탁하고 덜 탁하고 하는 차이가 있을 뿐이다.

문 : 소유욕이란 무엇입니까?

답 : 가지고 있는 생각을 소유욕이라 한다. 그래서 수행을 하면 소유욕에서 천천히 멀어지는데, 가지고 있되 가지고 있다는 집착이 멀어진다.

문 : 소유욕과 탐심의 차이점은 무엇입니까?

답 : 수행에 따라 다르다. 수행이 깊어지면 탐심이 자꾸 멀어진다. 하고자 하는 욕심까지도 같이 멀어진다. 나중에 가서는 용심(用心)이 확 변할 때 하고자 하는 그것은 전혀 없고 도(道)의 용심(用心)으로 변한다. 그러나 겉으로 쓰는 것은 <하고자 하는 작용>으로 보이지만 전혀 다르다.

문 : 불교를 믿는 입장과는 다르게 기독교에선 자기들이 제 일이라 하는데 어떻게 생각하십니까?

답 : 제일인 까닭과 이유를 제시해야 하는데 분명한 것이 없어서 제시하지 못한다. 어느 외도(外道)든 간에 수승한 것은 수승한 것인데 제시할 것이 없어 못한다.

문 : 기독교인이 <십일조>를 바쳐 얻는 복력은 어떠합니까?

답 : 기독교의 칭찬할 점은 십일조를 바쳐서 많은 사람들에게 이익을 주는 것인데 그만큼 복을 받게 된다. 하느님을 믿거나 예수님을 믿어서가 아니라 누구든 많은 중생들에게 이익된 일을 하니 복이 자기에게 들어오는 것이다. 불법을 믿거나 어느 것을 믿거나 인과법칙에 의한 댓가이다. 인간성은 하락하는데 그에 비해서 복력은 증가할 수 있는 현상이 될 수 있다. 우리나라 뿌리를 흔들리게 하며 예의 도덕이 땅에 떨어지게 하고 있다.

문 : 금강경에 사상(四相)을 버리라 하는데 세속에 살면서 그럴 수가 있습니까?

답 : 정진해서 정(定) 속에서 살면 능히 응용해서 똑바로 지혜를 가지고 앞서 나갈 수 있는 힘이 생기는 것이다.

문 : 견성해야만이 사상(四相)을 여의는 것 아닙니까?

답 : 그렇지! 견성해야 사상을 여의지. 정진한 지혜의 힘으로 막 끌고 나갈 수 있는데 왜 못살아, 더 잘 살지, 멋지게 살지!

문 : 아상(我相)의 뜻은 무엇입니까?

답 : 번뇌에 끄달려 사는 것을 아상이라 한다.

문 : 인상(人相)은 무엇입니까?

답 : 인상도 마찬가지다. 아상은 전오식(前五識)이 되고 인상은 6식(6識)이고 중생상은 칠식(七識)이고 수자상(壽者相)은 팔식(八識)이다.

문 : 정진할 때 망상을 분석하여 보면 과거 흘러간 망상이 많이 나는 것을 어떻게 하면 단속할 수 있겠습니까?

답 : 화두타파 전에는 간간히 화두의정 사이에 끼어 들어오는 것은 어쩔 수 없는 현상이다.

문 : 대신심이란 무엇입니까?

답 : 한번 좌선을 할 때 수미산처럼 움직일 줄 모르고 오직 불조
　　(佛祖)의 정진력을 본받아 정진하는 것이 대신심이다. 그러
　　나 진정한 대신심은 견성을 해야 대신심이라 할 수 있다.

문 : 대분심이란?

답 : 부모 죽인 원수처럼 분한 마음을 가지고, 영겁의 생사에
　　윤회하여 왔는데 바른 법, 바른 선지식을 만나고도 허송세
　　월 한 것을 분하게 마음먹고 불퇴전의 마음으로 정진하는
　　것이다.

문 : 대의정이란?

답 : 어두운 땅에 한 조각 밝은 빛을 향하는 것과 같이, 항아리

가운데 달아나는 자라를 두려워 하지 않는 것과 같이 망상
이 일어나도 그대로 내버려두고 화두만 바르게 참구해 가
는 것이다.

문 : 진언(眞言)은 타력이며 가피를 받는다는데…….
답 : 진언이라도 일심으로 열심히 하면 가피를 입게 되는데 하
　　다 중단하기 때문에 별 효험이 없다.

문 : 법문하는 법이 있습니까?
답 : 항상 근본 진리 자리를 먼저 말하고 나중에 사변지(事辨智)
　　를 말할 것.

문 : 화두가 깊이 안 들어가는 것은?
답 : 간절한 마음만 있으면 된다.

문 : 지도층에 있는 40대 이상 수좌스님의 행동은?
답 : 1) 법에 대해서는 아는 것만큼만 말할 것.
　　2) 법에 대한 것을 함부로 말을 할 경우, 경계가 드러나면
　　　중생이 얕볼 수도 있다.
　　3) 자기 정진만 열심히 하고 모두에게 노력하는 것만 보이
　　　면 된다.
　　4) 막행 막식은 절대 금물.

문 : 선지식이 수좌를 다루는 것이 쉬운가, 아니면 속인 참선하
　　는 사람을 다루는 것이 쉬운 일입니까?

답 : 수좌는 속인보다 다루기가 어렵다. 그것은 각자 고집이 있
　　어서…….

문 : 남자, 여자의 태어남은 어떻게 되는 것입니까?

답 : 남자, 여자의 종자가 따로 있는 것이 아니라 자기가 생사
　　를 익힌 업에 따라서 여자를 좋아하면 남자로 태어나고,
　　남자를 원하면 여자로 태어난다. 어머니를 탐하면 남자로,
　　아버지를 탐하면 여자로 태어나는 것이다. 얼른 되 는 것
　　이 아니라 늘 익혀온 것이라 자기의 관념이 들어야 하고
　　업도 익혀야 된다. 시험준비도 안 하고 별안간 시험장에
　　가서 시험을 잘 치를 수 있는가?

문 : 상구보리 하화중생(上求菩提下化衆生)이란 무엇입니까?

답 : 〈상구보리〉는 자기가 먼저 깨달으려고 노력하는 것이고,
　　그 노력한 만큼 남에게 알려주는 것이 〈하화중생〉이다.

문 : 자기 정진보다 이 시대에는 포교부터 해서 중생구제를 해
　　야 한다는데 옳은 말입니까?

답 : 그것도 치우친 말이다. 자기가 아는 것만큼 남에게 전해주
　　고 자기도 열심히 정진(精進)해 가면서 교화한다는 그런 사

상을 가져야 한다.

문 : 진짜 보리를 구한다면 그것이 바로 중생을 교화하는 것인
데, 사람이 억지로 치우쳐 중생을 구하려고 하니까 또다른
중생을 교화하려는 목적이 나오는 것 아닙니까?

답 : 그건 네 말이 옳다. 원칙은 자기가 할 일 하는 것이〈상구보
리 하화중생〉하는 것이지. 그러면 그대로 그 영향을 미칠
수 있다. 자기가 전단향을 만들면 그만큼 그 향내를 피우
게 되는 것과 같이 그것이 참으로 보살행을 하는 것이다.

문 : 옛날에는 선방 수좌스님이 어느 정도의 수행을 하고 40세
가 넘어서는 인연 따라 포교를 맡는데 요즘에는 20·30대
혈기가 넘치는 젊은 스님들이 자기 정진할 시간을 빼앗기
면서도 포교에 힘을 쓰는데 어떻게 생각하십니까?

답 : 고래(古來)로 그렇게 해왔지만 요사이 외도들이 범람하고
있기 때문에 이것을 방어해야 되는데 이 문제가 크다. 앞
으로는 수행에 장애까지 들어오는 시기가 되기 때문에 이
것부터 방어하는 것이 급선무다. 적이 쳐들어왔을 때 서산
(西山)스님이 왜적을 방어했듯이 지금 그런 사태다. 방어해
가면서 수행을 열심히 할 분은 하고, 서산스님 당시에도
산중(山中)에서 열심히 수행해가면서 기도하고 그런 스님
몇을 제외하고 전부 나와서 대치했는데 지금도 그런 시절
이다. 그러니까 젊은 포교사들이 주장하는 것도 합당한 일

이다. 언제든지 시국에 따라서 표현하는 것이다.

문 : 세속에서 어떻게 사는 것이 참답게 사는 것입니까?

답 : 팔정도를 의지해서 <어떻게 하면 바로 살 것인가>하고 바른 목표를 세우고 바른 가치관을 세우는 것이다. 바르면 바로 자기 마음과 계합할 것이니까, 바른 데다 가치관을 두고 바른 것을 의지해서 바르게 살려고 노력 하는 것이고 그러다가 바른 데 계합하는 것이 도통이다. 바른 것을 아는 것이 도(道)다.

문 : 참선하는 사람이 가장 중요시해야 할 것이 무엇입니까? 수행자 같은 경우엔 선지식의 말씀을 가장 중요시하겠지만 세속적인 경우엔 어떠합니까?

답 : 계는 지키는 것만큼 이익을 얻는 것이다. 계는 조도품(助
道品)이니까 철저히 지키는 것만큼 수확을 얻는 것이다.
등한히 하면 그만치 노력의 수확을 덜 얻게 된다. 그래서
고인(古人)들은 계를 〈사다리〉라고까지 말씀하셨다.

문 : 출가자와 재가자의 수행하는 차이점은 무엇입니까?

답 : 출가해서 수행하는 것은 일도양단해서 용맹심을 내는 것과
같고 재가자들은 그 다음의 역할로 전방군인과 후방군인의
비유를 할 수 있다. 전방군인은 조금의 흐트러짐이 없이 번
뇌망상과 화두타파의 승리를 해야하고 후방군인은 여유가
조금 있다. 부부생활하는 데 있어서 두 내외가 다 신심이 있
다면 별문제지만 그렇지 않다면 가정을 이루는 주인들이니
까 상대방의 뜻을 맞추는 것이 불자들의 사명이다. 그렇게
하지 않으면 가정불화가 일어나고 가정불화가 일어나면 이
웃에서 그것을 알고 <불법은 그런 것이구나>하고 모두의
복을 감하는 원인이 된다. 재가 신도는 첫째 부부생활 하는
것이 주(主)가 되니까 부인의 경우에는, 남편의 뜻이라면 더
받들고 그 여가에 정진을 해도 능히 해 마칠 수 있는 것이
오히려 조도품(助道品)이 되는데 남편의 뜻을 거슬리면 그
것이 불화가 돼서 공부에도 장애가 오고 이웃에도 장애가
되어 불법을 망치게 하는 원인이 된다. 가정의 불화가 절에
까지도 영향이 미쳐서 이웃 사람까지도 불법을 멀리하는 것

이 되기 때문에 결과적으로 박복해지는 원인이 되는 것이
다. 그래서 재가 수행인을 후방군인이라 한다.

※ 참선법을 만난 젊은 사람들이 갈등을 겪는 경우가 자기의 진
로 문제인데, 만나기 어려운 참선법을 만나서 출가하면 문제
가 안 되는데 재가로 있으면 결혼을 해야하고, 결혼을 하면
어떤 사람과 만나야 하느냐가 근심거리인데 위 말씀으로 답
이 되는 줄 알겠습니다.

문 : 스님께선 재가자의 독신(獨身)생활을 어떻게 보고 계십니까?

답 : <수행을 한다> 하고 재가에서 독신으로 있으려면 출가를
해야 되지, 이것도 저것도 아니면 못쓰는 정신이다. 재가
에 있으면 결혼을 하고 부부생활을 잘 해나가는 것이 재가
제자의 사명이다.

문 : 출가하는데 근본적인 연령의 제한은 없다고 생각하지만 이
점에 대한 의견은 어떠합니까?

답 : 고래(古來)로 제한은 없었지만 요즘은 제한이 있는 것으로
안다.

문 : 출가는 인연 따라 찾아가야 합니까, 또는 어떻게 하는 것이
좋은 방법이겠습니까?

답 : 첫째 해인사, 송광사 같은 총림이나 큰 회중에서 먼저 습의
를 익혀야 하는데 그렇지 않고 <독살이 암자> 같은 데서 물

이 들면 삿된 데로 빠질 수도 있다. 불법 중에도 정법(正法)이 있는데 참선하는 수행정법 도량으로 가서 행자 생활을 여법하게 하는 것이 낫다. 첫 입문(入門)이 중요한 것이다.

문 : 총림이나 큰 사찰이 아니고 인물중심(人物中心)으로 선지식을 찾아가는 것은 어떠합니까?

답 : 어른이 계시는 곳이면 직접적인 지도를 받을 수 있으니 더 좋은 것이다.

문 : 꿈과 잠의 차이는 어떠합니까?

답 : 꿈이라는 것은 팔식(八識) 작용이 잠재해 있다가 자기 생각이 더해져서 나타나는 것이 꿈이다. 잠이라는 것도 기관이 쉬는 상태를 말하는 것이다.

문 : 정진을 많이 하면 꿈도 잠도 없어지고 화두만 일여(一如)하다는데 어떻습니까?

답 : 꿈도 잠도 없어진다는 것은 망상에서 꾸는 꿈이 없어진다는 것이다. 그래서 나타나는 첫 경계가 열심히 정진하다 보면 숙면을 취하기 때문에 꿈이 없어지는 것이고 생각이 쉬어 들어가면 꿈이 없어진다.

문 : 수행자는 잠을 몇 시간 자야 합니까?

답 : 건강에 따라서 자야 한다. 많이 잘 필요는 없고 건강한 사

람 기준 하여 6시간을 표준으로, 증감하면 된다. 젊은 출가
자는 3~4시간 자는 정신을 가져야 한다.

문 : 잠도 하나의 습관입니까?

답 : 육신이 여우같아서 잠을 자면 자주 더 자고 싶어하니 습관
　　화해야 한다.

문 : 재가자와 출가자가 제일 가려야 할 음식은 무엇입니까?

답 : 담배, 술은 안 하는 것이 좋고, 건강에 따라서 보존하는 것
　　이 좋다. 출가자는 채식만 하는 것이 좋고, 재가자는 음식

을 가리면 살기가 불편하고 공기도 나쁘고 하니까…….

문 : 성욕(性慾)이란 어떤 것이라 생각하십니까?
답 : 다겁생래 익힌 습관 가운데 제일 깊이 박힌 것이기 때문에
　　제일 어려운 것이다. 부처님께서도 <그런 경계가 둘만 되
　　어도 성불하기가 어려울 것>이라고 말씀하신 일이 있다.

문 : 술은 왜 나쁜 것입니까?
답 : 망령된 과실, 과오를 범하는 소재, 즉 모든 불화를 조성하
　　고 화합하지 않는 요소의 근본이 되기 때문이다. 그래서
　　술 취하기를 좋아하는 사람은 내생에 멍청이(石頭)가 되어
　　서 나오는 과보를 받는다. 술기운은 깨끗한 정신을　흐려
　　놓기 때문에 수행하는 데 가장 큰 장애가 된다.

문 : 이즉돈오 사비돈제(理卽頓悟 事非頓除), <이치로는 몰록
　　깨쳤어도 습기(習氣)는 몰록 제(除)하지 못했다> 하는데
　　어디까지가 <이즉돈오>입니까?
답 : 참으로 이치를 깨달았다는 것은 최상승문(最上乘門)에서는
　　확철대오를 <이즉돈오>라 하고 <사비돈제>는 거기에 대해
　　서 습을 녹여 가는 것이고, 확철대오를 했으면 최상승 화
　　두법을 익혀 가지고 그 근본을 항상 여의지 않는 관은 분
　　명하나 아직 그것이 밀밀(密密)하지 않아서 신통이 나지 않

은 경지 즉, 신통이 나게 하는 보림경지를〈사비돈제〉라 한
다. 최상승선에서 〈돈오보림〉의 경지를 점수(漸修) 라 하기
도 하고〈사비돈제〉라 하기도 한다.

문 : 화두의심은 3일 또는 1주일만에 깨달을 수 있다고 하는데
　　그것은 시간을 말하는 것입니까? 단위를 말하는 것입니까?
답 : 시간적으로 1주일 안에 변동이 심하기 때문에 일주일을 넘
　　으면 거기서 힘을 얻는 고비다. 사람이 태에 들어가서도 1
　　주일만의 변동이 가장 크고 또 수행인이 모두 겪고 느끼는
　　그 경로와 굴곡에 대한 숫자가 7일이라는 것이 명확한 것
　　이다.

문 : 낮에는 화두가 잘 잡히는데 몽중(夢中)에는 잘 잡히지 않는
　　경우에는 어떻게 하면 됩니까?
답 : 더 열심히 하다보면 꿈 가운데도 잘된다. 아직 덜 익어서
　　그렇다.

문 : 그러니까 중요한 것은 수행자는 화두만을 선력으로 늘어
　　화두정(話頭定)에 들어가야 합니까?
답 : 화두가 두동강 나면 안 되니까 〈화두정〉에 무릇 익어서 들
　　어가는 것을 의심이 없다고 하는 것이다. 따로 의심이란
　　것이 없다는 말이다. 전체가 의심이니까, 따로 의심이라

할 것이 없는 것 ― 그것을 〈화두정〉이라 한다.

문 : 화두에 대한 의심은 수행자들의 생명입니까?

답 : 근본생명이다. 의심이 없으면 안 되는데 그것이 제일 가까
운 표현이다.

문 : 몸의 기(氣)와 혈의 차이는 무엇입니까?

답 : 기(氣)란 혈을 돌릴 수 있는 기운을 말하고 신의(神醫) 들
은 혈 돌아가는 것을 알고 옛 한의(韓醫)들은 침을 의지하
여 기(氣) 돌아가는 것을 안다. 기운은 혈을 돌리게 하는
힘을 말한다.

문 : 사후(死後)에도 외도(外道)들은 기(氣)만 남는다 하는데 어
떻습니까?

답 : 그건 자기들의 이름이지 불가(佛家)에서는 팔식(八識), 잠
재해 있는 의식, 버릇만 남는다 한다.

문 : 죽는다는 것은 슬픈 것입니까?

답 : 죽음을 모르니까 슬픈 것이다. (망식으로 미쳐서 슬프게
느끼는 것이다.)

문 : 닦은 것만큼 죽어서도 간직합니까?

답 : 그렇지. 그대로 나타난다. 관상이 초년부터 나타나는 것이

그것이다. 겉모습이 좋으면 마음도 좋은 것인데 잘 볼 줄
몰라서 그렇다. 고집도 나타나는데 자기 생각으로 치우쳐
보여서 그렇다. 그것을 아상(我相)이라 한다.

문 : 근기(根機)가 하열한 사람들이 행자 생활이 힘들어 처음 마
음먹은 길(도를 이루겠다는 것)을 버리고 하산하려 할 때는
어떻게 지도해야 하겠습니까?

답 : 사람에 따라 각자 다르기 때문에 어려운 문제다. 첫째는
그 사람의 근기를 파악하지 못해서 잘못 다뤄서 나가는 것
이고, 둘째는 그릇이 모자라고 인내를 못해서 나가는 것이
다. 그런데 수승한 근기가 들어와서 절집안 돌아가는 것을
보고 낙심하고 나가는 수도 있는데 그럴 때 안타깝다.

문 : 출가를 하고 계를 받게 되면 은사를 정하고 강원으로 가든
지 선방으로 가는 길이 있는데 스님은 강원을 원하십니까,
선방을 원하십니까? 법도대로 어느 단계를 밟는 것이 좋겠
습니까?

답 : 처음 들이외시는 선의 사상을 주입시키고 그 다음에 강원
을 거치는 것이 앞으로는 좋을 것 같다. 선(禪)부터 배운
다음 부처님 교(敎)의 뜻으로 들어가는 것이 흔들림이 없는
사상이 될 것이다.

문 : 초보자가 입문하여 수행하려 할 때 어떤 경전이나 어록을
　　좌우명으로 권하시겠습니까?

답 : 일반불자에게는 《선가귀감(禪家龜鑑)》을 먼저 읽게 하고,
　　그 다음에 《육조단경》을 권하겠다. 수좌는 ≪육조단경≫을
　　먼저 권하고, ≪선가귀감≫을 그 다음에 권하겠다.

문 : 참선 수행자가 선방을 두루 거쳐 소임을 사는 것과 자세와
　　그 역할을 어떻게 보고 계십니까?

답 : 그 문제는 아주 어려운 문제인데 수행한 사람이라야 수행
　　한 사람의 입장을 알아서 삼직(三職)을 잘 볼 수 있는데 수
　　행하지 않은 사람이 맡으면 수행하는 사람의 마음자세를
　　모르기 때문에 곤란하다. 그러기 때문에 사무 보 는 일만
　　을 한 사람은 수행한 사람을 시봉할 수가 없다. 그래서 옛
　　부터 사판(事判), 이판(理判)이 벌어지는 것이다. 수행한
　　사람의 마음을 모르기 때문에 도저히 맞춰나 갈 도리가 없
　　고 그러므로 스스로 수행해 나가야지만이 삼직을 살아도
　　맞춰서 잘 살 수 있는 참다운 삼직자가 되는 것이다.

문 : 말세에는 신통력을 갖춘 도인은 왜 없습니까?

답 : 부처님 말귀를 알아듣는 도인은 많으나, 세속 사람들이 원
　　하는 신통을 자유롭게 나타내는 도인이 산중(山中)에는 숨
　　어 계신지 몰라도 나타나지 않으니까 도인이 없다 하는데,

그것은 부처님 말귀를 알아들은 다음에 그런 신통이 나야
되기 때문이고 또 신통이 나더라도 함부로 써먹는 것이 아
니라 외도(外道)를 만났을 때 항복 받으려고 써먹는 것이다.

문 : 스님께서 말씀하시는 도인(道人)이라는 개념은 불가에서
　　견성(見性)해야 도인이라고 하는 것입니까?
답 : 견성해야 도인이고 마음 깨달은 것이 도인이다.

문 : 수행(修行)하는데 가장 중요(重要)한 것은 스스로를 의지해
　　야 된다는데 선지식과 스승의 개념 차이는 어떤 것입니까?
답 : 통틀어 외도도 스승이라고 하고 불가(佛家)에서는 선지식
　　(善知識)이라는 말을 많이 쓰지만 선지식이나 스승의 근본
　　뜻은 같다.

문 : 선지식을 만나지 않고는 억겁의 생사윤회를 면치 못한다는
　　데 선지식의 중요성을 다시 한번 말씀해 주십시오.
답 : 불가의 선지식이란 뜻은 깊다. 禪이라 하는 것은 생사(生
　　死)기 없는 경지를 터득한 용(用)을, 다시 말하면 여래 체
　　에서 나오는 용(用)을 禪이라 한다. 그래서 선지식이란 말
　　을 외도들이 쓰지도 않거니와 불가의 선지식의 뜻은 이것
　　이 다르다. 그러니까 통틀어 스승이란 개념은 같지만 깊이
　　는 다른 뜻이 들어 있다.

문 : 선가귀감(禪家龜鑑)의 사상은 무엇입니까?

답 : 서산 스님의 사상인 동시에 부처님의 사상이다.

문 : 사회의 불신 풍조가 생긴 원인은 어디에 있습니까?

답 : 첫째로 우리나라의 예(禮)가 땅에 떨어진 데에 기인한다. 예의가 부족한 탓이고 옛말에 <윗물이 맑아야 아래 물이 맑다>는 속담과 같이 기성세대에게 큰 원인이 있는 것이다.

문 : 도인(道人)의 정의(正義)를 내리신다면 뭐라고 하시겠습니까?

답 : 도(道)라고 하는 것은 부처님 말씀을 바로 알아들을 줄 아는 것이고, 그 실력자를 도인이라 하는 것이다. 부처님 말씀을 다 알려면 삼처전심(三處傳心)과 팔만장경의 뜻도 조금도 의심없이 받아들이는 경지가 도인인데, 그 뜻에 계합하지 못하고 신통이 나는 것은 요술(妖術)에 해당하는 것이고 도술(道術)이 아니다. 그러기 때문에 기본은 부처님 말씀을 알아듣는 것이 되는데, 그것은 본심(本心)이기 때문에 그렇다. 부처님 말씀은 본심을 깨달아서 그 마음을 소개한 말이니까 그것을 못 알아들으면 도인이 아니다. 마음에 대한 소리인데 그 마음에 대한 말씀을 못 알아듣는다면 진리를 모르는 사람이다. 우선은 부처님 말씀을 알아듣는 분상, 그 것은 사람으로서 사람의 말귀를 알아듣는 자격이 됐다는 것이 도인이다. 도인이라는 것은 사람 말을 알아들

을 줄 아는 힘이 있는 사람을 말한다. 그걸 못 알아들으면 도인이 아니라 요술을 하는 사람이라고 할 수 있다. 힘을 알고 신통이 나는 것이 도술이다. 요술은 요사스런 생각이 통일되면 나타나는 것이다. 추번뇌를 항복받아서 나타나는 도술은 소승교(小乘敎)의 도인이 쓰는 것이고, 추번뇌·세 번뇌를 모두 항복 받아서 나타나는 도술은 최상승선, <마 음을 깨달은 도인>이 쓰는 것이라 할 수 있다.

※ 일반인들이 생각하는 도인은 신선도를 닦은 것으로 아는데 스님의 말씀을 들으니 엄청난 차이가 있다고 생각합니다.

문 : 선지식을 찾아 화두(話頭)를 받는 데에 정해진 법도가 있으 며, 화두의 정의는 무엇입니까?

답 : <화두란 진리를 바로 나툰 것이다. >

이것은 억지로 표현한 것이니 여기에도 떨어지면 아니 된 다. 진리란 바로 화두가 되고 자기 본연이 되매, 그 자리를 앞질러서 부처님이라고 하고 그것을 일러 선이라하고 그 禪의 자리를 모르니까 <참구(參究)한다> 고 해서 참선이 라 한다.

문 : 외도(外道)들이 말하는 진리와는 어떤 차이가 있습니까?

답 : 외도들이 말하는 진리는 관념적이고 상대적이기 때문에 그 건 진리일 수가 없다. 외도들은 생각 없는 무념무상(無念

無想)에 조금 잠기면 〈열반〉이라고 하고 〈증득〉이라고 하
고 그런데에서도 힘이 조금 나오니까 힘이 나오는 것을 도
술이라 하는데 이것은 요사스런 생각이 묶여져서 나타나는
힘이며 요술이다. 도술이란 추번뇌·세번뇌가 조복되어서
나타나는 이 마음의 묘용(妙用)이며 부사의(不思意)한 능력
인 것이다.

문 : 화두 타는 방법에 있어서 지켜야할 예의는 무엇입니까?

답 : 화두라는 것은 기본이 되어 있어야 화두라 하지 기본이 없
　　는 사람이 화두를 타면 되지도 않을 것이고 화두는 화두를
　　지닐 그릇이 되어야 주는 것이다. (그러나 그릇이 안 되었
　　더라도 애원하는 사람에게 주는 것은 안위시키기 위한 것

이지 별 뜻은 없는 것이다.)

문 : 화두 참구하는 방법 중 예를 들어 무자(無字)를 참구하는
데, 〈저 개에게도 불성(佛性)이 있습니까?〉, 〈無〉 이렇게 가
르치는 스님도 있고 〈개에게도 불성이 있습니까?〉, 〈無〉,
〈어째서 無라 했는고?〉 이렇게 하는 분도 계시고 아니면
〈준동함령이 모두 불성이 있다 했는데 어째서 조주스님은
없다 했는고?〉 이렇게 전제를 길게 하다가 〈無~〉 하고 넣
는 방법이 있는데 그것은 어떤 차이점이 있습니까?

답 : 그것은 초학자가 자칫 잘못하면 생각에 끌려 관념을 용납
해 가지고 더디게 잡힐 수가 있으므로 조주 무자(無字) 같
은 경우엔 이렇게 하는 것이 좋다. 〈개에게도 불성이 있습
니까?〉, 〈無~〉, 〈어째서 無라 했는고?〉 이렇게 하는 것이
간단하며 관념을 끌고 다니지 않게 되는 것이다. 그러나
〈부처님이 준동함령이 모두 불성이 있다 했는데 조주스님
은 어째서 無라 했는고?〉 하면 즉 〈부처님은 있다고 했는
데 조주스님은 어째서 없다 했는가〉 하는 관념, 부처님과
반대뇌는 관념을 끌고 나와서 상대적인 데에 얽어지기 쉬
우니까 오히려 빼는 것이 쉽게 된다. 그것도 오래 오래하
면 자리가 잡히는데 좀 돌아가는 것이 된다. 그러니 빼는
것이 좋다고 생각한다. 〈無~〉해서 의심이 되어 가는 사람
은 그렇게 하면 된다. 이것은 발음에 있지 않고 조주의 뜻

을 찾는 자세가 되면 되는 것이다.

문 : 『이뭣고』 화두는 〈이~만 바르게 의심하면 '뭣고'가 필요 없다〉 하는데 그런 것입니까?

답 : 『이뭣고』하는 〈이〉는 처음에 『마음이 무엇인고?』, 『이 무엇인고?』 두 가지로 하다가 의심이 잡히면 『이뭣고』로 통일하면 되는 것이다. 의심이 분명해야 되는 것인데 『무엇인고?』라는 것은 의심의 표시니까. 〈이~〉 해서 의심이 생기면 〈~뭣고〉가 같이 곁들여 있는 것이므로 말로 표현할 필요는 없는 것이다. 초보자가 잘되지 않으니까 〈~뭣고〉까지 하는 것이다. 그리고 의심이 희미해지면 안되니까 가끔 '~뭣고'도 넣어야 된다. 『이 뭣고』, 〈뭣고~ 하는 그 놈이 무엇인고?〉 반복해서 의심을 잡아나가야 한다.

문 : 『이뭣고』에서 〈이~〉 하기 이전(以前)을 찾으라는 말은 맞습니까?

답 : 그것은 틀린 말이다. 〈이~〉 하는 그 놈을 찾으라 했지, 〈이~〉 하기 전을 찾으라고 하지는 않았으니.

문 : 큰스님들께 점검을 받는다 하는데 어떤 방법으로 어떻게 해야 하며 한 달에 한 번씩 받는 것입니까? 경계가 날 때마다 찾아와서 묻는 것입니까?

답 : 안 되면 가끔 찾아서 묻는 것도 좋고, 경계가 난 뒤 하는
것도 좋다. 어느 정도 열심히 하고 열심히 하는 가운데서
물어야 하는 것이다. 열심히 안 했으면 또 안했으니까 야
단도 맞을 겸 자주 묻는 것도 괜찮다.

문 : 묻는 것도 허물이 되고 안 묻는 것도 허물이 된다는데 어느
허물이 더 큰 것입니까?

답 : 안 묻는 허물이 더 크다. 물으면 꾸중이라도 해서 바로 잡
아 나아가는 것인데 안 묻는 것은 죽은 놈이 되어서 죽은
것으로 치게 되어 묻는 허물이 좀 적은 것이 된다.

문 : 요즈음 일부에서 큰스님들의 깨달았다는 것에 대해 신비스
럽게 해석하는데 깨쳤다는 것은 망상이 쉰 것으로 보아야
합니까? 어떻게 보아야 합니까?

답 : 신비스러운 것은 요사스러운 술법의 속임수이고 삿된 것이
다. 사람으로서 사람의 말귀를 알아듣는 법뿐이다.

문 :『업장 소멸(業障消滅)』이란 무엇입니까? 소멸할 수 있습니
까?

답 : 화두를 타파해야 업장소멸이라 할 수 있다. 중생들은 자기
업을 지어 놓고 부처님께 애원하는 것이, 죽을 죄를 지은
사형수가 교도관에 의해 사형장에 끌려 들어가며 교도관에

서 살려 달라고 비는 것과 같다. 빈다고 살려줄 수 있는
것인가?

문 : 『업(業)』이란 무엇입니까?

답 : 생각.

문 : 『夢中一如』·『寤寐一如』의 경지란 전혀 망상이 들어오지
못하고 100%로 화두만 지속되는 것을 말합니까?

답 : 화두타파 이전에는 어쩔 수 없이 간간이 망상이 들어온다.
그것은 어쩔 수 없는 현상이다.

문 : 『화두(話頭)』를 받는 법이 있습니까?

답 : 믿음이 가는 선지식 스님을 만나면 바로 화두를 타는 것이
아니고 옛날에는 그 문하에서 3~5년 이상 시봉도 하고 사
찰에서 소임을 살고 하여 어느 날 계기가 되면 화두를 받
게 되었다. 예를 들면 임제선사가 황벽회운선사에게 신(信)
하는 표시로 3~10년 정도 문하에서 온갖 힘든 일을 다하
고서야 화두법의 가르침을 받았다.

문 : 오늘날에도 이런 가풍이 이어지고 있습니까?

답 : 요즈음에도 큰스님들 회상에서는 1~3년 정도 사찰의 소임
을 다해야 화두를 준다.

문 : 화두를 타는 계기가 되면 어떤 의식 절차가 있습니까?

답 : 옛날 가풍은 조실스님의 명에 따라 대중이 큰방에 모인 다음 모인 대중은 가사장삼을 수하고 〈화두참구법문〉을 듣고, 들은 뒤에 화두를 받을 대중은 앞으로 나와 삼 배 절을 하고 물러나 앉아 있으면, 당사자는 그 위압적인 분위기와 많은 대중이 증명하는 가운데 평생 잊지 못할 도업이 한순간 새롭게 이어지는 엄숙한 상황속에서 화두를 받는다.

문 : 화두법 이전에는 무슨 수행을 하였습니까?

답 : 그 이전에는 부처님 말씀을 의지하여 수행을 하였다.

문 : 『5宗 7家』의 가풍이 벌어진 이유는 무엇입니까?

답 : 중생의 근기가 시대가 변천하면서 하열(下劣)해지고 알음알이가 붙어 해석하고 따지기 때문에 후대 사람들을 제도하기 위하여 다섯 갈래로 길을 제시해 놓은 것이다.

문 : 망상을 분석하여 보면 흘러간 과거의 망상이 더 많이 떠오르며 미래에 대한 망상은 잘 안 떠오르는 이유는 무엇입니까?

답 : 미래는 예측할 수 없기 때문이다.

문 : 많이 보고 많이 듣는 것은 업식만 더하는 것입니까?

답 : 그렇다.

문 : 그렇다고 안 보고 안 들어도 과거의 생각이나 미래의 망상

이 나는데 어떻게 하면 좋겠습니까?

답 : 안 보고 안 듣는 것만이 능사가 아니라 보고 듣더라도 끄
　　달리지 말아야 하며 끄달리지 않으려면 화두가 익어야 한
　　다. 그러므로 화두만 하라는 것이 아닌가?

문 : 어떻게 화두를 익혀야 합니까?

답 : 선지식의 가르침을 따라야 한다.

문 : 선지식의 특별한 지도방법은 무엇입니까?

답 : 시대적 환경에 따라서, 개개인의 근기 및 직업과 환경에
　　따라서 근본지혜로써 적소적절(適所適切)하게 지도하는 것

을 말한다. 선지식이 수행자를 대(對)함은 마치 부모가 자
식을 키우는 것 같아서 지나치게 넘치는 것은 잡아주고 모
자라는 것은 조언하여 주며 방일하여졌을 때는 경책하여
준다.

문 : 3일이나 7일만 화두가 낮과 밤이 없이 이어지면 〈타파된
다〉고 하는데 그것은 시간적으로 짧은 단위를 표현하는 것
인지 아니면 용기와 희망을 주면서 정진하는 습(習)을 길들
여주기 위한 방편인지 알고 싶습니다.

답 : 시간적인 일주일이다. 3일은 안 되고 7일은 되지. 또 짧은
단위가 아니고 시간적인 것으로 화두가 밀밀(密密)하게 이
어지는 7일인데 대부분 7일 안에는 변동이 심하기 때문에
7일을 넘으면서 힘을 얻는 고비가 된다.

문 : 태고보우국사가 무자화두(無字話頭)를 들고 37세 가을에
『오매일여(寤寐一如)』경지에 들었는데 7일만에 터지지 않
고 90일을 끌고가다 38세 되는 1월 7일에 확철대오 하였다
는 기록이 있습니다. 태고보우국사와 같은 대근기도 오매
일여에 90일을 끌고 갔는데 말세(末世)의 하근기중생이 일
주일만에 깨친다는 것이 도저히 이해가 되지 않습니다.

답 : 1주일만 화두가 밀밀(密密)하게 이어지면 의단(疑團)이 독
로(獨露)되어 그 힘으로 90일을 끌기도 하고 1년, 2년을 끌

기도 한다. 그러므로 공부가 본 궤도에 오르는 단계 정도
를 1주일로 잡는다.

문 :『오매일여』에 들었을 때는 근본적인 망상인 〈밥 먹고 옷 입
　　고 사물을 대하는 망상도 끊어진 상태인가〉 알고 싶습니다.
답 : 아니다. 근본적인 미세망상은 나되 그것이 지배하지는 않
　　으며, 망상이 껍데기만 스쳐 지나갈 뿐 내부로는 침투하지
　　못한다. 예를 들면 큰 집만한 불에 달아 오른 쇠덩어리가
　　있는데 빗방울 떨어지는 것에 쇳덩어리가 금방 식지 않는
　　것과 같다.
문 :『오매일여』의 경지가 참으로 되면 입태(入胎), 주태(住胎),
　　출태(出胎) 모두를 마친 것을 말하는 것입니까?
답 : 완전한 『오매일여』라면 그렇다.

문 : 본능적 생각으로 일어나는 망상은 어떻게 하여야 합니까?
　　예를 들면 밥먹는 것, 진급하는 것, 돈버는 것 등 대인 관계
　　속에서 살아 나가는 속인이 한 생각 일어났을 때 화두로만
　　돌이키면 치열한 경쟁사회에서 살아나갈 수 없는 것이 아
　　닌가 궁금합니다.
답 : 본능적 생각은 어쩔 수 없다. 돈버는 것, 진급하는 것 등을
　　승화하면 공부에는 도움이 될지언정 손해 되지 않는다.

문 : 산중에서 세속의 인연을 끊고 20년, 30년 정진하신 스님들
　　도 견성하기 어렵다고 하는데 결혼하여 세속 생활을 하는
　　속인도 화두만 참구한다고 견성할 수 있습니까?

답 : 할 수 있다.

　　①바른 생각 ②바른 선지식 ③바른 정진은 바른 깨달음으
　　로 연결된다. 왜냐하면 생각이 쌓여 업이 되고 업이 생사윤
　　회의 근원이 되는데 속인이라도 생각 생각을 간절히 화두
　　의심으로만 돌린다면 언젠가는 깨달을 수 있다. 스님들도
　　깨닫지 못하는 것은 바른 생각, 바른 선지식, 바른 정진을
　　하지 않았으므로 깨달음이 없는 것이다.

문 : 무심(無心)의 경지와 무아(無我)의 경지는 어떤 차이가 있
습니까?

답 : 무심이란 견성(見性)을 해야 알고, 무아도 견성을 해야 안다.

문 : 무심의 경지에서 막행, 막식하면 업식(業識)으로 남지 않습
니까?

답 : 무심도 무심 나름이기 때문에 · · · · · · · .

문 : 화두 공안 가운데 여래 체(體)를 나타낸 것과 용(用)의 자리
를 나타낸 것이 있다는데 맞는 말입니까?

답 : 그럴 수도 있다.

문 : 법거량을 할 때 차별지(差別智)를 살피지 못하면 안 되는
것인데 그 당시 대답을 못하였어도 더 정진하여 답하는 경
우도 인정합니까?

답 : 인정한다. 예를 들면 태고보우국사가『無』자 화두를 크게
깨치고, 후에 1700 공안을 점검하던 중에 암두밀계(岩頭密
契) 공안(公案)에 막혔는데 태고스님은 3일 정진 후에 답
한 적이 있다.

문 : 세상을 살아가는데 무엇을 가장 큰 고(苦)라고 합니까?

답 : 안 되는 화두를 열심히 하려는 것.

문 : 지금도 외도(外道)들은 명상, 결가부좌, 단식 등으로 극심

한 고행 수도를 하는데 어떻습니까?

답 : 몸에 고통을 주는 것은 쓸데없는 짓이고 번뇌를 조복받기
위하여 안 되는 화두를 의심하는 것이 고(苦)이다.

문 : 잠을 자지 않고 하는 것은 어떻습니까?

답 : 젊은 사람은 4시간 정도만 자면 충분하다.

문 : 몇 년 전에 맛본 경계를 다시 맛보려고 하는데 아무리 정진
해도 그 경계를 맛보지 못하는 것은 왜 그렇습니까?

답 : 비유를 들면 우연히 물가에 가서 수영을 하다가 손에 잉어
가 걸려 두 손으로 잉어를 잡다 놓친 것과 같으니, 옛 경계
를 맛보려 하지말고 화두만 열심히 하라.

문 : 화두도 망상이라는 데 어떻습니까?

답 : 화두는 어떠한 비유, 어떠한 표현으로도 말할 수 없는 절
대적 진리의 체(體)의 자리를 가장 가깝게 표현한 것인데
의심도 하기 전에 상대적인 망상심으로 사량분별(思量分
別)하는 것은 전혀 맞지 않는다.

문 : 애를 쓰고 참선을 하는 수행자가 득도(得道)하지 못하는 경
우도 많이 있는데 그 원인은 어디에 있습니까?

답 : 선지식의 바른 가르침을 받지 못한 경우도 있고 본인이 바
른 수행법을 택하지 않고 했기 때문이다.

문 : 식(識)이 맑다는 것은 어떤 현상입니까?

답 : 외부 경계에 대하여 번뇌가 쉰만큼 나름대로 지혜가 생기기 때문에 나름대로 식이 맑다는 것이다.

문 : 화두법에서 식(識)이 맑다는 것과 관법(觀法)에서 식이 맑다는 것은 어떤 차이점이 있습니까?

답 : 관법에서 식이 맑다는 것은 정신통일을 해서 산란심(散亂心)이 쉬기 때문이나 다시 일용심(日用心)으로 돌아가면 매(昧)해진다. 화두법에서 식이 맑다는 것은 의심으로 들어가기 때문에 상대적인 망상이 작용하지 못하고 화두의심을 할 때 업이 동시에 깎여 들어간다.

문 : 수행하여 견성하면 경계를 대함에 있어서 심중유망(心中有妄) 입니까? 심중무망(心中無妄)입니까?

답 : 심중무망이지. 일체번뇌가 마음에 침입을 못하니까. 확철대오 하면 외부 경계를 대함에 있어 망식이 마음에 쳐들어오지 못해.

문 : 그런데 심중유망(心中有妄)은 무슨 말인가요? 깨달은 후에도 왜 망상이 있다고 했는지요?

답 : 깨달아도 망상이 있다는 것은 〈번뇌 즉 보리 煩惱卽菩提〉라는 뜻이겠지. 내외가 없는 경지로 중심이 딱 서있으니까 경계에 마음이 침범 당하지 않는다는 것이지. 그러기에

〈번뇌 즉 보리〉라고 하는 거야. 그런데 그 정력이 밀밀(密
密)하지 않은 상태를 가리켜서 〈보림한다〉 또는 〈닦음 없
이 닦는다〉고 하는 것이다. 이론을 이렇게 세워야지, 번뇌
가 마음 안으로 들어갔다고 보는 것은 잘 못된 것이다. 마
치 연꽃잎에는 더러운 물방울이 묻을 수 없는 것과 같은
것이다.

문 : 『내외명철 內外明徹』이라는 것은 유망이 아니라 무망으로
　　봐야겠군요.
답 : 『내외명철』이라는 것에도 이변지(理辨智) 내외명철이 있고
　　이사변지(理事辨智) 내외명철이 있지. 상상근기는 이 둘을
　　같이 다룰 수 있고, 상근기는 이렇게 나눠서 다루고, 하근
　　기는 더하다.

문 : 게송으로 전법하는 것을 道라 할 수 있습니까?
답 : 이것은 수행인의 눈 밝히는 말이고, 道라 할 수 있지. 게송
　　의 말에 가서 떨어지지 않고 그 뜻을 사무쳐서 보는 관계
　　도 道라 할 수 있는 것이시. 삽삼조사까지는 여래신도리
　　(如來禪道理)로 눈을 떴음을 확인하여 전법 했고, 그 후에
　　는 자꾸 알음알이를 붙여서 〈너도 나도 견성했다〉고 하니
　　까, 까다로운 전법을 세워 진실로 눈뜬 이만 통과시켜 전
　　법하는 것을 조사선(祖師禪)이라 한다. 〈조사선을 여래선

에서 잡아 썼다〉는 말은 까다롭게 용법(用法)을 썼다 그 말이지. 활용을 까다롭게 했다는 말이야. 삽삼 조사(三十三 祖師 :가섭 ~ 혜능)까지는 까다롭게 안 해도 눈을 떴다는 것을 확인했으니까 전법한 것이고, 그 후에는 눈 못 뜬 사람도 눈떴다고 하니까 까다롭게 활용해 보면 이 사람은 못 살피거든. 그러니까 〈아니다〉 하고 눈떠서 살피는 이만 통과시켰지.

문 : 〈견성 후에도 유망이다〉 하는 부분을 다시 설명해 주십시오.

답 : 무망의 경지에서 유망이 나온 것은 용(用)이다.

　　〈무위심내기비심 無爲心內起悲心〉이라, 기비심이 유망인 즉 무망 가운데서 유망이라 하는 것이다. 무망이 곧 무심이니, 〈최상승무심〉은 추번뇌0104세번뇌를 모두 항복 받은 것이고, 〈소승무심〉은 추번뇌만 항복 받은 것 이니까 무심이라고 분류하면 이렇게 다른 것이지.

문 : 추번뇌만 항복 받은 경지로 게송을 지으면 허물처가 있지요?

답 : 추번뇌만 쉬어 가지고는 게송을 못 짓는다. 禪門에서는 화두했기 때문에 추번뇌 · 세번뇌를 항복 받아 지을 수 있지만, 다른 문중에서는 지을 수가 없는 것이다.

문 : 체 · 상 · 용(體 · 相 · 用)은 무엇을 가리킨 것인가요?

답 : 체·상·용과 체·용·제시는 같은 말이다. 남전스님이
〈부처님은 천상천하 유아독존〉이라고 했는데, 그러면 중생
들은 〈부처님이 천상천하에 제일이다〉 하는 생각을 일으켜
말머리에 떨어져서 소견을 일으키고 있잖아? 그러면 그 말
을 한 남전스님도 망상으로 그런 것이겠나? 그러니까 격
(格)이 천지 차이로 다르거든.

문 : 법거량 하는 것은 이변지입니까? 사변지입니까?

답 : 이변지로 하는 것이지. 이(理)를 논하기 때문에 즉, 이변으
로 다루는 말이기 때문에 이변지로 하는 것이지. 사변지라
는 것은 신통묘용이다. 그러니까 사변지라는 말은 잘 안
쓴다.
〈생사거래가 본래 없다. 기용제시(機用提撕)하고 살활종
탈(殺活從奪) 한다〉는 등의 말은 법담하는 데 쓰는 말이지,
정진하는 데는 잘 안 쓰는 말이지. 이런 것은 마치 채 자라
지도 않은 어린이에게 성교육을 시키는 것과 같이 아무 의
미가 없는 것이지.

문 : 마음이 밝아졌다는 경지는 어느 정도의 경지인가요?

답 : 보조스님이 돈오한 다음 망상이 있다는 것은 〈나름대로 깨
달은 경지〉를 말하는 것이야. 확철대오가 아닌 것이다. 지
무생사(知無生死), 체무생사(體無生死), 계무생사(契無生

死)를 지나 용무생사(用無生死) 단계라야 진정한 깨달음 즉, 진정한 무망(無妄)이 되는 것이지. 이 때 가서야 미세 번뇌까지 끊어지는 것이지.

문 : 현재의 성철 종정스님이 오매일여 경지가 되기 전에는 나에게 와서 물을 필요 없다고 하신 것은 수행지도에 있어서 지나친 것이 아닐까요? 또 종정스님이 현실 사회 문제에 대해서 종정으로서 한 마디 말도 않고 있는 것은 불교를 위해 바람직한 것이 아니지 않은 지요?

답 : 그것은 그 스님의 뜻이지. 밑에 사람이 깨달은 사람의 뜻에 점수를 매기려고 하는 것은 안 되는 일이지. 마치 초등학생이 대학원생의 시험점수를 매기려고 하는 것과 같으니 자격미달 아닌가?

문 : 견성이 화두타파입니까?

답 : 견성이 화두타파지. 타파 후에 닦는 것이 보림이라 하는 것이다. 견성하기 전에 닦는 것은 점수(漸修)가 아니다. 보조스님이나 태고스님도 처음엔 스스로가 견성했는 줄 믿었으나 나중에 보니 그것이 속은 경계였다고 한 것처럼 진정한 견성이 아니지. 화두하는 과정이 《수심결》에 있는 바와 같은 경계의 과정이 있는 것이다.

문 : 그러면 성철스님이 보조스님의 경계를 배척하라는 것은 잘
     못 아닌가요.
답 : 그렇지. 화두하는 데 있어서 그런 데 가서 걸린다 이거지.
     스님도 그런 것을 지적한 것 아닌가.

문 : 이(理)와 사(事)를 동시에 닦는 것은 다른 문중에 또 있습니까?
답 : 참선 문중밖에 없지.
     쌍차쌍조(雙遮雙照)라는 것은 동시에 닦는다는 것으로서
     화두 문중에만 있는 것이지. 원돈문(圓頓門)에는 그런 것이
     없다.

문 : 화두를 방편이라고 생각하는 사람은 견성하기가 어렵지 않
     겠습니까?
답 : 화두를 올바로 들기가 힘들겠지. 김이 빠진 것 같아서.
문 : 『無자 화두』 드는 것은 어떻게 하는 것이 좋겠는지요?
답 : 처음엔 전제(全提)를 들어서 힘을 얻은 다음에, 단제(單提)
     즉 〈조주는 어째서 無라 했는가?〉 하고 조주스님의 뜻을
     참구해야 한다. 조주의 뜻을 찾으면 그게 의심이 되고 그
     게 바로 본심경계(本心境界)인 것이다. 일체공안이 다 그렇
     게 참구하는 것이다. 조주의 뜻을 몰라 뼈에 사무쳐 꿈에
     서까지 그 뜻을 참구해야 한다. 전제를 가지고만 하면 관
     념이 붙어서 구경까지 갈 수 없으므로 단제만을 들어야 관

넘이 못 붙어, 다시 말해서 조주의 뜻만 바로 찾으면 망식
(妄識)이 거기에 붙지를 못해. 이렇게 관념이 붙지 못 하기
때문에 방편이 아니고 여래의 자리를 바로 제시했다고 하
는 것이다.

문 : 현재 한국에서 법을 임의자재로 잡아 쓰는, 확철대오했다
고 믿을 수 있는 스님은 없는 것입니까?

답 : 그렇지. 닦아 들어가는 과정에 있는 스님들이 있는 것이지.

문 : 그렇다면 경허스님도 확철대오 못한 것 아닙니까?

답 : 확철대오 못했다는 이유가 어디 있는가. 막행막식(莫行莫
食)을 했다고 해도 그것은 단지 방편력이 부족했다고 봐야
지. 그 행(行)을 가지고 평가한다는 것은 어린이가 어른의
뜻을 모르고 겉만 보고 생각하는 것과 같다.

문 : 무심(無心) 즉 무념(無念)에 대해 말씀해 주십시오.

답 : 무심에는 소승무심, 대승무심, 최상승무심이 있다.〈소승무
심〉이란 생각을 통일하여 멸진정(滅盡定)에 드는 것이고,
〈대승무심〉이란 대승관법을 하여 닦아 나가는 것이며 대승
방편이라 한다. 〈최상승무심〉은 닦아 나갈 수 없는 것이다.
〈화두가 바로 본심자리〉이므로 닦아나가는 점차가 있는 것
이 아니며, 그래서 방편이 아니라고 하는 것이다.

문 : 강원교육 받은 사람은 화두타파 하기가 힘들지 않습니까?

답 : 꼭 그렇지는 않지. 강사를 잘못 만나는 경우, 스승이 제자에게 김빠진 맥주를 권하는 격으로서, 실력 없는 강사의 허물이 커.

문 : 강원을 옛날에는 권하지 않았는데 요즘엔 어째서 강원을 권합니까?

답 : 그것은 사람에 따라서 권하는 것이다. 참선을 못할 바에는 강원이라도 가야 하지 않겠는가?

문 : 추번뇌·세번뇌(鹿鹿鹿 煩惱·細煩惱)·겹번뇌란 무엇인지요?

답 : 이 단어는 내 말이 아니라 옛 경전에 다 나와 있는 것이다. 겹번뇌는 추번뇌, 세번뇌가 같이 있다는 것이다. 수행하여 추번뇌를 조복받고 나면 세번뇌가 뛰는 것이 또 나타난다. 추번뇌의 힘이 제일 세어서 경계에 자꾸 끌려 들어가게 되는데 이것을 자제하는 경지가 〈수다원〉경지다. 여기서 더 다져지는 수행을 하면 〈사다함〉경지가 되고, 더 위는 〈아나함〉, 더 수행하면 추번뇌를 조복 받는 〈아라한〉경지가 된다. 아라한은 생사를 벗어니는 것은 알았으나, 생사가 없는 도리는 미세관념까지 없어야 나타나는 것인데, 아라한은 미세관념이 남아있는 고로 생사 없는 도리는 꿈에도 모르는 것이다. 대승관법은 20%의 관념이 붙어서 미세번뇌와 같이 합류해서 관(觀)해 나가는 것이고, 소승관법은

미세관념이 더 많이 뛰는 상태로 닦아 나가는 것이다.

문 : 능엄경에서 50종류의 마장(魔障)은 어떨 때 나타납니까?

답 : 50마장이 나오는 것은 자기의 미세관념이 뛰면서 닦아 나가는 관계로 자기가 〈외부의 마〉를 끌어들이는 것이라 할 수 있다. 그러나 선문에서는 10가지 병폐 즉〈무자 10종병 無字十種病〉만 조심하면 된다. 오직 화두만 올바로 들고 나가면 이 10가지 병폐도 막을 수 있다. 이것은 올바로 화두를 들고 나가면 미세번뇌까지 붙지 못하기 때문에 천마 외도가 칭찬할 수 없고, 비난할 수 없는 것이다.

문 : 그러면 화두법이 정법이라고 할 수 있습니까?

답 : 그렇지. 대승관법은 미세번뇌가 뛰므로 외마(外魔)가 칭찬할 수 있지만, 화두문에서는 일체의 번뇌가 없이 닦는 수행법이므로 정법이라 할 수 있다.

문 : 자기 망식 가운데에 자기 근본이 서 있을 때, 망식이라고 할 수 있습니까? 없습니까?

답 : 그것은 망식이 아니다. 〈번뇌 즉 보리 煩惱卽菩提〉가 되기 때문에, 화두경지만 보니까 본심이 돼서 망식이 다 쉬게 되지 않겠나! 전에는 망식에 휩쓸려 살던 것이 이제 화두가 근본이 되어 중심이 섰으니까, 그때는 번뇌 즉 보리라 하는 것이다. 이것은 『오매일여』경지 이후를 말하는 것이다.

문 : 심우도(尋牛圖)에서는 인우구망(人牛俱忘) 이후에야 완전하다고 할 수 있겠군요?

답 : 그렇지.『인우구망』다음에 일원상(一圓相) 나타나는 것이 완전하다고 할 수 있지. 8번째 이후에 표현한 것들은, 세밀히 보이기 위해서『삼처전심』으로, 또『체·용·제시』로 표현한 것이다.

문 : 고집이 센 수좌가 한 생각만 돌이키면 밀고 나가는 힘이 세므로 도통하기가 쉽다고 할 수 있을까요?

답 : 고집보다는 꾸준한 근기라고 해야겠지.

문 : 법에 대해 미세한 참구방법을 모르고서도 견성할 수 있습니까?

답 : 안 된다. 바르게 참구할 줄 알아야지.

〈자기의 화두하는 것이 올바르게 하는 것이냐〉고 자꾸 물어서 바르게 들고 나가야 한다. 그런데 분별이 많은 사람은 미리 알아서 이것저것 자꾸 따지고 이론적으로 하려고 하는데 이것은 안 좋은 것이다.

문 : 성성적적(惺惺寂寂)에 대해서 말씀해 주십시오.

답 : 화두가 분명한 것으로, 의심이 분명한 것을〈성성하다〉고 하고 번뇌가 없으니까 〈적적하다〉고 한 것이다. 寂寂한 가운데서 寂寂에 치우치면 무기(無記)에 빠지므로 화두를 들기가 싫어지게 되므로 그래서 다시 寂寂한 가운데서 惺惺하게 화두를 들어야 하므로 〈惺惺寂寂〉이라고 하는 것이다. 그러므로 화두를 잘 들어서 惺惺하면서 寂寂해야 하고, 다시 寂寂한 가운데에서 惺惺하게 들고 나아가야 한다. 寂寂한 것만 지키면서 〈내가 깨달았다〉고 생각하는 것은 묵조 사사배(默照 似邪輩)들이 무사갑(無事甲) 속에 앉아있는 잘못된 것이다.

문 : 화두타파 시에는 몸과 마음의 상태가 어떠할 때입니까?

답 : 몸의 상태는 편안하고 정신상태는 맑을 때이다. 이때는 잠이 저절로 달아나 버리게 된다. 이때는 대중처소에서 예불소리, 종소리 등이 아무리 복잡하게 들려와도 상관없게 되는 때이다. 그런 소리는 그대로 놔두고 화두가 이어지는 것이며, 이런 경계로써 1주일 정도 끌고 나가야 한다. 이런 화두 상태가 한번 자리 잡혀지면 복잡한 외부경계에 끄달

리지 않게 되어 계속 화두가 들려져 나가는 지경이 되는 것이다. 외부경계가 복잡하다 해도 그리 쉽게 이런 경계가 없어지지는 않으며, 잠이 깜빡 들었어도 금방 화두가 들려져 나가고 만다. 이럴 때 예불소리, 종소리 등 외부경계에 마음이 쓰여 화두를 잊는 사람은 시비에 빠져서 공부할 근기가 약한 사람이라고 할 수 있다. 진실로 화두를 간절히 든다면 시장바닥에 앉아서 해도 상관이 없지.

문 : 이런 상태로 얼마나 가면 견성할 수 있습니까?

답 : 약 1주일 정도 가야 한다고 봐야지. 그러나 이런 가운데서 기쁘다는 생각을 내면 안 되지. 이러한 희마(喜魔)가 있으면 사사배(似邪輩)가 되고 마는 것이다. 이것은 태고보우국사가 지적한 것처럼 〈나름대로의 견성〉이지 〈참견성〉이 아니다. 이럴 때는 다시 해야지. 처음부터 다시 시작해야 하는 게 아니라, 그 경계에서 다시 바르게 참구하면 되는 것이다.

문 : 현실적으로 수행하는데 1단계 힘을 얻었다는 것은 어느 정도를 말합니까?

답 : 『지무생사』정도는 알아야지. 화두가 익어 타성일편(打成一片) 경지가 돼서 쉬운 법문은 살필 수 있는 눈을 얻어야 한다는 것이지.

문 : 그러면 그 다음 단계는 어떠한지요?

답 :『체무생사』로서 무르익는 경지지. 이것은 나름대로『오매일여』를 지나 터졌다는 경지지. 그러나 선각자가 보면 이것도 완전하다고 볼 수 없다. 거기에서 더 나아가면『용무생사』가 되는 것이다. 그러나 소승에서처럼『용무생사』도리만 귀중히 여겨 좌탈입망한다는 것은 겉으로 보기엔『용무생사』가 된 것처럼 보이지만, 이렇게『지무생사』『체무생사』『계무생사』단계를 거친『용무생사』라야 진정한 〈생사 없는 도리를 알았다〉고 할 수 있는 것이다.

문 : 토굴과 대중처소에서의 수행은 어떻게 다른 가요?

답 : 토굴에서는 별 진취가 없다. 대중처소에서는 대중이 같이 정진하고 움직이므로 자기 규칙 지키는 습관만 지키면 별 어려움이 없지. 불 때주고, 공양주고, 다 해 주니까, 불편한 게 없지. 대중처소에서는 자기 소임 하나만 하면 되니까 그것만 마치고 나면 나머지는 하루종일 자기 시간이지. 그러나 자기 위치 지키기가 그리 쉽지는 않지. 도반하고 어울리지 않는 자기를 지키기가 어렵다. 토굴생활은 전부 자기가 해결해야 하니까, 뺏기는 시간이 많게 된다. 대중처소에서 정진하는데는 해제 때도 좋다. 공양도 주고 방도 있고 하니까.

3. 진제 禪師와의 백문백답

○ 진제선사(1934~생존)

· 경허, 혜월, 운봉, 향곡으로 내려오는 법맥을 이어받으셨으며 당대의 대선지식 스님으로 해운정사 조실, 동화사 조실, 봉암사 조실 역임

· 조계종 원로위원, 원로회의 종정 후보 추대 경력

대담장소 – 1988년 부산 해운정사

上

문 : 조실스님은 돈오돈수(頓悟頓修) 사상이 육조이후 마조로부터 내려오는 것이 정맥(正脈)이고 하택 – 규봉 – 보조로 내려오는 문중은 문 밖 사람이라 정맥이 아니라고 하셨는데, 돈오돈수는 미세망념이 없는 것입니까?

답 : 그렇지.

문 : 성철스님과 여기 조실스님 가풍은 돈오돈수사상이죠?

답 : 그렇지. 육조 문하에 오종(임제·위앙·조동·운문·법안)

이 벌어졌고, 오종은 모두 돈오돈수 사상이지.

문 : 깨친 다음에 인가(印可)를 받습니까? 깨치기 전에도 인가를
받습니까?

답 : 깨친 다음에 인가를 받는 것이지.

문 : 깨친 후 탁마해서 확실하다고 인가해서 은밀히 전해진 후에

도 미혹한 것이 있으면 또다시 점검 받는 경우도 있습니까?

답 : '향상구'가 해결되면 다시 더 닦고 깨달을 것이 없는 것이지. '법신구'나 '여래선' 갖고 알았다고 하는 것은 종사(宗師)가 되지 못하는 것이지. 임제·덕산·마조의 살림살이를 모르는 것이다. 마조스님이 '향상구'를 제창하셨고, 그 문하들이 모두 향상구·향하구(向上句·向下句)를 제창한 것이지, '여래선' '법신구'를 제창한 것이 아니거든. '향상구'를 모르면 견성이 아니고, 임제·덕산의 돈오돈수도 모르는 것이다. 근래 우리나라에 이러한 바른 안목이 열리지 못하고 점수(漸修)의 물이 잔뜩 들어서 큰 병폐가 되는 것이지. 육조스님도 '하택은 지해인(知解人)'이라 하셨고, 오조홍인대사는 '신수는 문밖의 사람'이라고 하셨거든. 반야다라 존자의 수기를 받으신 마조선사는 선(禪)에 대해 전무후무한 안목을 지니신 분으로 마조의 가풍은 독특한 것이거든. 백장·남전·귀종(歸宗)이 마조의 법을 이어받아 이 법이 중국 천하를 덮게 되었고, 임제·덕산도 바로 이 법을 터득한 것이지. 임제·덕산의 법이 마조의 법인데, 이것을 모르는 사람은 돈오점수를 주장하고, 이 법을 바로 알면 돈오돈수이고, 이것이 부처님의 바른 수행법이 되는 것이다.

문 : 돈오점수에서는 육조스님이 16년간 사냥꾼과 지낸 기간을 '보림' 즉, 점수로 보는데 스님께서는 이 점을 어떻게 보십니까?

답 : 돈오 후의 점수기간이 아니라 시절 인연이 있는 것이지. 오
조스님도 육조스님에게 '시절을 기다리라'고 부촉했거든.
석가모니 부처님이 세상에 출현하셔서 법을 펴는 데도 시절
인연이 있는 것이지. 시절 인연이 도래하지 않으면 법을 펼
수 없고, 역행하게 되는 것이거든. 귀종스님은 마조선사의
제자인데, 어느 납자가 "어떤 것이 보림입니까?"라고 물었더
니, "한 티가 눈에 가리면 허공 꽃이 어지러이 떨어진다."고
하셨단 말이야. 귀종스님이 아니면 이렇게 말을 못하지. 이
것을 바르게 받아들일 줄 알면 모든 종사의 본분사(本分事)
를 다 알게 되는 것인데, 이것을 모르기 때문에 근래 우리나

라 선지식들에게 돈오점수사상이 있게 된 것이지. "한 티가
눈에 가리면 허공 꽃이 떨어진다"고 한 뜻을 보지 못하기 때
문에 종사의 눈을 바로 갖추지 못했다고 보는 거지.

문 : 돈오돈수 사상은 '이변지'가 부처님과 똑같아야 되는 것 아
　　닙니까? 하지만 '사변지'는 부처님과 같은 능력이 나오지를
　　않으니까, '사변지'를 닦기 위해서 닦는 것을 점수라고 하는
　　것이 아닙니까?

답 : 닦는 것이 아니라 세월이 흐르면 즉, '이변지'만 바로 보게
　　되면 자연히 다 갖추게 되는 것이지.

문 : '이변지'만 확실히 보고 나면 '사변지'는 닦지 않고 노력하지
　　않아도 신통이 저절로 나오는 것인가요?

답 : 그럼, '이변지'만 지키면 다 되는 것이지.

문 : 소승사과(小乘四果)인 '수다원 · 사다함 · 아나함 · 아라한'
　　에서 '아라한'도 견성을 못한 것이라고 하는데 아라한이 견
　　성을 했습니까? 못했습니까?

답 : 아라한은 성인(聖人)에 들어간 것이지. 부처님께서는 아라한
　　은 성인에 속하는 것이라고 하셨고, 하지만 이 달마의 견성
　　법과는 다른 깃이지.

문 : 소승법이기 때문에 다른 것입니까?

답 : 성인에 들어가는 것이고, 견성법과는 차등이 있지.

문 : 확철대오(廓徹大悟)하면 미세망념(微細妄念)이 없다고 보십
　　니까?

답 : 그렇지. 돈오돈수(頓悟頓修)만 되면 미세망념이 없는 것이지.

문 : 망상이 있는데 놀아나지 않는 것입니까? 아니면 망상이 아주 없는 것입니까?

답 : 망상이 없는 자체를 그대로 수용하고 깨달은 경계 그대로가 일상살림이 되는 것이지.

문 : 보고 듣고 느끼고 하는 것이 일반인들은 아뢰야식(阿賴耶識) 가운데 그대로 훈습이 되는데 확철대오하면 보고 듣고 느끼는 것이 훈습이 안됩니까?

답 : 그렇지. 육조스님도 제8식을 넘어서 대원경지(大圓鏡智)가 되면 종전의 분별작용이 서지 못한다고 하셨는데 구경에 이르게 되면 이렇게 되는 것이지.

문 : 묘관음사의 비문에 적혀 있는 "운봉선사께 향곡선사가 인가를 받고 난 후에 함께 정진하던 도반(성철 스님)이 물었는데, 향곡 선사께서 답을 못해서 더 정진을 하신 후에 답을 했다." 하는 것은?

답 : 향곡선사께서는 답을 못하시고는 소낙비가 오는 것도 모를 정도로 탑에 기대어서 삼칠일간을 용맹정진을 하셨었지. 이렇게 참구하시다가 깨치셨는데, 깨닫고 보니까 질문을 한 도반스님이 확실히 아는 것이 아닌 것을 보고 도반스님에게 방망이를 놓고, 이렇게 두 분이 서로 주고받으면서 힘을 얻게 되고 깨닫게 되었지.

이 두 분 스님으로부터 다시 한국 선종이 임제 · 덕산의 가풍을 재현하게 된 것이지. 그 전에는 모든 한국 선사 스님들이 돈오점수사상에 침체되어 있었거든.

문 : 여기서 '향상구' 는 조사선을 말씀하시는 것입니까?

답 : 아니지, 별개야. 향상구를 알아야 '차별삼매' 를 다 알게 되는 거야.

문 : 혜월스님으로부터 내려오는 법맥을 운봉스님이 향곡스님에게 전하신 것인데 향곡스님이 인가를 받은 후, 도반의 물음에 막혀서 삼칠일 간을 용맹정진을 해서 답을 했다는 것은 미진하기 때문에 더 닦은 것으로 돈오돈수의 확철대오가 아닌 돈오점수 아닙니까?

답 : 고인들도 한두 번 늦게 깨달은 경우도 있다. 설봉스님도 암두스님에게 한두 번 혼이 났었고, 임제스님도 두번 그런 적이 있고….
구경각(究竟覺) 즉, '향상구' 에 이르러야 돈오돈수인데 근세에 이르기까지 우리나라 선사들의 사상이 '향상구' 를 모르고 '여래선' 만 알았지. 향곡 · 성철 스님이 '향상구' 를 깨달은 이후에 돈오돈수로 변화가 된 것이지.

문 : 400년 전의 서산스님까지도 돈오점수로 잘못 아신 것으로 보십니까?

답 : 중년기에는 돈오점수를 주장했다가 노년에는 돈오돈수를 제창했다.

문 : 그 위의 태고보우국사, 환암혼수, 구곡각운 같으신 분들도?

답 : 태고 보우국사나 나옹, 백운스님 등 서너분들은 중국에서 직
     접 전해받아 안목이 있었고, 그 후로 실낱같이 내려오게 된
     것이지.

문 : 임제·덕산의 살활자재하는 가풍이 향곡·진제스님으로부터
     재현되었다고 보면 기존적인 운봉·혜월·경허스님의 맥은
     존중하되 거기에 맞추면 이론이나 논리가 맞지 않는 것이죠?

답 : 안맞지. 우리가 허물은 짚고 넘어가야 돼. 임제골수의 안목
     을 전수받지 못하다가 변화가 온 것이지.

문 : 임제종에서 깨닫게 되면 조동종·위앙종·운문종·법안종
     과 거량해서 서로 통하고 걸림이 없게 되는 것입니까?

답 : 육조의 자손들도 다 똑같은 것이지. 임제의 가풍은 대기대용
     (大機大用)한 것이고…. 모르는 사람이 잘못 알고 이러니 저
     리니 하는 것이지 알면 다 통하는 것이야.

문 : 법상에 올라가시기 전에 미리 법문을 준비하십니까?

답 : 준비가 좀 되어야지. 아침에 좀 생각하지.

문 : 준비한다는 것은 미진한 것 아닙니까? 전광석화처럼 살활자
     재(殺活自在)한다는 것은 어떤 것입니까?

답 : 미진한 것이 아니고, 줄거리가 있어야 하는 것이 아닌가? 부
     처님 49년 설법도 마찬가지야. 12년간 소승법을 설하시고,
     어느 정도 교육이 된 후에 한 단계씩 올려서 대승법으로 마
     지막에는 최상승선을 설하신 것이지. 주장자만 들면 되는데
     중생들이 이 뜻을 모르니까 말로 하신 것이지.

문 : 법상에 올라가셔서 법문을 하실 때에 주장자를 처음에는 세
　　　번, 끝날 때에는 한 번 치는 경우가 있고, 처음에 한 번 끝날
　　　때에 세 번 치는 경우가 있는데 이것은 무엇을 표현하는 것
　　　입니까?

답 : 고인들은 세 번 치는 경우가 있었지만 나는 꼭 한 번 치지.

문 : 제 알음알이 상식으로는 한 번 치는 것은 일구(一句)이고, 세
　　　번 치는 것은 군더더기로 표현되는 것으로 알고 있는데요?

답 : 그것은 사견이야. 종사는 항시 본분사(本分事)를 나투는 법
　　　이야.

문 : 조실스님이 주장자를 한 번 치시는 것은 무슨 도리입니까?

답 : 심오한 진리가 있지.

문 : 최초로 법상에 오르신 나이와 장소는?

답 : 묘관음사에서 인가를 받고 법상에 올랐는데, 세속 나이로 33
세일 거야.

문 : 외호대중을 만나지 못하면 도통하지 못 한다고 들었는데요.
예를 들면 석두스님이 효봉스님을 토굴에서 정진하게 할 때
에 음식도 넣어주고 사람도 못 오게 하셨는데, 마치 어미닭
이 병아리를 품고 있는 것처럼 외호를 해 주었는데, 조실스
님도 향곡스님한테 그렇게 외호를 받으셨습니까?

답 : 그냥 대중생활을 했었지. 외호가 필요 없지, 마음의 반연이
다 끊어졌는데….

문 : 깨칠 때 7일 혹은 90일간 화두의심이 이어진다고 하는데, 조
실스님은 얼마나 화두가 이어지셨는지요?

답 : 나는 모든 반연이 끊어져서 결제·해제를 관계하지 않고 앉
으나 서나 화두를 참구했지. 처음 화두 타서 2년 만에 열렸
고, 그 뒤 한 5년….

문 : 그 기간에는 묘관음사 밖에 나가지 않으셨습니까?

답 : 거의 안 나갔지.

문 : 그 때 잠은 몇 시간이나 주무셨습니까?

답 : 잠은 4~5시간 잤지.

문 : 어느 경계가 지났을 때 조실스님에게 물으셨습니까?

답 : 막힌 것이 있었을 때 묻고 화두가 타파되어야 거량이 되는
것이지. 깨닫고 난 다음에 물으면 서로 여러 가지 문답이 상

통되지.

문 : 그럼 며칠에 한 번씩 묻습니까?

답 : 화두가 풀려야 묻게 되지.

문 : 향곡스님께 인가를 받으실 때 전 대중을 모아 놓고 하셨습니까? 개인적으로 인가를 받으셨습니까?

답 : 단독으로 인가를 받으면서 전법게를 받았다.

문 : 밀전(密傳)이라고 하지만 제3자가 보았을 때 공신력이 덜한 것이 아닙니까?

답 : 단독으로 받았지만 선사께서 대중에게 알려서 대중이다 알았다.

문 : 여태까지 마음에 드는 수좌가 없다고 하셨는데 인정받은 사람이 없는 것인 가요?

답 : 없지. 서로 문답이 상통하는 사람을 보지 못했어.

문 : 수좌스님들이 평생 목숨을 걸어도 견성하지 못하는 가장 큰 이유는?

답 : 첫째, 선지식을 믿지 않는 데에 있고 둘째, 바른 지도를 받지 못하는 데에 있지. 바른 지도를 받고 모든 반연이 쉬어서 오로지 '견성을 위해서 선 생애를 마쳐야겠디'는 최고한 신심이 서야지 그렇지 않으면 절대로 안되는 것이지.

문 : 사람을 다룬다는 것은 말을 시켜보고 다룬다는 것입니까? 모습을 보고 다루는 것입니까?

답 : 말을 주고받고 하면 알게 되지.

문 : 정진을 하는 가장 큰 원인은 임종할 때 매(昧)하지 않으려고 하는 것인데 평상시에도 화두가 안되는데 숨떨어질 때 되겠습니까?

답 : 정신을 못 차리는데 주력(呪力)이라고 해서 나을 것이 없지. 그러나 화두 한 생각이 바로 이어지면 모든 산란심이 없어지고, 어느 것보다도 나은 것이지.

문 : 공안 화두법은 자력(自力)으로 보아야 합니까? 타력(他力)으로 보아야 합니까?

답 : 절대 자력이지.

문 : 타력적인 기도나 정근을 하는 것을 어떻게 보십니까?

답 : 그것은 할 수 없이 소인배들이 하는 것이지.

문 : '명당이다, 보궁이다' 하는 터에 구애받지 않습니까?

답 : 선지식을 만나야 도를 성취하는 것이지 장소는 상관이 없다.

문 : 복(福)의 정의(개념)?

답 : 복은 마음이 깨끗하고 삿되지 않아야 하는 것으로 마음이 깨끗하고 삿되지 않으면 일거일동이 복이 된다.

문 : 덕(德)은?

답 : 덕도 복과 마찬가지이지. 남을 헐뜯지 않고 항시 본성의 깨끗한 성품을 따라서 평등하고 인아상(人我相), 아만이 없는 마음을 쓸 것 같으면 덕이 되지.

문 : 지혜는?

답 : 마음의 광명이 열려서 본바탕을 보게 되는 것이야.

문 : 중생은 어리석고 무명업식에 있다고 하지만 머리를 써서 우
　　주를 관찰하고 과학을 창조하는데 이것과 지혜는 틀린 것입
　　니까?

답 : 지혜와 견문(알음알이)은 틀리지. 지혜는 본바탕을 바로 보
　　아서 체성의 광명을 찾는 것이고, 세상의 지식은 '알음알이'
　　분상으로 따지고 셈하는 것으로 과학이 이루어진 것이지.

문 : 묘관음사에서 정진을 하실 적에 해운정사를 지으려고 생각
　　하지 않으셨는지요?

답 : 공부할 때에는 이런 저런 생각을 하면 안되지.

문 : 인가를 받고 난 후에 회상을 만들어야겠다고 생각을 하신 후
　　에 산중불교는 생명력이 없다고 여기시고 장소를 물색하시
　　던 중에 장수산의 맥이 여기 뻗쳐 있는 것을 보시고 해운정
　　사를 지으셨다고 하셨는데, 지금 짓고 계시는 108평 큰 법당
　　불사도 그렇게 즉흥적으로 하신 것입니까?

답 : 3년 전부터 만반준비를 했지.

문 : 중생들이 생각하는 알음알이, 계산, 계획과 조실스님이 절을
　　지으시는 것에 차이가 있습니까?

답 : 물론 차이가 있지. 혜안으로 미래사를 긁건히고 바로하는 것
　　이지만 장소와 시주자와 여러 가지 조건이 되어야지….

문 : 여기 해운정사가 장수산의 정맥으로 조실스님의 인연도 있
　　는 것이지만 불·보살님의 가피도 입어서 절을 지으신 것은
　　아닌가요?

답 : 가피는 생각 않고 그냥 세속 가운데에서 많은 사람들에게 법
을 펴기 위하여 여기에 자리를 잡은 것이지.이렇게 좋은 조
건의 자리를 잡게 되는 것은 속세에 많은 사람과 인연이 있
기 때문이지. 사람들이 많이 오는 것보다도 부처님 법을 바
르게 지도하고 바른 안목을 가진 자가 나와야 하는 것이지.

문 : 업장소멸이 된 사람과 업장소멸이 안 된 사람과는 어떤 차이
가 있습니까?

답 : 업장은 과거의 여러 가지 습기인데, 중생은 그 습기가 없어
지질 않지. 견성을 해야 없어지는 것이지.

문 : 견성을 해야 업장이 소멸되는 것이라면 조실스님은 업장이
소멸된 것이네요. 업장이 소멸되지 않은 사람도 각기 업의
가볍고 무거운 차별이 있는 것입니까?

답 : 덜하고 더한 경중이 있지.

문 : 업의 최초의 시작은…?

답 : 본심본성을 한 생각 등지므로 인해서 한 생각을 좇아서 온갖
생각이 점차 일어난 것이지. 모두 자성삼매(自性三昧)를 수
용하면 생각이 붙지를 못하는데, 한 생각 일어남으로 인해서
퇴보하게 되어 천차만별의 분별이 일어나는 것이지.

문 : 깨달으면 과거·현재·미래의 삼세가 하나로 통일되어서 일
념으로 간다고 하는데, 전생·현생·미래를 안다고 하는 것
은 외도입니까?

답 : 그것은 본심으로 돌아가면 알게 되지.

문 : 깨달으면 확연하게 다 알게 됩니까?

답 : 그렇지.

문 : 확연하고 명백하게 아는 것은 확철대오라고 하는 것이고, 희미하게 아는 것을 그냥 안다고 하는 것입니까?

답 : 구경(究竟)에 이르러야 바로 아는 것이고, 그렇지 않고 안다는 것은 아는 것이 아니지.

문 : 화두를 하면 마음이 편안할 때도 있지만, 괴로울 때도 있는데 이것은 화두를 바르게 참구하지 않기 때문입니까?

답 : 그렇지. 분별이 꼬리를 물고 따라 다니기 때문에 그런 것이지.

문 : 조실스님이 보실 때 한국 불교의 가장 시급한 문제는 무엇이라고 생각하십니까?

답 : 모두를 한 군데에 모아놓고 참선을 지도해서 인·아상을 쉬게 하여 마음광명을 찾음으로 인해서 종단이 화합하고 온 나라가 불국토가 될 것이다. 껍데기 불교는 소용이 없는 것이지.

문 : 체중현(體中玄)·구중현(句中玄)·현중현(玄中玄)의 삼현(三玄)이 임제의 가풍이 아니라고 스님은 그러시는데, 임제록에는 삼현이 나오는데요?

답 : 그것은 고딤푸라는 후손이 자기의 사견으로써 성립시킨 것이지. 임제선사의 삼현 현지(玄旨)와는 거리가 멀다.

문 : 생사를 넷으로 나누어서 지무생사(知無生死)·체무생사(體無生死)·계무생사(契無生死)·용무생사(用無生死)라 하고 이것을 교가의 이무애(理無碍)·사무애(事無碍)·이사무애

(理事無碍)·사사무애(事事無碍)와 비교하면 서로 맞는데, 이러한 것들을 후학이 알아야 하는 것인지, 깨치면 저절로 알게 되는 것인지…?

답 : 깨치면 자연히 알게 되는 것인데, 공부하는 과정에서 일부러 알려고 할 필요는 없지. 임제와 고인의 살림살이는 살활종탈(殺活從脫), 기용제시(機用提 — 죽이고, 살리고, 주고, 뺏고, 기·용의 자재에 있는 것이지. 그러니까 바보가 되어서 화두와 씨름을 해서 일념 삼매가 되어야 하는 것이야.

문 : 장좌불와(長坐不臥)의 사상을 어떻게 보십니까?

답 : 나는 권하지를 않아. 왜냐하면 장좌불와를 해도 혼침이나 몸에 끄달리지 않는 상태이면 좋지만 억지로 하려면 어려운 것이지. 화두가 일념으로 지속되면 장좌 불와가 저절로 되고 혼침도 없어지고 괴로움도 없어지게 되는데 흉내내서 되는 것이 아니거든. 괜히 시간낭비이고 몸만 망치게 되어서 실다운 소득이 없게 되지. 몸은 기계와 같아서 기계에 기름을 치듯이 몇 시간을 쉬고 맑은 정신에서 혼침과 망상에 끄달리지 않고 정진을 해야 하는 것이지.

문 : 오후 불식은 어떻게 해야 합니까?

답 : 건강을 유지할 정도로 적당히 먹는 것이 좋지.

문 : 화두만 바로 하면 장좌불와, 묵언, 일종식(一種食) 등 은 저절로 되니까 조작으로 할 필요가 없다고 하시는 것이지요?

답 : 그렇지. 화두만 바로 하면 되는 것이지.

문 : 향상구(向上句)·일구(一句)·최초구(最初句)·말후구(末後
句)·상신실명(喪身失命)은 청정법신비로자나불의 체 (體)의
자리로 밥을 먹으나 잠을 자거나 이대로가 일구(一句)이고
여기서 털끝만큼이라도 표현하고 하면 동념즉괴(動念即乖)
즉, 움직이면 어긋난 것이 되어서 따로 법문을 하는 것도 죽
은 것인데, 조실스님은 향상구와 일구를 다르게 보십니까?
다르다고 전에 하셨는데…?

답 : ‘향상구’를 알면 일구를 알고, 일구를 알면 향상구를 아는
것이지. 향상구와 향하구, 최초구와 말후구, 일구와 이구가
번복되면 안되는 것으로, 같은 몸이라도 머리·손·발이 있
는 것처럼 각 부분이 있는 것인데, 미 (迷)한 자는 이것을 가
리지 못하지.

문 : 초당파 공안 같은 것은 일구소식(一句消息)이 아닙니까?

답 : 모든 공안은 다 다른 것이지. 이 방 안에 책상이 있고 또 꽃
도 있고 책, 단주, 안경이 있지만 각 역할이 틀리듯이 공안도
다른 것이지. 향상구를 모르면 용도를 나누지 못하는 것이고
이치적으로 서로 맞아야 하는 것이지. 돈오돈수가 된 사람이
면 이렇게 나눌 줄 알고 시비가 없지. 모르는 사람은 ‘할’이
나 ‘방’ 밖에는 못하는 것이야.

下

문 : 평상심(平常心)이란 무엇입니까?

답 : 먹고 자고 하는 일상생활 그대로가 평상심이지.

문 : 배고프면 먹고 졸리면 자고 목마르면 물 마시는 것이 평상심
입니까?

답 : 그렇지.

문 : 도인의 평상심과 속인들의 평상심은 어떻게 다른가요?

답 : 도인과 범부는 다르지. 중생은 모든 생활에 일일이 집착하는
반면에, 도인은 모든 집착에서 벗어나지. 평상심이라는 것은
도인의 깨달은 경계를 생활화하는 것이지.

문 : '생사가 둘이 아니라는 말'과 '생사가 없다는 것'은 다릅
니까?

답 : 생사가 둘이 아니라는 것은 생(生)하는 이치나 사(死) 하는
이치가 같기 때문이다. 그러나 본시 진리 자체에 는 생도 사
도 없다.

문 : 깨닫고 나면 작용하는 망상이나 생각이 없습니까?

답 : 그대로 진법(眞法)으로 돌아가는 거지.

문 : 그러니까 망상 그대로가 보리(菩提)가 된다는 것입니까?

답 : 망상이란 자체가 없는 것이지.

문 : 욕심(欲心)과 탐심(貪心)의 차이는 어떠한지요?

답 : 오십보백보지.

문 : 스님들께서는 무심으로 소유욕 없이 살아가라고 하시는데 중생들이 소유욕 없이 무심으로 살 수 있습니까?

답 : 그럴 수 있지. '참 나'를 알면 온 법계를 알고 온 중생과 한 몸이 되어 절대 평등이 되게 되지. 그렇기 때문에 모든 사람들이 견성을 하면 지상이 불국토가 되고, 모든 백성이 부모 형제로 한 몸이 되어서 아귀다툼이 없고 항상 평온하고 안락하게 되지.

문 : 바른 선지식을 바르게 믿어야 한다는데 중생은 눈이 없는데 어떻게 선지식을 바르게 구분할 수 있습니까?

답 : 중생은 안목이 없기 때문에 바른 선지식을 가리기가 어렵지. 부처님이 말씀하시기를, "스승에게 탁마(琢磨)를 받아야 한다."고 하셨거든. 혼자서 깨달았다고 하는 것은 바른 것이 아니고 스승에게서 인가를 받은 분을 따르면 백 생애를 닦아야 할 것을 한 생에 바르게 닦아 깨치게 되는 것이지. 그렇지 않고 중구난방 (衆口難防)으로 '이 사람도 선지식이고, 저 사람도 선지식'이라고 쫓아다니다 보면 사견에 떨어져서 정진에 진척이 없고 업에다가 업을 더 보태게 되지. 그래서 대도(大道)와는 거리가 멀어져서 깨달을 수가 없게 되는 것이야. 결국 본인이 정진을 해서 닦아야 하는 것이지.

문 : 눈 없는 사람은 선지식을 가리지 못하겠네요?

답 : 그렇지. 안목이 없이는 상대를 바로 볼 수 없지.

문 : 《금강경》에 "아상·인상·중생상·수자상을 버리라"고 하는
데 중생이 아상·인상·중생상·수자상을 버리고 생활해 나
갈 수 있겠습니까?

답 : 중생은 먹고살아야 하니까…. 참으로 올바르고 건전한 생활
은 '내가 없는 생활'이 되어야 하는 것이고, 그래야 복된 삶
을 누리게 되는 것이지.

문 : 아상이란 무엇입니까?

답 : '내가 제일이다, 내 법이 제일이다, 내가 잘 났다, 내가 잘 한
다, 내가 많이 안다, 내가 많이 가졌다.' 하는 것이 다 아상에
속하는 것이다. 진정한 부처님법에는 대오(大悟) 하면 이런
것이 없게 되지.

문 : 재가자(在家者)는 어떻게 해야 참답게 사는 것입니까?

답 : 부처님의 가르침을 의지해서 자기를 개발하는 수행을 하루
하루 쌓아 가는 가운데 직분에 따라 성실하게 사는 길이지.

문 : 수행하는 데 있어서 재가자가 결혼을 하지 않고 독신으로 지
내는 것은 어떻게 생각하십니까?

답 : 참선을 하는 사람이 혼자서 사는 것은 좋은 것이지. '참 나'
를 알기 위해서 그 길을 가는 것이고. 아주 값진 생활이지.

문 : 출가자와 재가자의 수행에 있어서 그 차이점은 무엇입니까?

답 : 출가자는 혼자의 몸으로 홀가분하고 재가자는 처자가 있어
서 생활을 하니까 번거롭지. 그러나 최상승법에서는 바른 신
심으로 바른 법을 구하는 철두철미한 생각을 갖고 바른 선지

식을 만나서 바른 수행법을 그대로 받아들이면 승속(僧俗)에 관계가 없지.

문 : 총림(叢林)으로 출가를 하는 것이 좋습니까?

답 : 안목이 근본인데 총림의 방장이라도 모두 안목이 투철하다고 볼 수 없는 것이 한국 불교의 현실이거든. 절이 크다고 해서 일등 수행인이 사는 곳은 아니야.

문 : 출가하는 사람은 어떠한 곳으로 출가를 하여야 합니까?

답 : '참 나'를 발견하는 데는 절대적으로 선지식(善知識)이 근본이다. 선지식은 부처님의 대행인(代行人)이야. 출가는 견성대오(見性大悟)를 하기 위해서 하는 것이거든.

문 : 꿈과 잠의 차이는 무엇입니까?

답 : 잠으로 인해서 꿈을 꾸는 것이지.

문 : 그럼, 꿈과 잠이 똑같은 것입니까?

답 : 잠을 자지 않으면 꿈이 없는 법이거든. 망상이 있는 중생이 망상이 그대로 꿈이 되는 것이지.

문 : 음욕심(性欲)은 어떻게 없앨 수 있습니까?

답 : 전생의 습기로 축생이나 사람이나 다 익힌 것이지. 다겁생에 익힌 것으로 아주 예민한데 이것을 없애려면 정진해서 일념삼매가 되어야 하지. 좋고 나쁜 것이 차단이 되어서 깨달으면 모든 습기가 일시에 다 제거가 되지.

문 : 《선가귀감 禪家龜鑑》에 서산대사께서 말씀하시기를, "이즉돈오 사비돈제(理卽頓悟 事非頓除)라, 이치로는 깨달았어도

습기는 제하지 못했다” 하셨는데요.

답 : 그것은 모순이지. 육조대사도 금을 캐어 녹여서 잡금을 제하
면 순금이 된다고 하셨지. 물에 있으나 산에 있으나 순금은
변하지 않는 것과 같이 견성을 하면 습기와는 상관이 없는
것이지. 번뇌가 곧 보리, 완전히 진리로 돌아갔는데 번뇌에
놀아나게 되겠는가.

문 : 낮에는 화두가 잘 되는데 꿈속에 화두가 안되는 이유는?

답 : 아주 간절하게 ‘참 의심’이 순일되어야 꿈속에서도 화두가
이어지게 되지.

문 : 조실스님은 화두가 언제 어디서나 꿈속에서도 이어졌나요?

답 : 나는 결제, 해제에 관계없이 정진을 했었지. 아주 간절한 일
념이 지속되다가 깨달았지.

문 : 잠깐 사이에 깨치셨습니까?

답 : 잠깐 사이가 아니고 아주 간절하게 일념으로 화두의심이 지
속되다가 깨쳤지.

문 : 시간적으로 얼마나 됩니까?

답 : 모르겠다.

문 : 며칠간은 일념이 지속된 것이지요?

답 : 전 생애를 화두에 걸고 생활을 했었지.

문 : 태고 보우국사는 오매일여가 90일간(가을~이듬해봄)이 어
졌다고 하는데요?

답 : 선정삼매에 들면 눈 깜짝할 사이에 3년이고 세월이 가는것

이지. 석가모니 부처님도 삼매에 드셔서 새가 둥지를 트는 것도 모르셨다고 하셨거든. 누구든지 삼매에 들게 되면 길고 짧은 것을 논하게 되지는 않지.

문 : 외도(外道)들은 '기(氣)가 있어야 한다. 기를 잘 돌려야 한다.'고 하는데 기(氣)는 무엇입니까?

답 : 견성법은 기(氣)를 논하지 않고 오직 바른 안목을 논하지. 이 몸은 백년 이내에 없어지거든. 수행인은 그런 것에 집착하지 않아야지.

문 : 죽는다는 것은 슬픈 것입니까?

답 : 가고 오는 것을 모르고, '참 나'를 모르니까 적막하고 막막해서 슬프다고 하는 것이지.

문 : 죽은 후에도 자기가 닦은 것은 그대로 가져가는 것이지요?

답 : 그렇지. 지혜·복덕·업, 이 세 가지는 가지고 가지.

문 : 참다운 근기는 믿음을 말하는 것입니까?

답 : 부처님의 대승법, 최상승법을 의심하지 않고 그대로 받아들이는 대기(大機)를 말하는 것이지.

문 : 수좌스님들이 몇 년간 정진을 하다가 강원으로 들어가는 것은 신심이 없는 것으로 보아야 합니까?

답 : 신심이 빈약하고 참다운 발심을 못한 고로 그러한 현상이 일어난다. 출발 자체도 진정한 신심이 아니고 남이 하니까 나도 해보자 하는 마음으로 하다가 정진이 힘들고 진취도 없으니까 자포자기하고 다른 길로 가는 것이지.

문 : 그러니까 한번 수좌가 되면 끝까지 수좌의 길로 가야 하는 것이지요?

답 : 그렇지. 발심한 사람은 구경에 이를 때까지 불퇴전의 신심으로 정진을 해야 하지.

문 : 화두가 일념이 되기 전에 다른 길로 가는 것은 신심이 부족해서 그런 것인가요?

답 : 그렇지. 정진삼매의 진가를 모르니까.

문 : 초보자에게 권하시는 책은? 선가귀감이나 육조단경?

답 : 육조단경이 좋지. 심요(心要)의 비결이 육조단경에 있지.

문 : 서장(書狀)은 어떻습니까?

답 : 서장은 화두를 들고 공부하라는 거지.

문 : 조실스님께서도 전에 육조단경을 많이 보셨습니까?

답 : 육조단경을 수행의 길잡이로 삼았다.

문 : 결제 기간 중에 · 원주 · 다각 등 소임을 맡는 것은 어떻게 생
각하십니까?

답 : 禪은 동정(動靜) 가운데서 익히는 것이지. 일거일동, 일상생
활 가운데서 화두와 씨름을 하면서 익혀야 하는 것이지.

문 : 선지식이란 말과 스승이란 말과의 차이는 무엇입니까?

답 : 스승은 은사 · 법사 등 많고, 선지식은 부처님의 진리를 깨달
아 안목을 갖춘 분을 말하지.

문 : 현 사회에 불신풍조가 만연한 이유는 무엇이라고 생각하십
니까?

답 : 탐(貪) · 진(瞋) · 치(癡)와 아만 · 교만 · 허세 때문이지.

문 : 도인은 어떠한 분입니까?

답 : 진리대로 생활하고 모든 사람을 평화로운 곳에 인도하는 역
할을 하지.

문 : 화두를 타는 방법이 있습니까?

답 : 삼배(三拜)하고 생각을 비우고 선지식이 일러주시는 말씀을
그대로 받아들이는 거지.

문 : '無자 화두'를 참구할 때 '조주는 어째서 無라고 했는가?' 하
고 그 뜻을 참구하는 것이 바르게 하는 것입니까?

답 : 그렇지. '부처님께서는 모든 중생에게 다 불성이 있다고 하
셨는데 조주스님은 왜 개에게 불성이 없다고 했는가?' 하고

오매불망 조주스님의 뜻을 참구하는 것이지.

문 : '이 뭣고' 참구할 때 '이~'만 바로 의심을 하면 '뭣고'는 필
　　요 없다고 하는데요?

답 : 화두를 드는 데에는 화두 전체를 분명히 챙기는 것에 바로
　　화두를 드는 묘미가 있는 법이지. 육조스님이 시삼마(是甚)
　　화두를 들 때 '모든 사람에게 한 물건이 있으면서도 이것을
　　모르니 이것은 무엇인고?' 했으니 화두 전체가 분명한 가운
　　데 의심이 철저해야 된다.

문 : 경계가 날 때마다 점검을 받는 것이 좋습니까?

답 : 말을 들어보고 바르게 지도를 하니까 자주 물을수록 좋지.

문 : 묻는 허물보다 묻지 않는 허물이 더 큽니까?

답 : 서울을 가야 하는데 잘 모르고 엉뚱한 곳으로 가면 안 되지.
　　선지식의 지도를 받아서 시간을 허비하지 말고 곧바로 서울
　　로 가야 하는 것이지.

문 : 어떻게 해야 업장소멸이 됩니까?

답 : 참회하는 것도 조그마한 업장소멸은 되는 것이지만, 견성을
　　해야 모든 업장이 소멸되는 것이지.

문 : 업(業)은 어떻게 이루어집니까?

답 : 생활 가운데에 가지가지 습기(習氣)로 이루어진다.

문 : 생각이 업이라고 하는데요?

답 : 진법(眞法)을 아는 사람은 모든 것이 법이지만 중생은 진법
　　을 모르니까 생각 생각이 다 습이 되고 업이 되는 것이지.

문 : 오매일여(寤寐一如)가 되면 배고프고 오줌 누고 하는 생각들
이 나지 않습니까?

답 : 그 가운데에서도 일념이 지속되는 것이지.

문 : 망상은 망상대로 약간은 남아 있는 것이지요?

답 : 화두가 일념이 되면 망상이 차단이 되지.

문 : 화두법 이전에는 무슨 법이 있었습니까?

답 : 염불·독경·관법(觀法)이 있었지. 육조스님 이후로 무수한
도인이 난 것은 최상승법으로 인하여 모든 습기가 제거되고
몰록 진리의 문이 열려진 것이지.
간화선만 바로 하면 누구나 견성도인이 되거든. 시간을 허비
하지 않고 바로 진리에 접할 수 있는 것이 간화선 화두이지.

문 : 정진 중에 과거 망상이 많이 떠오르고 미래 망상은 적은데
왜 그렇습니까?

답 : 과거의 습기로 인해서 망상이 떠오르는 것이지.

문 : 많이 보고 듣는 것이 업식만 더 보태는 것입니까?

답 : 그렇지.

문 : 그럼, 산중에서 안 보고 안 듣고 정진을 해야 하는 것이 옳은
것 아닙니까?

답 : 그렇지도 않지. 선지식이 없는 곳에서는 힘만 허비하는 것이
지. 지혜로운 자는 선각자(先覺者)를 친견하여 바른 수행법
묻기를 좋아하지.

문 : 어떤 스님은 수좌가 300~400명이 되어도 그 분이 뜻하는

바대로 바르게 실참실구하는 사람은 한두 명밖에 없다고 하
시는데, 조실스님도 그렇게 생각하십니까?

답 : 이 일을 밝히는 일은 쉬운 일이 아니지. 그러나 십분 신심과
용맹심을 가져서 선지식 스님의 지도를 받아 수행을 잘 하면
십중팔구는 대도(大道)에 들어갈 수 있지.

문 : 선지식 스님을 만날 때마다 화두 참구 방법을 물어보아야 합
니까?

답 : 바른 선지식을 만나 바르게 참구하는 법을 익혔으면 그렇게
하면 되는 것이지.

문 : 일반인들이 화두 참구를 하다보면 치열한 경쟁사회에 서 살
아남지를 못하는데, 일반인들이 어떻게 생각을 정립해야 합
니까?

답 : 여러가지 생각에 많이 시간을 빼앗기는데 이것을 화두로 돌
리면 사심(私心)이 없어지게 되지. 일상생활을 직분에 충실하
고, 나머지 시간에 가지가지 생각을 하지말고 오로지 화두 참
구에 전력할 것 같으면, 마음의 지혜가 개발되어 더욱 더 잘
사는 국토가 될 것이고, 온 세계가 일가(一家)가 되어서 발전
하고 평화가 오지. 그렇기 때문에 대통령도 농부도 정치인도
누구나 가 참선을 수행해야 마음의 평화가 오는 법이지.

문 : 산중에서 20~30년 정진해도 견성을 하기가 어려운데 세속
에서 처자와 살면서 견성할 수 있겠습니까?

답 : 진실하게 얼마만큼 바로 받아들이느냐에 달렸지. 일념이 순

일하게 되어야 하는 것이야. 장시간을 요하는 것이 아니거든. 일념이 지속되어서 홀연히 마음땅(心地)을 돌이키는 것이 견성이지. 시간에 구애되는 것이 아니야.

문 : 어떤 스님은 1주일 간 용맹정진을 해서 트이지 못하면 견성을 못한다고 그러셨는데요?

답 : 형식적이 아니라 '참 의심'이 일념으로 이어져야 하는 것이지. 하루가 지속되어도 깨달을 수가 있는 것이지.

문 : 무심(無心)과 무아(無我)의 차이는 무엇입니까?

답 : 마음 가운데 따로 마음을 내지 않는다는 것이지. 무심하면 무아를 누리고, 무아하면 자연히 무심을 수용하느니라.

문 : 무심상태에서는 업식이 동(動)하지 않기 때문에 무심 속에서 화두를 잡고 고기를 먹고 술을 먹어도 업식이 나지를 않는다고 하는데, 견성 전에는 업식이 나는 것이지요?

답 : 견성을 해서 진리를 봐야 정법이지. 무심상태라도 진리를 보지 못하는 가무심(假無心)은 업식이 나는 법이지.

문 : 화두공안 중에서도 체(體)를 나툰 공안이 있고 용(用)을 나툰 공안이 있다고 하는데요?

답 : 체와 용에 국한되지 않고 향상구, 향하구, 최초구, 말후구, 일구, 여래선, 법신구 이러한 등등의 화두공안이 나열되어 있지.

문 : 용(用)을 나툰 공안은 대표적으로 덕산탁발(德山托鉢)·남전참묘(南泉斬猫)·노파소암(老婆燒庵)이 아닙니까?

답 : 그렇지 않지. 체니 용이니 논할 수가 없지. 그것은 선지식이

학자를 접할 때 밝혀야 하는 것이지.

문 : 법거량 할 때 차별지(差別智)를 살펴야 한다고 하셨는데 요
   번에 차별지를 답을 못하고 다음에 정진을 하고 나서 그 차
   별지를 설명하는 것을 인정하십니까?

답 : 바른 눈이 열리면 일체 법문이 일시에 열리게 되지.

문 : 세상살이가 고통이라고 하는데 가장 큰 괴로움은 무엇입니까?

답 : 나고 죽는 고통이 가장 큰 고통이 되지.

문 : 전에 한번 맛본 경계를 또 다시 맛보려고 하는데도 안 되는
   이유는 무엇입니까?

답 : 정진의 힘을 못 얻어서 그렇지.

문 : 잠은 몇 시간 자야 합니까?

답 : 참선 공부를 성취하려면 4~5시간 자는 것도 무방하지.

문 : 화두를 방편이라고들 하는데요?

답 : 화두를 실답게 참구해서 실답게 깨달으면 바로 진리에 들어
   가는 지름길이 되지.

문 : 식(識)이 맑다는 것은 어떤 것입니까?

답 : 분별이 다하면 맑게 되지.

문 : 화두법에서 식이 맑다는 것과 관법(觀法)에서 식이 맑다는
   것의 차이는 무엇입니까?

답 : 대동소이한 것이지.

문 : 대승법에서의 견성과 소승법에서의 견성과의 차이점은 무엇
   입니까?

답 : 소승법에서는 견성이 없지.

문 : 일념삼매에 들었다는 것이나 외도가 선정에 들었다고 하는 것의 차이는 무엇입니까?

답 : 견성을 못하면 사견이 되기 때문에 진정한 선정과 일념삼매가 될 수 없지.

문 : 사정(邪定)과 정정(正定)의 차이는?

답 : 견성을 해야 정정(正定)이고 못하면 사정(邪定)이지.

문 : 화두를 참답게 실참실구(實參實究)를 하려면 어떻게 해야 합니까?

답 : 눈밝은 선지식밑에서 공부하면서 법문도 듣고 자주 묻고 해야지.

문 : 눈을 감고 정진을 하는 것은 어떠합니까?

답 : 눈을 감고도 일념이 지속되면 관계가 없는데 그렇지 않으면 혼침과 망상에 떨어지느니라.

문 : 호흡하는 법은 어떻게 생각하십니까?

답 : 따로 권하지 않는다. 자연스럽게 하면 되는데 일부러 따로 익히려고 하면 어렵지. 호흡에 관계하지 말고 화두에 전념하는 것이 힘을 더는 것이니라.

문 : 터(道場)는 어떻게 보십니까?

답 : 신라 고찰도 명당에 지어졌었고, 터가 좋으면 생기가 나고 좋지만 선지식이 없으면 소용없지. 선지식도 있고 도량이 좋으면 금상첨화지.

문 : 수좌스님들이 '터'가 세어서 정진을 못한다고 하는 것은 어떻게 보십니까?

답 : 마음이 굳지 못해서 그런 것이지.

문 : 터가 센 곳에서 수행하신 경험이 있으십니까?

답 : 터가 세고 세지 않은 것을 느껴보지 못했다.

문 : 외마(外魔)가 있습니까?

답 : 마음의 분별이지.

문 : 가위에 눌릴 때 어떻게 대처해야 합니까?

답 : 자나깨나 화두를 일여하게 들면 없는 것이지.

문 : 섬·바닷가에 도인이 적은 이유는 무엇입니까?

답 : 도인은 인연에 따라 곳곳마다, 어디든지 머무르게 된다.

문 : 하안거보다 동안거가 더 중요하지 않습니까?

답 : 둘 다 중요하지. 발심하기에 달린 것이지.

문 : 30~40세에 힘을 얻지 못하면 내생으로 넘어가고 이 나이가 가장 중요하다고 하는데요?

답 : 나이에 있는 것이 아니라 얼마만큼의 신심을 내어 간절한 마음으로 바른 지도를 받아 바르게 하느냐에 달린 것이지.

문 : 현시대의 도인이 신통이 나지 않는 이유는 무엇입니까?

답 : 일상생활 그대로가 다 신통이지. 별달리 신통을 구하는 것은 그릇된 생각이야.

문 : 평소에 화두가 안되면 숨 떨어질 때에도 화두가 안 될 것인데, 임종시에는 아미타불이라도 염(念)해야 하는 것입니까?

답 : 아미타불을 염(念)하는 정신이 있으면 화두를 바로 챙기는
것이 더욱 좋지.

문 : 시신(屍身)을 화장하는 것이 좋습니까? 안 하는 것이 좋습니까?

답 : 화장을 하는 것이 좋지. 중생은 몸에 혼(魂)이 머물고 있는데
시신을 태워 없애고 법문을 해주어서 집착을 떠나 없애 보내
는 것이 좋지.

문 : 풍수가들은 묘자리의 씀에 따라서 집안이 흥하고 망한다고
하는데요?

답 : 절집 견성법 문중에는 중요시 여기지 아니한다.

문 : 도가 높을수록 마가 세다고 하는데요, 도고마성(道高魔盛)이
사실입니까?

답 : 잘못된 인식이니라.

문 : 정진 중에 꿈 가운데에서 몽사(夢死)하는 경우도 있다고 하
는데요?

답 : 다 전생의 업이지.

문 : 조상이 천도가 되었는지 안되었는지 알 수가 있습니까?

답 : 천도를 잘하면 영가가 집착을 놓고 좋은 곳으로 저절로 가게
되지. 신심과 정성으로 환희심을 다해서 영가를 천도할 것
같으면 자연히 고(苦)를 여의고 낙(樂)을 얻어 가지. 천도는
법력을 의지하여야 되는 것이다.

문 : 대중선방 생활과 토굴 생활과의 장단점은 무엇입니까?

답 : 선지식이 주석하는 회상이라야 고귀한 생명력이 있다. 그렇

지 않고는 용두사미에 불과하다.

문 : 끝으로 달마가 중국으로 오신 뜻이 무엇입니까?

답 : 조사는 무의(無意)니라.

문 : 조사는 왜 뜻이 없습니까?

답 : 억!!! 〔일할(一喝)하시다.〕

4. 지리산 영명선사 백문백답

○ 영명선사(1954~생존)

· 지리산 마천에서 태어나 지리산에서 정진만 일평생 하시고 현재까지 지리산 금대암 아래 안국사 근처에 토굴을 짓고 속세의 인연을 끊고 불철주야 정진 중

문 : 禪의 정의를 내려 주십시오.

답 : 다겁생에 걸쳐서 자신에게 입력되어진 번뇌(業)를 소멸시키는 것이다. 이미 녹음되어진 테이프를 원래 상태로 되돌이켜 공테이프를 만드는 작업을 禪이라 한다.

문 : 관법(觀法)수행과 화두법(話頭法)수행과의 차이점은 무엇입니까?

답 : 정신을 할수록 〈관법이다, 화두법이다〉에 얽매이지 않게 된다. 두 가지 모두 번뇌를 끊으려는 방법이고 명칭이 틀릴 뿐이다. 초기 수행에는 관법 수행으로 점차적으로 수행력을 쌓아 가다가 공부가 깊어지고 무르익은 경지에 이르렀을 때에 화두를 들어야 한다. 옛날 스님들이 스승이 한 번

할(喝)하는 데 깨쳤다는 것도 자신의 수행력이 뒷받침되었기 때문이다. 깨침의 마지막 단계에서는 꼭 화두법으로 수행해야 한다.

문 : 견성(見性)은 무엇입니까?

답 : 자기 자신의 업(業)으로 생각하여서 중생심으로 〈깨쳤다, 터졌다〉하는 것이다. 본래 갖추어져 있는 자성(自性)자리이므로 따로 깨침이란 것은 없는 것이다. 문을 닫아도 공기는 통하는 것과 같이 본래의 성품이 자유자재하고 신통(神通)하다. 따라서, 〈견성했다〉고 스스로가 말하는 것은 죄가된다.

문 : 대승(大乘)의 견성과 소승(小乘)의 견성은 다릅니까?

답 : 소승적 견성은 〈견도 見道〉로 道의 이치를 이른 것으로 이
때는 영통(靈通)이 나게 되고, 대승적 견성 〈확철대오를 해
야 견성했다〉고 하는 것으로 신통(神通)이 나게 된다.

문 : 평상시 수행인의 마음가짐은 어떻게 해야 합니까?

답 : 〈중생에게 모든 것을 회향한다〉는 명(命)보시 사상을 가져
야 한다. 평소 선행을 쌓고 양심적인 생활로 담담한 마음을
기른다. 허공과 같이 담담한 마음이 되어야 정진을 할 수
있는데 번뇌를 끊는 마음으로 정진을 하기 때문에 공부에
진전이 없는 것이다.

문 : 시간은 어떻게 조절하는 것이 좋습니까?

답 : 하루 일과를 〈정진 · 수면 · 일〉로 나누고 각각 3분의 1씩
할애한다.

문 : 어떤 상태에서 정진에 효율이 오릅니까?

답 : 방안을 너무 덥지 않게 하여 머리는 차고 발은 따뜻하게 한
다. 그리고 잠이 오지 않는 상태이면 정진에 효율이 오른다.

문 : 새벽에 일어난 후에 정진을 하게 되면 곧바로 혼침(昏沈)에
떨어지는데, 방지책이 있습니까?

답 : 이런 경우에는 밖에 나가 찬 공기를 쐬고 산책을 한다든지 하여 머리를 맑게 하고 졸음을 완전히 제거하여야 한다. 졸음을 완전히 없앤 후에 정진을 해야만 혼침에 떨어지지 않게 된다.

문 : 여러 번 삼매(定)에 드셨었다고 하셨는데, 삼매에 들었을 때의 상태는 어떻습니까?
답 : 〈정〉에 들게 되면 시간관념이 없어지고 배고픔도 없고 아득해진다. 한 번 진정한 정에 든 힘은 몇 년이 지속되어 공부에 크게 도움이 된다.
문 : 삼매에도 사정(邪定)과 정정(正定)이 있지 않습니까?
답 : 삿된 정은 물질을 이용한 사술(邪術)이고, 바른 정은 모든 생각이 쉬어서 신통이 저절로 나오는 것이다.

문 : 삼매에 못 드는 가장 큰 이유는 무엇입니까?
답 : 마음을 비우지 않은 상태에서 억지로 정진을 하기 때문에 장애(魔)가 생겨 삼매에 들지 못하게 된다.

문 : 오늘날 승가의 문제점과 선지식들의 폐단은 무엇이라고 생각하십니까?
답 : 스님들이 신자들에게 받기만 하는 습(習)에 젖어서 고마움을 모르고 세상살이를 쉽게 보는데, 스님들이 남에게 베푸

는 생활로 전환해야 한다. 선지식은 이해되지 않는 부분을 가르쳐 주지 않고 알음알이로 여겨서 제자들을 꾸짖으며 제자들을 끝까지 성취시키려는 책임감이 없다. 옛 선지식들은 평소의 행동으로 제자를 가르쳤었고, 자신의 상좌 하나에 목숨을 걸고 교육을 시켰었다.

문 : 현 사회에서 포교의 비중이 높아져 가고, 많은 스님들이 포교활동을 하고 계신데, 중생 포교를 어떻게 보십니까?
답 : 〈자신제도가 곧, 중생제도이다.〉

문 : 결제 때 스님의 특별한 생활 방법이 있습니까?
답 : 자연스럽게 생활한다. 계획을 세우지 않고 인력을 투입하지 않는다. 시간에도 얽매이지 않기 위해서 시계를 없애고 아주 자연스런 상태에서 정진을 한다.

문 : 결제를 90일 간으로 정하고 수행하십니까?
답 : 결제기간이 90일이라면 실제 결제기간은 10~15일 정도 된다. 90일 중에서 10・15일 정도가 신질적인 수행일이다. 부처님께서는 하근기 중생은 110~120일, 중근기 중생은 100~90일, 상근기 중생은 90~80일 간을 결제기간으로 정하셨다.

문 : 결제기간에도 도량석과 예불을 꼭 지켜야 합니까?

답 : 관계없다. 모든 것은 형식적인 것이다. 수행자는 <禪밖에
　　없다>는 신조로 생사를 걸고 정진해야 한다.

문 : <용맹정진>에 대해서 말씀해 주십시오.

답 : 금생에 딱 한 번, 화두타파 직전에 하는 것이다. 정진에 들
　　어가기 전에 부모님·스승·조국의 은혜를 생각해서 절을
　　한다. 뜻을 아는 시봉자 이외에는 모든 외부와의 인연을 끊
　　는다.

문 : 절을 하는 이유는 무엇입니까?

답 : 부처님께 절을 할 때에는 나쁜 생각을 하지 않게 된다. 절
　　을 할 때에 선근이 심어지고 내생까지 이어진다.

문 : 정진하실 때에 눈을 뜨고 하십니까? 아니면…….

답 : 눈을 뜨고 정진하면 피로해서 눈을 감고 정진한다.

문 : 눈을 감고 정진을 하면 혼침이 오지 않습니까?

답 : 잠을 자야겠다는 생각을 해야 잠이 온다. 잠을 조복받기 위
　　해 얼음을 깨고 들어가서도 있었고, 젓가락을 뾰족하게 갈
　　아서 다리를 찌르면서 공부를 했었다.

문 : 호흡은 어떻게 하십니까?

답 : 따로 호흡을 하지 않는다. 자연스럽게 호흡한다.

문 : 일반적으로 출가를 해야 정진을 할 수 있다고 생각하는데 출가 생활과 속가 생활의 차이점은 무엇입니까?

답 : 수행에는 출가자와 속가자의 차이는 없다. 오히려 출가자는 구속적 생활로 인한 심리적 갈등이 심화되어 생활이 힘들다고 본다.

문 : 도인(道人)의 정의는 무엇입니까?

답 : 업에서 풀려난 자연인·자유인이다. 위로는 불조(佛祖)를 공경하고, 아래로는 중생을 불쌍히 여긴다.

문 : 화두를 깊이 참구할 때 괴로운 것은 무엇 때문입니까?

답 : 과거생의 업이 제거되면서 뇌를 스치고 지나가기 때문에 괴로운 것이다.

문 : 마음과 생각에 대해서 한 말씀. 해 주십시오.

답 : 마음은 바나와 같이 잔잔한 물이고, 생각은 그 위의 거품이다. 중생은 본바탕 마음을 모르고 거품을 진짜로 여기고 살고 있다.

문 : 대체로 해안가와 같이 외곽 지역이나 변방 지역에 거주하

는 사람들이 다른 지역보다 신심이 많은 것을 볼 수 있는데
그 이유는 무엇입니까?

답 : 변방에는 주변 환경에 풍파가 많고 심하기 때문이다. 고래
(古來)부터 신(神)에게 제를 지내는 풍습이 많았고 지금도
이런 전통이 내려오고 있다.

문 : 어떤 것이 정법(正法)입니까?

답 : 견성 전은 외도(外道)이다. 자기 위주의 삶은 외도(外道)이고
이타적인 삶은 복을 짓는 일이다. 이 두 가지를 떠난 것이 정
법(正法)으로 공(功)과 덕(德)이 합일되어야 공부를 성취한
다. 정진을 하면 피아노건반이 각기 다른 소리를 내는 것과
같이 모든 것에 능통하게 된다. 치우치는 것은 외도이다.

문 : 수행자에게 가장 중요한 것은 무엇입니까?

답 : <스승과 도반·도량>이다. 스승이 가장 중요하지만 세
가지 모두가 화합이 되어야 한다.

문 : 수행자가 〈터〉를 중요하게 생각하고〈터〉가 센 곳에는 정진
을 하기가 어렵다고 하는 것은 무엇 때문입니까?

답 : 〈터〉는 무정(無情)이고, 사람은 유정(有情)이다. 유정이 무정
보다 높은 것이 이치인데 오히려 사람들은 무정인 〈터〉를 더
높게 여기는 경우가 많다. 손톱이나 머리카락은 유정과 무정

이 같이 한 몸을 이루고 있다. 수행하는 사람은 유정과 무정을 하나로 보아야 한다.

문 : 대부분의 큰스님들은 〈터〉가 센 곳을 눌러 지내시는데, 큰스님들과 같이 도력이 높아지면 〈터〉에 구애받지 않고 어느 곳에서든지 지낼 수 있게 됩니까?

답 : 각 도량에 따라 틀리다. 스님들의 인연에 따라서 도량신이 바뀌어지고 도량의 상주신(常住神)과도 맞아야 〈터〉를 누르고 지낼 수 있게 된다.

문 : 수행자에게 특별한 인연지가 있습니까?

답 : <고향·입산지·성취한 자리>를 수행인의 3지(地)라고 한다. 이 세 곳은 중요하므로 잊지 말아야 한다.

문 : 선방은 어느 곳이 좋습니까?

답 : 비산비하(非山非河)가 좋다. 자연적인 기(氣)를 이용할 수 있는 곳이면 수행자가 기(氣)를 받을 수 있기 때문에 정진에 노움이 된다.

문 : 산에서 도인이 많이 나오고 해안에서는 도인이 나기 어려운 것은…?

답 : 물은 자력(自力)을 빼앗아 가기 때문이다. 전기도 기를 빼

앗기 때문에 전등을 켜는 것보다 촛불을 켜고 정진하는 것
이 좋다.

문 : 스님은 하안거보다 동안거를 중요시하고 동안거 결제는 꼭
　　하시는데…?
답 : 기(氣)의 작용을 알기 때문이다. 동짓달 중순 이후에는 다시
　　기가 상승작용을 하는 기의 순환이 잘 이루어진다. 기가 움
　　직이는 여름철에는 기의 힘을 받을 수가 없지만 겨울철은
　　기가 땅에 뭉쳐 있어서 수행자가 기의 힘을 받을 수 있다.

문 : 바람은 무엇입니까?
답 : 지·수·화·풍 사대(四大)중에서 예리한 것에 속한다. 무
　　리를 지어서 다니거나 홀로 다니면서 소리를 낸다.

문 : 둔갑술은 무엇입니까?
답 : 혼이 다른 짐승의 가죽에 들어갈 수 있다.

문 : 지구를 중심으로 한 인종의 형성과정은 어떻습니까?
답 : 피부색의 갈림으로 세계는 서로 대립하고 있으며 각 국은
　　국업(國業)에 따라 분류되어진다.

문 : 임종시에는 어떻게 수행해야 합니까?

답 : 수행자는 생(生)과 사(死)를 동일하게 보아야 한다.

문 : 죽은 후의 경계는 어떻습니까?

답 : 평소에 익힌 습(習)에 의한 업(業)에 끌려간다. 죽은 후 혼
　　은 49일 간 머물다가 다른 곳에 태어나게 되는데, 49일 동
　　안 고통을 받게 된다. 평소에 집에 애착이 많았던 사람은
　　죽은 후에 그 집의 개로 태어나서 집을 지키는 경우도 있
　　다. 애착하는 것이 없으면 죽은 후에 혼은 원하는 곳으로
　　갈 수 있다.

문 : 윤회는 어떻습니까?

답 : 수행력이 높을수록 중생을 제도하기 위하여 윤회가 빨리
　　이루어진다. 한 사람이 태어날 때는 과거생의 인연있는 혼
　　들이 그룹으로 몰려다니면서 따라서 같이 태어나게 된다.

문 : 극락이 있습니까?

답 : 윤회가 없는 것을 극락이라고 한다. 극락과 지옥은 자기 스
　　스로 만드는 것이다. 자신의 식(識)이 맑게 되면 극락이 된
　　다. 그리고 아미타불을 계속 염하거나 극락세계로 가는 습
　　을 익히게 되면 극락에 가게 된다.

문 : 죽은 후에 육체는 어떻게 됩니까?

답 : 신체의 모든 부분이 사대(四大)로 각각 흩어지게 된다. 같
은 사대끼리 뭉쳐서 새로운 삶을 살게 된다.

문 : 임종 전이나 후에, 망자에게 염불을 해 주거나 경전을 읽어
주면 혼이 제도되어 좋은 곳에 태어나게 됩니까?

답 : 각자의 근기에 따라서 제도가 되기도 하고, 제도가 되지 않
기도 한다. 기름은 기름을 낳고, 중생은 번뇌를 만들고, 부
처님은 부처님을 만드는 것에 비유할 수 있다. 평상시의 습
에 따라서 염불을 받아들이는 혼도 있고 듣지 않는 혼도
있다.

문 : 마(魔)란 무엇입니까?

답 : 수행에 여러 경계가 나타나고 마가 생기는 것은 당연하다.
마란 다겁생의 번뇌가 수행을 통해서 나타나는 것으로
<염식(染識)이 풀어지는 과정에서 생기는 것>이다.

문 : 도고마성(道高魔盛)이라 하여 〈도가 높을수록 마가 세다〉
고 하는 것은 무슨 뜻입니까?

답 : 번뇌(염식)가 제거될 때는 하나가 수천 개로 분산되어서 여
러 형태로 되어 없어진다. 수행이 깊어질수록 번뇌가 크게
없어지게 되고, 내생에 받을 고통을 미리 금생에 다 받게
된다. 가능하면 금생에 모든 고통을 다 받는다는 자세로 정
진을 해야 한다.

문 : 마의 대처 방안은 없습니까?

답 : 마는 염식작용으로 근본뿌리가 없는 것이다. 다겁생으로 익힌 나의 업(業)이 벗어나는 과정이므로 <저것이 바로 나로구나> 하고 그대로 받아들여야 한다. 마를 당할 때의 마음상태에 따라서 크게, 작게 느껴지게 되기도 한다. 타의적인 힘으로 막으려 하면 공부에 진전이 없게 된다. 가능한 한 방편을 쓰지 않고 목숨을 걸고 관문을 통과해야 한다.

문 : 몽사(夢死)를 당하는 이유는 무엇입니까?

답 : 자기 번뇌를 누르지 못하기 때문이다. 조급한 마음으로 수행하지 말고 마음을 편안하게 하고 자연스럽게 정진을 해야 한다.

문 : 꿈은 무엇입니까?

답 : 꿈이란 자기의 염식이 풀려 나가면서 나타나는 현상이다. 정식(淨識)의 장엄된 꿈은 부처님·보살님들이 나타나는 것이고 염식(染識)의 장엄된 꿈은 삿된 것이 나타난다. 수행의 초기에는 꿈으로 마가 나타나는 경우가 많은데 처음에는 강하게 나타나다가 점점 약해진다. 미래의 일들이 꿈으로 나타나는 경우도 있다.

문 : 세속인에게 마가 없는 것은 왜 그렇습니까?

답 : 수행은 때를 벗기는 작업인데, 세속인들은 때를 묻히면서 살고 있다.

문 : 〈업〉에 대해서 말씀해 주십시오.

답 : 마음에 두지 않으면 업이 형성되지 않는다. 금생에 지은 업은 7~10일 기도로 소멸될 수 있지만, 전생의 업은 쉽게 소멸되지 않는다. 90%가 전생의 업이고 작은 업이라도 지은 것은 금생에 몇 배로 불어나게 된다.

문 : 귀신은 어떻습니까?

답 : 인간이 귀신보다 우월한데 배짱이 적어 눌려 산다. 선신(善神)과 악신(惡神)이 공존하고 있는데 세속에는 아귀 종류가 많고 도량에는 도량신이 있다.

문 : 무섭다는 것과 겁난다는 것은 어떻게 다릅니까?

답 : 본능적인 것이다. 무섭다는 것은 자기의 몸을 숨기는 것이고, 겁은 숨이 끊어질까 봐 두리번거리는 것을 뜻한다.

문 : 인과(因果)란 무엇입니까?

답 : 도(道)가 곧, 인과(因果)이다. 수행을 할수록 인과가 확실히 드러나는 것을 보게 된다. 인과는 정신과 물질에 똑같이 적용되고 인과의 양은 복이고, 질은 수행력이다. 인과는 한 치의 오차도 없는 것이고 꿈에서 음식을 많이 먹고 깨면 배가 아픈데 탐심에 의해 인과가 붙는 것이다. 현대인에게 병(病)이 많은 것도 인과를 모르고 자신에게 주어진 복 이상의 것을 인위적으로 성취하려는 탐심에 원인이 있다.

문 : 복(福)이란 무엇입니까?

답 : 남에게 베푸는 과정에서 업이 소멸되어지고 남에게 베푼만큼 자신에게 복이 된다. 복을 짓는 그대로 자기 자신의 통장에 예금되어지게 된다. 복을 많이 쌓으면 천상계에 태어나게 되는데 점점 복이 감해져서 인간계로 오게 된다. 사업을 하다가 망하는 것도 새로 복을 짓지 않고 나머지 복을 다 쓰게 될 때의 경우가 많다. 현재의 사찰도 숨은 개개인의 복력으로 유지되고 있고 복이 많으면 악신도 선신으로 변한다.

문 : 복은 어떻게 지어야 하는 것입니까?

답 : 재물을 아껴 써서 남에게 베푸는데 주변 여건도 살펴야 하고 주는 사람과 받는 사람이 서로 성심 성의껏 해야한다. 무엇보다도 진리(眞理)에 맞게 복을 지어야 한다. 가사를 보시하는 경우에, 옛날 가사는 <진리는 막힘이 없다>는 사상에서 가사 바느질을 막힘이 없이 하였는데 요즘에는 이것을 무시하고 바느질을 한다. 이렇게 진리에 맞지 않게 시주한 사람도 죄를 짓게 된다.

문 : 토굴 수행하실 때의 마음가짐은 어떤 것입니까?

답 : 회향처로 생각하며 목숨을 내놓고 정진한다. 정진하다가 죽는 것을 영광스럽게 생각한다. 토굴로 떠나기 전날 부모님·스승·부처님의 은혜를 생각해서 절을 하는데, 이렇게 하면 토굴생활을 할 때에 스스로의 약속을 굳게 지키게 된다. 평상시 거대한 배짱을 갖고 있는 인간이면 누구나 할 수 있다고 생각한다.

문 : 대중선방생활과 토굴생활의 장점과 단점은 무엇입니까?

답 : 대중선방은 초보 수행자에게 알맞다고 생각한다. 대중적 습의를 익히게 되고 여럿이 생활을 하니까 의지는 되지만 공동생활에 신경이 많이 써지게 되고 시간에 구애를 받게 되어 깊은 정진을 할 수가 없다. 공부를 깊게 하려 면 토굴

생활을 해야 한다고 생각한다.

문 : 토굴은 어떤 것으로 짓는 것이 좋습니까?

답 : 자연 소재로 짓는 것이 좋다. 나무나 흙으로 지으면 자연적
　　으로 통풍이 되어 호흡에 좋고, 시멘트로 지은 집은 피곤함
　　을 느끼게 된다.

문 : 계획을 세우고 토굴 생활을 하십니까?

답 : 시간에 구애받지 않는다. 몸이 요구하는 것을 들어준다. 목
　　숨을 내놓고 한다. 배짱을 크게 갖는다. 모든 경계를 나 자
　　신으로 생각해서 그대로 받아들이고 동요하지 않는다. 억
　　지로 하려 하지 않고 아주 자연스럽게 생활한다. (평소에
　　도 이와 같이 수행한다.)

문 : 음식은 어떻게 드십니까?

답 : 미리 며칠 분의 밥과 국을 해 놓고 먹는다. 밥은 묽게 하고
　　물은 많이 먹지 않는다. 반찬은 된장이나 김으로 한다.

문 : 씻는 것은 어떻게 하십니까?

답 : 피부 보호를 위해서 자주 씻지 않고, 머리와 수염도 깎지
　　않고 지낸다.

문 : 혼자서 토굴생활을 하시면서 여러 경계를 당하셨을 텐데,
그럴 때 어떻게 극복하셨습니까?

답 : 혼자서 정진을 하면 경계를 더 많이 겪게 되는데 경계가 생
기면 고속버스를 타고 가면서 스쳐 가는 것 같이 무심하게
그대로 넘긴다. 모두 과거생에 내가 살아온 모습들이 나타
나는 것이지, 타의에 의한 것은 없는 것이다. 내가 지어 놓
은 번뇌를 내가 그대로 받는 것으로 형상에 집착하면 견디
어 내지 못한다.

문 : 고기를 먹는 것이 나쁜 이유는 무엇입니까?

답 : 고기는 벌레(蟲)들이 모여서 살이 된 것이다.

문 : 채식을 하는 것은 어떻습니까?

답 : 채식을 함으로써 업이 점점 벗겨진다.

문 : 수행인에게 좋은 음식과 건강요법을 소개해 주십시오.

답 : 채식을 하고 소량을 먹는다. 자연요법으로 해풍(海風)을 몸
에 직접 쐬면 좋다.

문 : 파 · 마늘 등을 금하는 이유는 무엇입니까?

답 : 음심(淫心)이 일어난다.

문 : 염분(소금)의 섭취에 대해서 한 말씀 해 주십시오.

답 : 몸 자체에 힘이 있다. 싱겁게 먹는다.

문 : 음식 조리법은 어떻게 합니까?

답 : 불기운을 쐬지 않을수록 좋다. 식은 음식이 영양분이 많다.
　　기름은 피부호흡을 막기 때문에 나쁘다.

문 : 그릇은 어떤 것을 쓰는 것이 좋습니까?

답 : 나무같이 자연적인 것이 기가 돌게 되어 좋다.

문 : 의복은 어떻게 입는 것이 좋습니까?

답 : 혈이 잘 도는 헐렁한 것이 좋다.

문 : 신발은 어떤 것이 좋습니까?

답 : 발바닥에 충격을 주어서 피를 빠르게 돌게 하는 신발이 좋다.

문 : 방석은 어떤 것이 좋습니까?

답 : 자연산인 목화솜으로 만드는 것이 좋다.

5. 인도성자 백문백답

※ 문 : 인도 제자,

　답 : 힌두성자 바바하리다스

문 : 중생이 깨우침에 이른다는 것이 가능합니까?

답 : 바르게 일러 주기만 하면 중생도 깨우칠 수 있습니다.

문 : 깨침에 이르면 몸은 어떻게 되나요?

답 : 그것은 마음의 현상이니까 육체적으로는 아무 일도 일어나
　　지 않습니다.

문 : 깨침을 이해하면 자유로워질 수 있습니까?

답 : '자유'의 정의를 암기한다고 자유를 얻는 것은 아닙니다.

문 : 깨우침에 이르게 되더라도 업은 그대로 남아있습니까?

답 : 깨우치면 미래의 삶으로 전해질 자취를 남기지 않습니다.

문 : 삶이 죽음을 위한 준비라는 말은 진실인가?

답 : 그렇습니다. 진실입니다.

문 : 우리들은 왜 죽음을 두려워합니까?

답 : 캄캄한 밤에는 우리 눈으로 낮과 달리 볼 수가 없기 때문인 것처럼 죽음에 대하여 無知하기 때문입니다.

문 : 죽음은 모든 것의 끝입니까?

답 : 물동이가 깨진다고 해도 그 안에 들어있는 공기는 깨지지 아니합니다. 그것처럼 업은 남아있는 것입니다.

문 : 환생이란 무엇입니까?

답 : 기억을 되찾으면 환생이지만, 되찾지 못하면 다시 태어남을 말합니다.

문 : 과거의 삶들을 기억하는 방법이 있습니까?

답 : 스스로가 수행을 통하여 터득해야 합니다.

문 : 전생을 기억하는 일은 좋은 일입니까, 나쁜 일입니까?

답 : 좋기도 하고 나쁘기도 합니다.

문 : 선행도 악행 못지않게 우리들을 속박합니까?

답 : 악행은 비유를 들어 사람을 묶는 쇠사슬이고, 선행은 사람
    을 속박하는 황금줄입니다. 그러니 선악을 초월해야 수도
    를 할 수 있는 것입니다.

문 : 운명을 다스릴 수가 있습니까?

답 : 불을 만지면 손을 뎁니다. 운명의 탓으로 돌리지 마십시오.

문 : 운명이란 무엇입니까?

답 : 운명이란 과거의 업보에 의해서 이루어진 결과입니다.

문 : 전생의 업과 현생의 업은 무엇입니까?

답 : 인간은 전생에 행했던 행동들의 기억을 그대로 간직하고 있다고 합니다. 그 기억들은 층층이 쌓여있습니다. 이 포개어 놓은 기억의 하나 하나의 층들은 명상이나 정신적인 수련을 통해서 껍질이 하나씩 벗겨질 수가 있습니다. 현재의

삶에서 하는 행동들은 새로운 현생업과 내생업으로 이루어
집니다.

문 : 혼령들이 무서운 존재입니까?

답 : 혼령을 믿는 자는 혼령을 두려워합니다. 믿지를 않으면 두
　　려움도 없어집니다. 그것은 감정에 따라 달라집니다.

문 : 현세의 업을 안고 죽으면 어떻게 됩니까?

답 : 삶에서 끝난 단계에서 다시 또 시작이 됩니다.

문 : 왜 태어납니까?

답 : 만일 욕망이 없다면 그 사람은 다시 태어나지 않을 것입니다.

문 : 과거에 업장을 어떻게 제거합니까?

답 : 감사와 만족감속에 자비심으로 사물을 대하고 관용을 베풀
　　며 정신적인 수행을 통하여 훌륭한 인격을 키우면서 참선
　　을 하는 것입니다.

문 : 기억과 의식은 어떻게 다릅니까?

답 : 더 높은 차원으로 오르는 것은 기억이 아니라 의식이고, 기
　　억은 이차원적인 상대적인 요소입니다.

문 : 미래의 업은 어떻게 제거합니까?

답 : 현재와 과거의 업을 소멸하면 미래는 없어질 것입니다.

문 : 윤회를 할수록 욕망과 업장은 점점 커집니까?

답 : 욕망을 충족시키기 위해서 다시 태어나고, 그것을 충족시
키기 위해서 태어날 때마다 더 많은 업장을 짓습니다.

문 : 전생을 볼 수 있습니까?

답 : 전생에 대하여 알기가 쉽지 않습니다. 간혹 능력을 지니고
태어나는 경우도 있지만, 그것은 백만명 가운데 한두 명밖
에 되지 않습니다.

문 : 전생을 안다는 것이 중요합니까?

답 : 안다고 해도 남이 믿어주지 않습니다.

문 : 살면서 순간적으로 미래를 볼 수 있습니까?

답 : 미래를 얼핏 섬광처럼 보기도 하는데, 순수해지면 더 많은
것을 볼 수가 있습니다.

문 : 때때로 나는 사람들을 보면 그들을 어디에선가 전에 본 적
이 있다는 기분이 드는데, 왜 그럽니까?

답 : 과거에 만났거나 만나서 생활을 했거나 해서 인연이 있기

때문입니다만은 기억이 일부가 남고 많이 지워졌기 때문에
그럴 수가 있습니다.

문 : 선과 악은 보는 관점에 따라 다르다는데 어떻게 구별합니까?

답 : 선과 악은 정말로 구별하기 힘듭니다.

문 : 윤회를 벗어나겠다는 해탈원력을 세우면 반드시 이루어집
니까?

답 : 해탈원력이 충분히 강렬하다면 이루어집니다. 그것은 축생
인 개도 인간이 되기를 원을 세우면 될 수 있습니다. 그렇
지만 축생은 불법을 만나기 어렵기 때문에 윤회를 벗어나
겠다는 원을 세우기가 어려운 것입니다.

문 : 육식을 하면 살생의 난폭성이 우리 몸속으로 들어갑니까?

답 : 고기 속에 남아 있는 동물의 육신에 대한 애착도 먹게 됩니다.

문 : 식물을 먹는 것도 역시 나쁘지 않습니까?

답 : 푸른 화초를 꺾으면 그것은 고통을 느끼지만, 영근 다음에
는 뽑아 줄 필요가 있습니다. 과일이나 꽃도 마찬가지입니
다. 채소의 의식은 동물의 의식과 다릅니다.

문 : 울면 몸에 어떤 효과가 있습니까?

답 : 울음은 긴장된 신경조직을 부드럽게 순화시킵니다. 그것은
과다한 담즙과 점액을 제거하고 폐를 강화시키기 때문에 좋
습니다. 그러나 분노심으로 화가 날 때 울음은 아니고 다만,
기뻐서 감동해서 긍정적인 감정에서 울 때만 그렇게 됩니다.

문 : 수행자가 염력으로 병을 고칠 수 있는 힘은 무엇입니까?
답 : 마음의 순수성입니다. 마음이 순수하면 병을 고칠 수가 있
습니다.

문 : 그 힘을 발휘하는 수행자들이 왜 그토록 수가 적습니까?
답 : 능력을 보여주면 그들을 따라다닐 것입니다. 그러면 수행
자는 이름과 돈이 따르고 고행을 중단하고 안락하게 생활
할 것입니다. 그렇기 때문에 진정한 수행자는 더 큰 경지에
도달하기 전까지 힘을 발휘하지 않는 것입니다.

문 : 잠은 어떤 자세로 자야되는 것입니까?
답 : 오른쪽 무릎을 올리고 왼쪽으로 돌아눕는 것이 가장 좋은
자세입니다. 그러면 오른쪽 콧구멍이 트여 있어서 몸을 따
뜻하게 하는 데 도움이 됩니다.

문 : 사람들은 왜 잠을 그토록 많이 잡니까?
답 : 습성은 깨뜨리기가 어렵습니다.

문 : 세월이란 무엇입니까?

답 : 삶의 모든 순간은 곡식 낟알이나 마찬가지이고, 세월은 모든 씨앗을 아주 빨리 먹어 치우는 굶주린 새입니다. 곡식을 다 먹고 나면 새는 날아가 버릴 것입니다.

문 : 꿈이 나중에 현실로 나타난 적이 있습니다. 왜 그렇습니까?

답 : 초의식의 경지에는 과거도 없고 현재도 없으며 미래도 없습니다. 당신이 터득한 바는 모든 것이 내면에 존재한다는 점입니다. 이 인식은 초의식과 더불어 찾아옵니다.

문 : 꿈속에서 우리들이 찾아가는 곳은 죽어서도 우리들이 찾아가는 곳과 비슷하다는 생각이 드는데 그렇습니까?

답 : 삶도 또한 꿈이고, 죽음은 그 꿈의 끝입니다. 죽음 이후에는 또다른 꿈이 시작됩니다.

문 : 꿈은 왜 대상이 바뀝니까?

답 : 꿈속에서도 활동적입니다. 모든 인상들이 마음속에서 회전합니다. 꿈들을 관찰하면 현재와 과거의 다른 행동들로부터 옵니다. 꿈을 관찰하는 방법을 터득한 사람은 미래를 볼 수가 있습니다.

문 : 삶은 꿈입니까? 꿈이 삶입니까?

답 : 삶은 꿈이라는 것을 알
때는 꿈이 삶이 됩니다.

문 : 결혼이라는 관계 속에서
깨달음에 이를 수가 있
습니까?

답 : 안되는 것은 아니나, 몇
몇은 높은 경지에 있을
수도 있습니다.

문 : 가정을 이루는 것보다
혼자 사는 것이 더 바람직합니까?

답 : 가족을 거느린 사람은 다른 각도에서 자신을 관찰하기 위
해 때때로 혼자 있어야 할 필요성이 생깁니다.

문 : 어떤 직업이 다른 직업보다 정신수양에 있어서 보다 도움
이 됩니까?

답 : 다른 사람들에게 의존하지 않는 일을 하는 사람이라면 정
신 수양을 하기가 훨씬 좋습니다.

문 : 상대방 약점이 크게 보일 때는 어떻게 합니까?

답 : 몇 가지 약점을 너그럽게 받아들여야 하고, 그는 당신의 약
점들을 받아들일 것입니다. '더 좋은' 인간이란 한이 없습

니다. 당신은 계속해서 추구하겠지만 백 퍼센트 완벽한 사
람은 절대로 찾아내지 못할 터입니다.

문 : 싸우는 곳으로 가면 관련이 없더라도 싸움 현장에 충만해
   있는 서로의 분노 에너지가 제 몸에 영향을 받는 것 같습니
   다. 그럴 수 있습니까?
답 : 타인들로부터 분노의 진동이 그의 마음으로 옮겨오기 때문
   입니다.

문 : 남을 해치려는 나쁜 생각이 계속 날 때는 어떻게 없앨 수
   있습니까?

답 : ① 정신적인 사람들의 모임을 나갈 것 ② 경전 공부를 할
    것 ③ 수행자들의 생애에 관한 글을 읽을 것

문 : 묵언의 중요성은 무엇입니까?

답 : 말을 하면 에너지를 상실하기 때문이다. 얘기를 하려면 우
    리들은 숨을 내쉬어야 하고, 그러면 엄청난 에너지를 상실
    하게 됩니다. 며칠동안에 얘기를 중단했다가 다시 말을 하
    기 시작하면 너는 그 에너지를 느끼게 된다. 소리를 쓰지
    않으면 우리들은 에너지를 보존하는 것이 좋습니다.

문 : 참된 묵언이란?

답 : 생각이 배제된 경지입니다. 마음을 조용하게 만드는 것이
    참된 묵언입니다. 말을 멈추는 것은 하나의 고행입니다. 말
    하려는 욕망을 통제한다는 것입니다. 왜냐하면 말을 많이
    함으로써 사람들은 타인들에게 깊은 인상을 주고 관심을
    끌려고 애쓰는데, 묵언을 지킨다면 그럴 필요가 없기 때문
    입니다.

문 : 평소에는 말을 하다가 내가 말하기 싫을 때만 묵언을 해도
    됩니까?

답 : 묵언을 원할 때는 묵언을 해도 좋습니다.

문 : 스승이 얼마나 중요합니까?

답 : 살아있는 스승에 대한 믿음을 지닌다는 것은 중요합니다. 그러나 자신의 마음에 대한 믿음을 지니는 것이 더 좋습니다. 스승은 외적인 것보다 자기 자신의 내면에 존재하는 자기 자신의 스승을 말합니다.

문 : 스승께서 제자의 업보를 떠맡을 수가 있습니까?

답 : 아기 대신에 밥을 먹을 수가 없는 것처럼 제자의 업보는 제자가 받는 것이고, 스승이 받을 수 없습니다.

문 : 스승은 꿀이고, 제자는 벌이란 무슨 뜻입니까?

답 : 벌이 연꽃을 찾아가는 목적은 달콤한 꿀을 먹기 위해서입니다. 하지만, 해가 지기전에 빠져나와야지 해가 지면 연꽃잎은 오므라져서 닫치기 때문에 빨리 빠져나오지 않으면 벌은 연꽃속에 밤새도록 갇히게 됩니다. 아무리 훌륭한 스승이라도 때가 되면 떠나가야하고 꿀이 필요할 때는 연꽃을 찾아가는 벌과 같이 다시 와야 됩니다. 연꽃이 꿀을 가지고 있다고 벌을 가둬두어서도 안되고 벌도 갇히는 것이 싫어서 꿀만 쫓아다니며 꿀 속에만 빠져 있어서도 안됩니다. 그러니 스승과 제자간도 이와 마찬가지 입니다. 벌은 훨훨 나는 자유를 좋아합니다. 그것을 인정하는 것이 또한 훌륭한 스승일 것입니다.

6. 일본선사 수행 문답

※ 일본 선사 문답 자료를 번역을 통해서 알려드립니다. 일본사람도 정통파는 한국 선사와 비슷합니다.

문 : 좌선을 계속하면 성격이 변합니까?

답 : 무의식중에 자연스럽게, 저절로 변해갑니다.

문 : 업에는 어떤 것이 있습니까?

답 : 업에는 身(몸)·口(말)·意(뜻)의 3가지가 있습니다.

문 : 좋은 업은 무엇입니까?

답 : 좌선이 가장 좋은 업입니다. 몸의 자세는 단순하고 입으로는 침묵을 지키고 마음은 생각을 초월합니다.

문 : 좌선 수행을 하면 업이 완전히 바뀝니까?

답 : 그렇습니다. 좌선하는 동안의 의식 또한 가장 맑은 것이어서 사상 좋은 업을 짓습니다.

문 : 업과 운명은 어떻게 다릅니까?

답 : fate(운명)는 인력으로는 피할 수 없는 숙명을 뜻하며, destiny(업)는 인간사를 다스리는 것으로 믿어지는 힘을 뜻합니다.

문 : 업의 원인은 어디에서 옵니까?

답 : 지금 이 순간도 생각이 작용할 때 업을 짓습니다.

문 : 언제 업이 멈춥니까?

답 : 견성할 때 멈춥니다.

문 : 죽으면 업이 멈춥니까?

답 : 죽어도 계속 됩니다.

문 : 잠을 자는 동안에도 업은 작용을 합니까?

답 : 사람은 꿈을 꿉니다. 꿈은 업이 표면으로 되돌아오고 있는
것입니다. 잠을 자면서도 우리는 움직입니다. 그러므로 사
람들은 자면서도 업은 계속되는 셈입니다.

문 : 악업을 참회한다는 것은 무엇을 의미합니까?

답 : '나의 이익에는 도움이 되는 일이었으나 나의 행위는 다른
사람에게 나쁜 행위였다.' 이런 식으로 살펴서 알게 되는
것을 의미합니다.

문 : 좌선을 하면서 마음과 자세를 다스려 집착과 욕망을 끊어
　　　버릴 수 있습니까?

답 : 그렇습니다. 그러나 단기간에 되지는 않습니다. 계속해서 수
　　　행을 해야만 가능합니다. 집착을 끊는다는 것은 쉬운 문제가
　　　아닙니다. 집착은 아직 드러나지 않은 업을 의미합니다.

문 : 깨달음도 집착이 아닌가요?

답 : 깨달음에 대한 집착은 나쁜 것이라 할 수 없습니다. 사실
　　　그것은 집착이 아니라 희망입니다.

문 : 망상과 자유를 조화시키는 방법이 있습니까?

답 : 망상을 단속하고 다스리는 것은 중요합니다. 평화로운 상

태에 머물러 있는 것이 최선의 방법입니다. 이런 방법으로
우리는 좌선을 통해 이리저리 솟구쳐 오르는 망상과 욕망
을 다스릴 수 있습니다.

문 : 집착과 망상이 사라지고 나면 무엇이 남습니까?

답 : 견성해야 집착과 망상이 없어지기 때문에 견성 후에는 해
탈입니다. 즉 생사를 자유자재하는 경지를 말합니다.

문 : 좌선하는 사람들은 다른 사람들에게 무관심합니까?

답 : 너무 치우치면 그럴 수도 있습니다.

문 : 좌선을 하면 생사의 문제를 해결할 수 있다고 하는데, 다른
사람들의 괴로움까지 해결할 수 있습니까?

답 : 우리는 먼저 우리 자신의 고통부터 해결해야 합니다. 우리
자신의 정신작용이 정상적인 상태가 아니라면 남을 도울
수 없을 테니 말입니다. 그러나 제대로 좌선 수행을 하면
우리는 다른 사람들을 도울 수 있습니다. 좌선을 하면 다른
사람들을 도울 수 있는 지혜가 생깁니다.

문 : 음식물과 좌선의 관계는 무엇입니까?

답 : 뱃속이 비게 되면 육신과 식이 약해지며, 또 육식을 하면
좌선하기에 힘듭니다. 따라서 채식으로 규칙적인 식사를
하는 것이 좌선에 중요합니다.

문 : 생각의 업은 참선을 해도 멈출 수가 없는 것입니까?

답 : 그렇습니다. 좌선을 하면서 우리는 업을 줄일 수는 있어도
멎게 할 수는 없습니다.

문 : 죽자마자 금방 업이 없어집니까?

답 : 업의 영향력은 계속됩니다. 파도는 멈추었으나 물결은 치는 것처럼 한 맺힌 영가의 작용은 계속 될 수 있습니다. 영가도 그러니 불법에 귀의시켜야 합니다.

문 : 선을 하는 사람에게도 죄에 대한 생각이 있습니까?

답 : 업이란 것이 죄악과 비슷한 것이 아니냐고 말하는 사람이 있습니다만, 업과 죄는 완전히 다른 것입니다. 업에는 크게 선업과 악업으로 나눠지는데, 행위와 행위의 결과물을 통칭하는 업은 기독교의 죄와는 완전히 구분됩니다.

문 : 새벽 다음으로 참선하기에 좋은 시간은 언제입니까?

답 : 일몰이나 해돋이 무렵에 좌선을 하면 더 효과적입니다. 그 무렵에 우리 몸의 세포가 변하기 때문입니다. 우리 몸의 세포는 매일 두 번 변합니다. 저녁에는 우리가 안정을 취하기 때문에 세포의 활동이 비교적 둔화됩니다. 그러다가 아침이 되면 다시 활발해집니다. 그러므로 아침, 저녁으로 참선하는 것이 좋습니다.

문 : 참선을 선방에서 해야 하는 이유는 무엇입니까?

답 : 좌선에 익숙하지 않은 초심자는 집에서 혼자 좌선을 하는 것보다 선원에서 여러 사람과 함께 하는 것이 좋습니다. 여럿이 하면 적당한 경쟁과 긴장감을 유지하여 혼자 할 때의 나태함을 방지할 수 있으며 잘못했을 때는 쉽게 경책을 받을 수 있습니다.

문 : 집에서 하기가 쉽지 않습니다. 왜 그럴까요?

답 : 소음과 전화소리와 가족들로부터 멀리 떨어진 조용한 장소
를 선택하여 좌선을 하십시오. 20분에서 30분 동안 자세와
호흡과 마음의 자세에 집중하십시오. 방심치 말도록 하십
시오. 아무도 바로잡아 줄 사람이 없으니 말입니다.

문 : 분위기가 중요합니까?

답 : 집에서 혼자 좌선을 하기는 어렵습니다. 전화가 걸려 오고
청소할 일과 밥할 일이 생각나서 집중력이 떨어 집니다. 때
문에 선방을 찾는 것입니다. 좌선을 하는 사람들이 같이 선
방에 앉아있으면 벌써 기가 다릅니다. 차분하고 집중이 잘

됩니다. 이러한 이유로 집보다는 선방에서 정진할 것을 권합니다.

문 : 좌선을 하면 우리 자신의 외부에 조금이라도 영향을 미치게 됩니까?

답 : 우리의 좌선은 전체 우주에 영향을 미칩니다.

문 : 좌선하는 동안의 호흡에 대해 말씀해 주십시오.

답 : 자세만 올바르면 우리는 저절로 올바른 호흡을 하게 됩니다. 너무 호흡에 집착하지 않고 자연스러운 호흡이 가장 좋습니다.

문 : 좌선은 어떻게 습을 들여야 합니까?

답 : 5분이라도 자주 앉아있는 습을 들여야 합니다. 하루아침에 철야정진이 되는 것이 아닙니다. 하루 5분씩이라 도 앉아있는 습관을 가집시다.

문 : 업을 바꾼다는 것이 가능합니까?

답 : 좌선을 하면 악업을 바꿀 수 있습니다. 좌선을 하면 악업을 녹여 완전히 소멸해 버릴 수 있습니다. 우리의 인생이 바뀌어집니다.

문 . 신은 뇌의 휴식처인가요?

답 : 그렇습니다.

문 : 참선의 효과는?

답 : 참선을 잘하면 번뇌망상이 사라지면서 무한한 지혜가 떠오릅니다.

문 : 괴로움은 어째서 생깁니까?

답 : 집착으로 인하여 괴로움이 생깁니다.

문 : 하고 싶은 것이면 무엇이든지 하는 것이 자유입니까?

답 : 보통 사람들이 하고 싶은 대로 하는 것은 욕망에 끌려가는 것이지 참 자유가 아닙니다. 깨달은 사람의 행이야 말로 참 자유입니다.

문 : 자비란 무엇입니까?

답 : 수행의 깊이가 깊어질수록 참된 자비가 나옵니다. 중생들이 말하는 사랑은 아무리 순수하다고 하더라고 집착심이 묻어있기 때문에 참된 자비라 할 수 없습니다.

문 : 남을 도울 수 있는 방법은 무엇이 있습니까?

답 : 진짜로 남을 돕는 일은 수행의 길로 이끌어 생사의 대도를 깨닫게 하는 것입니다.

문 : 마음은 죽은 후에 무엇이 됩니까?

답 : 텔레비전을 껐을 때 영상이 중단되는 것을 죽음에 비유할 수 있다는 말입니다. 만일 우리가 본다면 우리의 시각은 주관적인 시각입니다. 버튼을 누르면 영상은 사라집니다. 그러나 전파는 남아 있습니다. 그것이 영혼입니다.

문 : 죽은 뒤에도 혼은 계속해서 산다고 생각하십니까?

답 : 과학으로는 뇌 속이나 심장 또는 신체의 어느 다른 부분에서도 혼을 발견해 낼 수 없습니다. 그러나 존재합니다. 그럼에도 불구하고 우리의 의식은 계속해서 작용합니다. 우

리의 업, 우리의 행위, 우리의 업을 이루는 행위는 계속됩니다. 우리가 누군가를 치면 그 행위 는 계속됩니다.

문 : 생각의 업을 참선을 한다해도 멈출 수가 없는 것입니까?

답 : 그렇습니다. 좌선을 하면서 우리는 업을 줄일 수는 있어도 멎게 할 수는 없습니다. 입은 닫혀져 있고 신업(身業)도 멎게 되나 뇌의 작용은 완전히 멎게 할 수 없습니다. 뇌의 작용을 완전히 멎게 한다는 것은 너무 어렵습니다.

문 : 참선할 때 너무 망상이 많아 힘듭니다.

답 : 좌선을 하는 동안에도 꿈속에서처럼 선업과 악업이 일어납니다. 그 모든 업들은 그냥 놓아 버려야 합니다. 의업이 가장 미묘합니다. 선업과 구업은 그래도 처리하기가 비교적 용이합니다.

문 : 죽음을 미리 알고 받아들인다면?

답 : 좋습니다. 삶과 죽음은 똑같은 것입니다. 우리가 지금 이 자리에서 죽음을 받아들인다면 우리의 삶은 훨씬 깊이 있는 것이 될 것입니다.

문 : 참선할 때 날마다 몸 컨디션이 다른 것은?

답 : 몸이 변하기 때문입니다. 우리의 몸은 나날이 달라집니다. 우리는 우리가 먹는 것, 환경, 습기, 기호, 온 도 등의 영향을 받습니다. 오전은 정오와 다르며 오후와도 다릅니다. 우리는 다른 사람들의 영향도 받습니 다.

문 : 좌선을 하는 동안에 고통을 없앨 수 있는지요?

답 : 좌선의 자세에 익숙하지 않은 초보자들은 의식이 정상적이
　　지 않기 때문에 고통을 겪습니다. 또 한번에 너무 오랫동안
　　좌선을 해도 고통을 느끼게 됩니다. 때로 먹는 것과 환경,
　　기후 등에 영향을 받기도 합니다. 하지만 좌선을 하면서 차
　　츰 변화를 느끼게 될 것입니다.
문 : 좌선을 하면서 눈을 감아도 됩니까?
답 : 좌선에서의 진실하고 정확한 위치는 눈을 반쯤 뜬 채 1m
　　앞을 주시하는 것입니다. 어떤 사람들은 눈을 감고 이내 졸

기 시작합니다. 오랫 동안 앉아 있으면 머리가 완전히 평온
해집니다. 마침내 생각을 끊고 나면 마음은 무상에서 무상
으로 오가다가 결국 잠에 떨어져 버리기 때문입니다. 너무
신경 이 예민하거나 근심스러운 일이 있어서 잘 집중할 수
없으면 잠시 눈을 감았다가 다시 떠도 됩니다.

문 : 복장이 중요합니까?

답 : 머리를 깎고 승복을 걸치면 그 사람의 마음상태가 바뀌게
됩니다. 한번은 승복을 입고 좌선을 하고 또 한 번은 작업
복을 입고 좌선을 해 보면 그 차이를 느끼게 될 것입니다.

문 : 저는 잠에서 깨어나면 항상 꿈을 기억합니다. 그런 꿈들을
중요시해야 합니까, 아니면 무시해 버려야 합니까?

답 : 육신은 잠 들지만 마음은 깨어 있어서 깨어 있는 그 마음이
꿈을 꾸는 것입니다. 뇌가 건강한 사람은 잠에서 깨어났을
때 꿈을 잊어버립니다.

문 : 깨달음에 대해 말씀해 주시겠습니까?

답 : 깨달음은 원래의 정상적인 상태로의 복귀입니다.

문 : 깨달음은 얻기 어렵습니까?

답 : 그렇지 않습니다. 깨달음은 우리의 본래 상태입니다. 좌선
이 도움이 됩니다. 수행을 시작하여 거듭 반복하면 깨달음
을 얻기가 쉬워집니다.

7. 미주현대불교 – 인터뷰

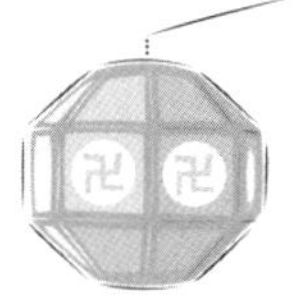

※ 아래 내용은 2004년도 미국, 캐나다 해외교민초청 참선교육
을 실시 위하여 뉴욕에 도착하였을 때 뉴욕에서 발행하는 불
교잡지 「미주현대불교」168호(70~72 페이지)에 특별 인터뷰
기사를 원문 그대로 공개합니다. 특히 화두선과 위파사나에
대한 대답이 잘 돼 있으니 꼭 읽어 보시기 바랍니다.

L.A. , 뉴욕, 토론토, 벤쿠우버에서 참선강의와 지도한
수선회 회장 현담 스님

　한국에서 참선을 전문적으로 지도하고 수행하는 단체 〈수선회〉
회장 현담 스님이 미국을 방문하여 L.A, 뉴욕, 토론토, 벤쿠우
버 등에서 참선에 관한 강의와 교육이 있었다. 아래는 뉴욕 방
문중에 본사 사무실을 방문한 현담 스님을 만나 인터뷰한 것입
니다.

질　문: 이번 미주방문의 일정과 성과를 말한다면?
현　담: 이번 미국 방문은 공식적으로 두 번째입니다. 2002년

4월 23일 옥스퍼드파레스 호텔에서 참선교육 1회 실시하였는데 250명 참석하였습니다.

이 사람들에게 책자와 테이프를 보내자 이 사람들이 다시 L.A.에 제가 오기를 바랐다. 이번 방문은 법보선원 정달법사. L.A 수선회 손경자 회장 초청으로 왔습니다. L.A. 강의는 4월 24일부터 28일까지 4차례 강의를 실시하였는데, 두 번은 옥스퍼드 파레스 호텔 이틀은 동국로얄대학교에서 가졌습니다. 참석인원은 매회 평균 200명 정도 왔습니다.

뉴욕은 4월 30일부터 5월 6일까지 플러싱 열린공간에서 참선교육을 실시하였습니다. 평균 40-50명 정도가 꾸준하게 참석하였습니다. 토론토는 1998년 2월과 1999년 2월에 참선교육을 가졌고 벤쿠버 1999년 2월에 하였습니다. 이번에는 토론토에서 5월 8일부터 10일까지, 벤쿠버에서는 5월 14일부터 16일까지 참선교육이 있다.

질 문: 이번 도미 목적은?
현 답: 많은 미주불교신자들이 수행법의 혼선을 갖고 있다고 생각되어 화두선의 확실한 수행방법과 수행의 중요성을 알려주고 참선에 대한 그릇된 상식을 바르게 잡아주어 생사해탈의 바른길로 갈 수 있도록 해주기 위해서 오게 되었습니다.
　요즘은 틱낫한 스님이나 달라이라마 등을 언론을 통해 접하다 보니 한국불교신자들도 한국전통수행에 대한 인식이 흐려지고 있습니다.

이에 반해 미얀마, 태국 등에서 수행하고 온 스님들이 위빠사나 수행법을 널리 보급하고 있습니다. 이런 사정으로 면면히 내려오는 수행의 가풍이 일반인들에게는 점점 멀리 어렵게 느껴지기 때문에 일반인들에게 알기 쉽고 재미있게 강의하여 누구나 바른수행에 귀의하고 실천하도록 목적을 두고 해외 순회 참선교육을 실시하는 것입니다.

질 문: 화두참구법과 위빠사나의 참구법은 어떻게 다른가?

현 담: 화두선은 우주가 생기기 전에도 마음이 있고 우주가 없어져도 마음은 있는데 이 마음은 무엇인고?, 몸은 부모님이 만들어 주었지만 자기 마음은 누가 만들어 주었는가 알 수가 없구나.

'이 뭣고' 마음이란 왜 생겼으며 어떻게 생겼으며 마음의 실체는 도대체 알 수가 없으니 이 마음이 무엇인고! '이 뭣고' 그렇게 해서 앞에 우주적인 차원으로 마음을 표현하는 것을 화두라 하고 화두 중에 진짜 화두는 單提(단제)자리인데 全提(전제)에 해당하는 앞에 설명한 것을 빼고 바로 '이 뭣고' 석자만 대부분 가르치고 참구하다 보니 화두를 하다가 잘 안된다고 다른 수행방법을 찾다가 근본불교 위빠사나를 만나게 되고 실천 수행하는 경우가 많이 있습니다.

그러나 안타까운 것은 화두의 바른 참구법을 모르고 화두선을 가볍게 생각한다는 것입니다. 화두란 깊이가 너무 무궁무진해서 일평생을 '이 뭣고'를 해도 알수가 없는데 이 화두, 저 화두 관심을 삿고 선드러 봐아 별수가 없습니다.

한가지 우물안 파라고 화두는 하나만 해야 됩니다. 그런데 많은 사람들은 화두를 하다가 근기에 맞지 않는다고 무자 화두나 정전백수자, 간식홀, 마삼근 등 다른 화두로 바꾸는 경우가 있

는데 이것은 기본적인 수행사상이 물들지 않았기 때문에 벌어
지는 현상입니다.

  백,천가지 모든 화두는 1,700가지 종류로 나눠지지만 결론은
'이 뭣고' 화두 하나에 모든 것이 들어있습니다. 그렇기 때문에
'이 뭣고' 화두는 '이' 하는 순간에 의정을 일이키며 자꾸 해야
됩니다. '뭣고'도 필요없다. '이' 하는 가운데서도 불성자리 재
9업 말라야식 그것을 참선에서 화두법의 전문용어로 단제라 하
고 8식 자리를 전제라 합니다.

  전제와 단제는 동시에 '이' 하는 가운데 다 들어있습니다. 또
'이' 하는 가운데 일초에 7만 번이 요동치는 추번뇌(오욕락, 제
색식명수, 현실번), 세 번뇌(미세번뇌, 전생번외)를 말하는 것입
니다.
  그런데 중생들은 추번뇌 더하기 세 번뇌 = 겹 번뇌가 1초에 7
만 번이 요동친다고 합니다. 그렇기 때문에 아침에는 기분이 좋
았다가 저녁에는 나빠지고 나빴던 기분도 또 좋아질 수도 있고
이렇게 파도 치듯이 잠시도 있지 않은 것이 번뇌입니다.

  화두를 하면 번뇌망상이 가라않는 것은 틀림없다. 예를 들어 1초
에 7만 번 요동치는 번뇌 중에 한 개는 틀림없이 금덩어리 같은 귀
중한 불성이라 할 것 같으면 나머지 69,999개는 전제자리입니다.

도를 닦는다는 것은 자기의 불성자리 단제자리를 참구하는 것입니다. 그러면 자꾸 전제자리, 쓸데없는 번뇌망상이 줄어듭니다. 완전히 없어지는 것이 아니고 닦은 것만큼 지혜로 변하는 것입니다.

69,999개가 6,999개로, 또 699개로 69개로, 6.9개로 0.69개로 줄어들면 아까 말씀드린 대로 전제자리가 없어졌기 때문에 그것을 지혜라 하고 그때부터는 망상(번뇌)이라 하지 않고 생각이라 하는 것입니다. 용어를 잘 알아야 합니다.

참선교육의 목적은 화두는 무엇인가? 생각은 무엇인가? 번뇌는 무엇인가? 혼침은 왜 하나? 산란심은 어떻게 조복받나? 이런 전문적인 용어를 알기 쉽게 설명하는데 초점을 맞춘다. 예를 들어 화두는 '이 뭣고' 화두 중에 '이'만 바르게 하면 되고, '이' 가운데서도 진짜 불성에 해당하는 단제자리를 하라는 것입니다. 전제자리는 업식에 가려져 있는 것입니다.

선세와 난세는 바른 화두법을 참구하는 것을 돕기 위한 분식된 임제록에 나온 전문용어입니다. 그냥 '이 뭣고만' 하라 너무 막막한 것입니다. 적군과 아군이 구분 안 되고 운동회 할 때 청군, 백군이 구분 안 된다면 어떻게 경기를 할 수 있겠는가? 그냥 '이' 하는 것은 찐 계란에 비유를 하면 EGG. 계란이야 하는 것과 똑같습니다. 찐계란에 노란자와 흰자위가 있는 것처럼, 노란 자위가 엄연히 있습니다. 그것이 단제입니다. 흰자위는 전제로 생각하시면 됩니다.

그러니까 전제와 단제는 계란 속에 있는 것입니다. 전제는 단제를 떠날 수 없고 단제는 전제를 떠날 수 없는 것입니다. 전제자리는 제8 아뢰야식이라 하고 많이 보고 많이 듣고 기억하고 있는 모든 것을 말합니다.

단제자리는 무구청정식이며, 즉 제9 엄말랴야식을 말합니다. 참선을 한다는 것은 9식 자리 불성자리, 즉 화두중의 화두 단제자리를 참구하는 것을 말합니다. 참선을 한다는 것은 9식 자리 불성자리, 즉 화두중의 화두 단제자리를 참구하는 것을 말합니다.

화두 하는데 의정이 있어야 하는 말은 남녀지간도 처음 만나서는 낯설고 정이 안드는 것처럼 , 화두도 처음에는 정이 들지 않는 것이 당연한 것입니다.

그래서 정을 드리는 것이 중요하기 때문에 의정이라는 것입니다. 화두의 생명은 의정입니다. 대신심, 대분심은 당연한 것이고. 의정만이 살길이고 앉으나 서나, 오직 '이 뭣고' 하는 근본 진짜 이 우주가 생기기 전에도 마음은 있고 우주가 없어져도 마음은 있다는 이 마음자리가 무엇인고, 이렇게 하는 것입니다.

그런데 불심이 깊은 한국의 경상도 선방에 있는 선사스님들이 경상도 스님들이 줄여서 말하다 보니. '이 뭣고'로 자리가 잡힌 것입니다. 안타까운 것은 전제를 설명하지도 않고 단제에 대한 설명도 없이 그냥 막연하게 '이 뭣고' 하라고 하니까 일반적인 보살님들은 관세음보살, 관세음보살 하던 식으로 주력식 화두 '이 뭣고 이뭣고' 단제에 의정이 없는 생명력이 없는 화두를 한 다는 것입니다.

그런 것을 안타깝게 생각하여 참선교육 책을 저술하고 테이프를 5만 세트를 보급했고 미주땅까지 건너와서 자신만만하게 화두참구법을 교육시키는 것입니다.

위빠사나라는 것은 전제, 단제가 다 포함되어 있는 지관법입니다. 일어남, 사라짐, 일어나는 마음 현상을 관조하여 보는 것입니다. 생명력이 화두보다 약한 것인데 쉽기 때문에 빠른 속도로 대중화 되는 것 같습니다. 꿈속에서 꿈을 꾸는 것도 8식 자리 잠재의식 전제자리가 꾸는 것입니다. 조사들이 깨쳤다고 게송을 읊는 것도 전제자리입니다. 단제는 꿈도 없고 깨침도 없고 윤회도 없는 것입니다. 업식으로 몸을 받는 것은 전제일 뿐입니다.

그러니 도대체 단제는 무엇인고? 여러분들이 궁금하지 않습니까? 간혹 참선 정진을 잘못하다가 심리학에서 말하는 인정받고 싶은 욕구가 사람은 있기 때문에 '견성했다' 이런 말을 함부로 쓰는 사람들이 있습니다. 견성했다는 것도 전제자리입니다. 견성을 했다면 세 가지를 확실하게 말해야 합니다.

언제 죽을 것이며. 어디서 죽을 것인가? 죽은 다음에 자기의 마음자리는 어디로 갈 것인가? 세 가지에 대한 답을 못하면 견성한 것이 아니다. 식심으로 게송을 짓고 선문답을 척척한다 해도 그것은 견성이 아닙니다.

실력을 보여야 하는 것입니다. 위빠사나는 생각이 일어났다 꺼졌다 하는 생각을 쫓아가는 수행입니다. 화두에 단제자리는 생각자체가 없는 알 수 없는 단제자리를 참구하는 것입니다.

한 시간도 단제자리를 참구한 적이 없고 단제란 용어도 이해 못하는데 화두법을 비방하고 조사들의 가르침을 가볍게 생각하고 1,600년의 역사의 정통수행방법을 가볍게 여기는 요즘 현대인들이 무조건 위빠사나만 관심을 갖고 화두법을 가볍게 여기는 것이 안타까울 뿐입니다.

화두란 아무 조건 없이 앉으나 서나, 장소와 시간에 구애받지 않고 참구할 뿐입니다. 찰나정진, 찰나성불, 순간순간 도심을 잊지말고 환경과 주변 여건을 탓하지 말고 밥먹을 때나 옷 입을 때나 걸을 때나 대화할 때나 목욕할 때나 자꾸 '이 뭣고' 화두를 두는 습을 들여야 합니다.

이 길만이 살 길입니다. 여기서 마음을 편안하게 할 수 있고 편안한 마음이 주변에 이익을 줄 수 있습니다. 잘 산다는 것은 좋은 사람을 만나 좋은 정보를 듣고 좋은 곳으로 투자하면 좋은 결과가 나오기 때문에 잘 사는 것입니다.

망하는 사람은 나쁜 사람 만나 나쁜 정보를 듣고 나쁜 곳으로 투자하여 나쁜 결과가 나와 망하는 것입니다. 사람으로 인해 흥망성쇠가 달려 있는 것입니다. 법도 마찬가지입니다.

바른 참선법을 만나 바른 스승을 만나 바르게 시간 투자를 하여 바른 정진을 하면 바르게 깨닫는 것입니다. 그러나 외도법을 만나 나쁜 수행법을 만나 나쁜 가르침을 받아 많은 시간을 투자하면 인생을 망치는 것입니다.

질 문: 앞으로 미주수선회의 활동 방향에 대해?
현 담: 미주 전 주에 지부를 만드는 것입니다. 참선교육을 시키는 거점으로 삼고 싶다. 일년에 한번 정도는 정기적으로 올 계획이고 요청이 있으면 더 자주 올 것입니다. 여기에서 돈을 걷을 생각은 전혀 없고 한국에서 미주 불교의 활성화를 위해 투자할 것입니다.

8. 어느 수행자 수행 문답

※ 문 : 제자,

　　답 : 수행자

문 : 중생이 깨우침에 이른다는 것이 가능합니까?

답 : 바르게 일러 주기만 하면 중생도 깨우칠 수 있습니다.

문 : 깨침에 이르면 몸은 어떻게 되나요?

답 : 그것은 마음의 현상이니까 육체적으로는 아무 일도 일어나
　　지 않습니다.

문 : 깨침을 이해하면 자유로워질 수 있습니까?

답 : '자유'의 정의를 암기한다고 자유를 얻는 것은 아닙니다.

문 : 깨우침에 이르게 되더라도 업은 그대로 남아있습니까?

답 : 깨우치면 미래의 삶으로 전해질 자취를 남기지 않습니다.

문 : 삶이 죽음을 위한 준비라는 말은 진실입니까?

답 : 그렇습니다. 진실입니다.

문 : 우리들은 왜 죽음을 두려워합니까?

답 : 캄캄한 밤에는 우리 눈으로 낮과 달리 볼 수가 없기 때문인
　　것처럼 죽음에 대하여 無知하기 때문입니다.

문 : 죽음은 모든 것의 끝입니까?

답 : 물동이가 깨진다고 해도 그 안에 들어있는 공기는 깨지지
　　아니합니다. 그것처럼 업은 남아있는 것입니다.

문 : 환생이란 무엇입니까?

답 : 기억을 되찾으면 환생이지만, 되찾지 못하면 다시 태어남
　　을 말합니다.

문 : 과거의 삶들을 기억하는 방법이 있습니까?

답 : 스스로가 수행을 통하여 터득해야 합니다.

문 : 전생을 기억하는 일은 좋은 일입니까, 나쁜 일입니까?

답 : 좋기도 하고 나쁘기도 합니다.

문 : 선행도 악행 못지않게 우리들을 속박합니까?

답 : 악행은 비유를 들어 사람을 묶는 쇠사슬이고, 선행은 사람
　　을 속박하는 황금줄입니다. 그러니 선악을 초월해야 수도
　　를 할 수 있는 것입니다.

문 : 운명을 다스릴 수가 있습니까?

답 : 불을 만지면 손을 뎁니다. 운명의 탓으로 돌리지 마십시오.

문 : 운명이란 무엇입니까?

답 : 운명이란 과거의 업보에 의해서 이루어진 결과입니다.

문 : 전생의 업과 현생의 업은 무엇입니까?

답 : 인간은 전생에 행했던 행동들의 기억을 그대로 간직하고
　　있다고 합니다. 그 기억들은 층층이 쌓여있습니다. 이 포개
　　어 놓은 기억의 하나 하나의 층들은 명상이나 정신적인 수
　　련을 통해서 껍질이 하나씩 벗겨질 수가 있습니다. 현재의

삶에서 하는 행동들은 새로운 현생 업과 내생업으로 이루
어집니다.

문 : 혼령들이 무서운 존재입니까?

답 : 혼령을 믿는 자는 혼령을 두려워합니다. 믿지를 않으면 두
려움도 없어집니다. 그것은 감정에 따라 달라집니다.

문 : 현세의 업을 안고 죽으면 어떻게 됩니까?

답 : 삶에서 끝난 단계에서 다시 또 시작이 됩니다.

문 : 왜 태어납니까?

답 : 만일 욕망이 없다면 그 사람은 다시 태어나지 않을 것입니다.

문 : 과거에 업장을 어떻게 제거합니까?

답 : 감사와 만족감 속에 자비심으로 사물을 대하고 관용을 베
풀며 정신적인 수행을 통하여 훌륭한 인격을 키우면서 참
선을 하는 것입니다.

문 : 기억과 의식은 어떻게 다릅니까?

답 : 더 높은 차원으로 오르는 것은 기억이 아니라 의식이고, 기
억은 이차원적인 상대적인 요소입니다.

문 : 미래의 업은 어떻게 제거합니까?

답 : 현재와 과거 업을 소멸하면 미래는 없어질 것입니다.

문 : 윤회를 할수록 욕망과 업장은 점점 커집니까?

답 : 욕망을 충족시키기 위해서 다시 태어나고, 그것을 충 족시
키기 위해서 태어날 때마다 더 많은 업장을 짓습니다.

문 : 전생을 볼 수 있습니까?

답 : 전생에 대하여 알기가 쉽지 않습니다. 간혹 능력을 지니고 태어나는 경우도 있지만, 그것은 백만명 가운데 한두 명밖에 되지 않습니다.

문 : 살면서 순간적으로 미래를 볼 수 있습니까?

답 : 미래를 얼핏 섬광처럼 보기도 하는데, 순수해지면 더 많은 것을 볼 수가 있습니다.

문 : 때때로 나는 사람들을 보면 그들을 어디에선가 전에 본 적이 있다는 기분이 드는데, 왜 그럽니까?

답 : 과거에 만났거나 만나서 생활을 했거나 해서 인연이 있기 때문입니다만은 기억이 일부가 남고 많이 지워졌기 때문에 그럴 수가 있습니다.

문 : 선과 악은 보는 관점에 따라 다르다는데 어떻게 구별합니까?

답 : 선과 악은 정말로 구별하기 힘듭니다.

문 : 윤회를 벗어나겠다는 해탈원력을 세우면 반드시 이루어집니까?

답 : 해탈원력이 충분히 강렬하다면 이루어집니다. 그것은 축생인 개도 인간이 되기를 원을 세우면 될 수 있습니 다. 그렇지만 축생은 불법을 만나기 어렵기 때문에 윤회를 벗어나겠다는 원을 세우기가 어려운 것입니다.

문 : 육식을 하면 살생의 난폭성이 우리 몸속으로 들어갑니까?

답 : 고기 속에 남아 있는 동물의 육신에 대한 애착도 먹게 됩니다.

문 : 식물을 먹는 것도 역시 나쁘지 않습니까?

답 : 푸른 화초를 꺾으면 그것은 고통을 느끼지만, 영근 다음에
는 뽑아 줄 필요가 있습니다. 과일이나 꽃도 마찬가지입니
다. 채소의 의식은 동물의 의식과 다릅니다.

문 : 울면 몸에 어떤 효과가 있습니까?

답 : 울음은 긴장된 신경조직을 부드럽게 순화시킵니다. 그것은
과다한 담즙과 점액을 제거하고 폐를 강화시키기 때문에
좋습니다. 그러나 분노심으로 화가 날 때 울음은 아니고 다
만, 기뻐서 감동해서 긍정적인 감정에서 울 때만 그렇게 됩
니다.

문 : 수행자가 염력으로 병을 고칠 수 있는 힘은 무엇입니까?

답 : 마음의 순수성입니다. 마음이 순수하면 병을 고칠 수가 있
습니다.

문 : 그 힘을 발휘하는 수행자들이 왜 그토록 수가 적습니까?

답 : 능력을 보여주면 그들을 따라다닐 것입니다. 그러면 수행
자는 이름과 돈이 따르고 고행을 중단하고 안락하게 생활
할 것입니다. 그렇기 때문에 진정한 수행자는 더 큰 경지에
도달하기 전까지 힘을 발휘하지 않는 것 입니다.

문 : 잠은 어떤 자세로 자야 되는 것입니까?

답 : 오른쪽 무릎을 올리고 왼쪽으로 돌아눕는 것이 가장 좋은
자세입니다. 그러면 오른쪽 콧구멍이 트여 있어서 몸을 따
뜻하게 하는 데 도움이 됩니다.

문 : 사람들은 왜 잠을 그토록 많이 잡니까?

답 : 습성은 깨뜨리기가 어렵습니다.

문 : 세월이란 무엇입니까?

답 : 삶의 모든 순간은 곡식 낟알이나 마찬가지이고, 세월은 모든 씨앗을 아주 빨리 먹어 치우는 굶주린 새입니다. 곡식을 다 먹고 나면 새는 날아가 버릴 것입니다.

문 : 꿈이 나중에 현실로 나타난 적이 있습니다. 왜 그렇습니까?

답 : 초의식의 경지에는 과거도 없고 현재도 없으며 미래도 없습니다. 당신이 터득한 바는 모든 것이 내면에 존재한다는 점입니다. 이 인식은 초의식과 더불어 찾아옵니다.

문 : 꿈속에서 우리들이 찾아가는 곳은 죽어서도 우리들이 찾아가는 곳과 비슷하다는 생각이 드는데 그렇습니까?

답 : 삶도 또한 꿈이고, 죽음은 그 꿈의 끝입니다. 죽음 이후에는 또다른 꿈이 시작됩니다.

문 : 꿈은 왜 대상이 바뀝니까?

답 : 꿈속에서도 활동적입니다. 모든 인상들이 마음속에서 회전합니다. 꿈들을 관찰하면 현재와 과거의 다른 행동들로부터 옵니다. 꿈을 관찰하는 방법을 터득한 사람은 미래를 볼 수가 있습니다.

문 : 삶은 꿈입니까? 꿈이 삶입니까?

답 : 삶은 꿈이라는 것을 알 때는 꿈이 삶이 됩니다.

문 : 결혼이라는 관계 속에서 깨달음에 이를 수가 있습니까?

답 : 안되는 것은 아니나, 몇몇은 높은 경지에 있을 수도 있습니다.

문 : 가정을 이루는 것보다 혼자 사는 것이 더 바람직합니까?

답 : 가족을 거느린 사람은 다른 각도에서 자신을 관찰하기 위해 때때로 혼자 있어야 할 필요성이 생깁니다.

문 : 어떤 직업이 다른 직업보다 정신수양에 있어서 보다 도움이 됩니까?

답 : 다른 사람들에게 의존하지 않는 일을 하는 사람이라면 정신 수양을 하기가 훨씬 좋습니다.

문 : 상대방 약점이 크게 보일 때는 어떻게 합니까?

답 : 몇 가지 약점을 너그럽게 받아들여야 하고, 그는 당신의 약점들을 받아들일 것입니다. '더 좋은' 인간이란 한이 없습니다. 당신은 계속해서 추구하겠지만 백 퍼센트 완벽한 사람은 절대로 찾아내지 못할 터입니다.

문 : 싸우는 곳으로 가면 관련이 없더라도 싸움 현장에 충만해 있는 서로의 분노 에너지가 제 몸에 영향을 주는 것 같습니다. 그럴 수 있습니까?

답 : 타인들로부터 분노의 진동이 그의 마음으로 옮겨오기 때문입니다.

문 : 남을 해치려는 나쁜 생각이 계속 날 때는 어떻게 없앨 수 있습니까?

답 : ① 정신적인 사람들의 모임을 나갈 것 ② 경전 공부를 할 것 ③ 수행자들의 생애에 관한 글을 읽을 것

문 : 묵언의 중요성은 무엇입니까?

답 : 말을 하면 에너지를 상실하기 때문입니다. 얘기를 하려면 우리들은 숨을 내쉬어야 하고, 그러면 엄청난 에너지를 상실하게 됩니다. 며칠동안에 얘기를 중단했다가 다시 말을 하기 시작하면 당신은 그 에너지를 느끼 게 됩니다. 소리를 쓰지 않으면 우리들은 에너지를 보존하는 것이 좋습니다.

문 : 참된 묵언이란?

답 : 생각이 배제된 경지입니다. 마음을 조용하게 만드는 것이 참된 묵언입니다. 말을 멈추는 것은 하나의 고행입니다. 말하려는 욕망을 통제한다는 것입니다. 왜냐하면 말을 많이 함으로써 사람들은 타인들에게 깊은 인상을 주고 관심을 끌려고 애쓰는데, 묵언을 지킨다면 그럴 필요가 없기 때문입니다.

문 : 평소에는 말을 하다가 내가 말하기 싫을 때만 묵언을 해도 됩니까?

답 : 묵언을 원할 때는 묵언을 해도 좋습니다.

문 : 스승이 얼마나 중요합니까?

답 : 살아있는 스승에 대한 믿음을 지닌다는 것은 중요합니다. 그러나 자신의 마음에 대한 믿음을 지니는 것이 더 좋습니다. 스승은 외적인 것보다 자기 자신의 내면에 존재하는 자기 자신의 스승을 말합니다.

문 : 스승께서 제자의 업보를 떠맡을 수가 있습니까?

답 : 아기 대신에 밥을 먹을 수가 없는 것처럼 제자의 업보는 제

자가 받는 것이고, 스승이 받을 수 없습니다.

문 : 스승은 꿀이고, 제자는 벌이란 무슨 뜻입니까?

답 : 벌이 연꽃을 찾아가는 목적은 달콤한 꿀을 먹기 위해서입니다. 하지만, 해가 지기전에 빠져나와야지 해가 지면 연꽃잎은 오므라져서 닫히기 때문에 빨리 빠져나오지 않으면 벌은 연꽃 속에 밤새도록 갇히게 됩니다. 아무리 훌륭한 스승이라도 때가 되면 떠나가야하고 꿀이 필요할 때는 연꽃을 찾아가는 벌과 같이 다시 와야 됩니다. 연꽃이 꿀을 가지고 있다고 벌을 가둬두어서도 안되고 벌도 꿀만 쫓아다니며 꿀 속에만 빠져 있어서도 안됩니다. 그러니 스승과 제자 간도 이와 마찬가지입니다. 벌은 훨훨 나는 자유를 좋아합니다. 그것을 인정하는 것이 또한 훌륭한 스승일 것입니다.

IX

동안거 토굴 체험담

동안거 토굴 체험담

무사히 동안거 해제를 하게 된 것은 위로는 제불보살님의 가피와 가까이로는 여러분의 깊은 신심 덕분이라 생각됩니다.

이번 정진은 모두 잘하신 것 같아요. 분위기를 보면 알 수 있고, 여러분들 모습을 보면 압니다. 제가 참으로 발심 정진을 해서 도력이 있다면, 여러분이 저를 보는 순간 견성해서 이 순간 오도송(悟道頌)을 읊고 있어야 되는데, 그런 도력이 없는 모양입니다. 법문

은 이미 많이 들었고
정진을 해보신 분들
이니까, 지금 제가
몇 가지 말씀드리면
가슴에 와 닿는 것이
있을 겁니다.

　세상에서는 돈이
나 집이나 이런 것

못 가질 때 괴롭고 뜻대로 일이 안될 때 괴로운데, 수좌(首座)는
정진할 때 이치로는 조사들의 경지로 계합해 들어가야 되고, 선
사들이 말씀하신 화두일념으로 들어가야 되는데, 막상 해 보면
안됩니다. 안될 때, 다른 것은 노력을 하면 진전이 있는데 애를
써도 안될 때 고통스럽습니다. 괴롭습니다. 이럴 바엔 참선하지
말고 주력(呪力)을 하든지 독경을 하든지 아니면 다른 것을 할걸
나는 업장(業障)이 많아서 시간을 헛되이 보내고 있지 않는가 이
런 생각을 갖게 됩니다. 그러나 정진이란 것은 아편쟁이가 아편
에 중독되는 것하고 똑같습니다. 하면 할수록 부족함을 느끼고,
하면 할수록 뭔지 모르지만 해야된다는 것이 원력(願力)으로 서
서히 굳어집니다. 진짜 힘든 길입니다. 적당히 하는 것도 힘들지
만 제대로 하기는 더 힘듭니다.

　체험 전체를 이야기하면 좋겠지만 시간관계상 대표적으로 몇
가지 느낀 것을 말씀드리겠습니다. 여기서 분명히 말씀드리지만

절대로 제가 꾸며서 말을 하거나 거짓으로 말하는 것이 아니고 제가 느꼈던 것, 확실히 체험했던 것을 힘있게 말씀드릴 수 있는 부분이 있습니다.

첫째, 정진은 임종(臨終)시에 한번 쓰자는 것입니다. 다른 것 아닙니다. 숨 떨어질 때 딱 한번 쓰자는 것입니다. 정진 수행하는 사람을 줄여서 수좌(首座)라고 합니다. 수좌는 다른 사람하고 달라야 합니다. 세상 사람은 살기 위해서 삽니다. 그러나 수좌는 죽는 것을 놓고 제대로 임종을 맞이하기 위해서 하루하루를 살아갑니다. 항상 이 자리에서 목숨을 던질 수 있는가? 자기 명(命)이 여기서 끝날 때 후회 없이 갈 수 있는가? 아무리 법문을 많이 듣고 불경을 많이 알고 해도 자기 정진력이 없으면 소용없습니다. 임종이라는 것, 죽는다는 문제가 깊이 생각해보면 엄청나게 심각한 일이지만, 사실은 숟가락 들 힘이 없는 것, 숟가락 놓고 가는 것을 죽는다고 합니다. 별거 아닙니다. 숟가락 놓는 시절이 반드시 있습니다.

우리가 그럴 때를 당해서 어떻게 해야 되나, 그 날 그 순간을 위해서 수좌는 한평생을 정진하는 겁니다. 산천초목은 변해도 수좌의 마음은 변하지 않는다고, 흔들리지 말아야 됩니다. 추우나 더우나 남이 나를 칭찬하든 헐뜯든 한길로 가는 겁니다. 뒤를 돌아보지 않습니다. 결국 한길로 가는 그 뜻은 어떻게 임종을 맞이하느냐, 죽은 다음엔 어떻게 되느냐, 생각 같아서는 별거 아닌 것 같아도 여러분이 '이 순간에 죽는다' 생각해보십시오. 지금 죽는다고 하면 집 등기문서며, 자동차·자식·가족 그게 자기 죽을 때 무슨 소용이 있겠습니까?

변소길하고 저승길하고는 대신 가줄 수 없다고, 아무리 사랑하는 사람이 있어도 똥누러 갈 때에는 대신 못 갑니다. 그것처럼 죽을 때에도 혼자 가는 겁니다. 사바세계라는 것은 고통이 많은 세계입니다. '어~~' 하다가 가는 겁니다. 내일까지 산다는 보장이 없습니다. 그러면 어떻게 임종을 맞이할 것이냐. 그것을 놓고 수많은 사람들이 도전했습니다. 도전을 해서 힘을 얻은 사람을 조사라 하고, 못 얻은 사람은 그냥 수좌입니다. 닦다가 가는 겁니다. 죽는다는 문제를 여러분이 깊이 생각해 보지 않아서 그렇지 막막한 겁니다. 엄청난 겁니다. 그래서 이 참선법은 불법을 만났다고 다 만나는 것이 아니고, 불법을 만났어도 참선법 만나는 사람이 따로 있습니다.

참선법 가운데서도 결제정진하는 수좌는 전생부터 하던 습관에 의해서 하는 것이지 아무나 못하는 겁니다. 생각으로는 한철 날 것 같아도 절대로 안됩니다. 동안거 중간에 깨는 사람, 조금 하다가 힘들다고 중도에 포기하고 선방에서 정진하다가 톡 튀어 나가고 하는 것은 전생에도 그렇게 하던 습관입니다. 그 고비를 새기고 넘겨야 됩니다. 도 닦는 사람은 평상시 잘 지내야 3개월 정진하는 것이지, 평상시에 계율을 어기고 개차반으로 산 사람은 막상 안거 결제에 들어오면 안됩니다. 그렇기 때문에 평상시 정진이 중요한 겁니다. 여러분이 갑자기 '화두해서 깨쳐 가지고 죽

음으로부터 모면해야 되겠다' 이런 생각으로 참선공부를 벼락공
부하는 사람은 안되는 겁니다.

왜 안되느냐 하면 평소에 어떻게 살았느냐 이겁니다. 모두 다
자기 몸뚱이 편한 대로 살다가 갑자기 앉거만 들어갔다고 되겠냐
말입니다. 40살 이상 된 사람은 반드시 내생을 믿어야 됩니다.
40미만은 젊기 때문에 현실에 폭 빠져 내생을 모르고 산다고 하
더라도 40살이 넘은 사람은 오늘 이 순간 죽어도 좋다는 생각을
할 정도로 삶의 미련도 후회도 없어야 잘 살아 오신 것입니다. 조
금이라도 애착이나 집착이 있다면, 죽은 후에 영가가 되어 허공
을 맴돌 것입니다. 그러니 마음을 이렇게 써야 됩니다. 40살에
죽었다고 억울하게 생각하지 말고 태어나서 단명보를 받아서 1살
에 죽기도 하고 5살에 죽기도 하고 하는데, 1살보다 40년 살았으
면 39년을 더 산 것이고, 5살보다는 35년을 더 산 게 아니냐 이
렇게 긍정적으로 생각을 하며 죽어야지, 다른 수명장수한 사람의
비유를 들어 억울하다고 남은 80까지 보통 사는데 40년 먼저 가
버린다니 억울하다는 부정적인 생각을 하지 말아야 되는 것입니
다.

여러분들이 마흔살이 넘으면 죽음과 내생을 생각해 보아야할
나이입니다. 사는데만 바쁘게 생각하지 마시고 이 자리에서 죽어
도 좋은가, 만약에 죽는다면 미련이 없는가, 그리고 내생에도 사
람으로 태어날 수 있는가, 또한 사람으로 태어난다면 남자 몸을
받을지 여자 몸을 받을지 그리고 금생과 달리 어떤 직업을 갖고

어떤 모습으로 살아갈 것이며 금생과 다른 어떤 집안에 태어날까, 한번 곰곰이 생각해 보십시오.

저는 이번 동안거를 지리산 토굴에서 혼자 정진하면서 생각을 해봤습니다. 참 재미있는 망상을 해 보았습니다. 내가 임종을 당한다? 그러면 혼이 빠져나가서 새 몸을 받아야 되는데, 다시 또 정진하기 위해서 어느 집안에 태어날 것인가, 저는 김씨거든요. 제가 한평생 썼던 습이 김씨니까 김씨 집안으로 태어나겠다는 생각을 가졌습니다. 여러분들도 자기가 썼던 성으로 또 태어나고 싶을 것입니다. 또한 저같은 경우 김씨로 태어난다고 생각해 볼 때 김씨는 본이 여러 개 있는데 어떤 본으로 태어날까 또 생각을 해 보니 제가 안동 김씨니까 내생에도 다시 안동 김씨로 태어나고 싶더라구요. 그래서 느낀 것이 직업 바꾸기가 어려운 것처럼 평소 살면서 느낀 습관에 의해서 죽으면서도 그런 생각을 하게 됨으로써 그렇게 될 수 있다는 것입니다.

그러니 일반인들은 망상을 하더라도 좋은 망상 건전한 망상을 하면서 죽어야 됩니다. 수좌는 죽을 때도 평소처럼 화두만 하다가 화두속에 죽어야 된다는 선지식들의 말씀이 틀림없는 말씀입니다. 다시 아까하던 이야기를 하겠습니다. 성씨는 정해졌으니, 태어날 고향은 어디로 태어났으면 좋겠냐 생각해 보니 서울엔 태어나고 싶지 않고, 제가 태어난 곳이 강월도 영월군 수주면 도원리인데 사자산 법흥사 적멸보궁의 기운이 있는 금생 고향이 내생에도 연결이 되었으면 하는 생각이 들더라구요. 그러나 인연따라 태어나겠지만 망상은 본능적으로 그렇게 들더라는 것입니다. 그러니 여러분들도 자기 성씨, 자기 고향에 다시 태어나고 싶을 겁니다. 반복되는 것이 업이 되는 것입니다. 이렇게 나고 죽고, 나고 죽고, 무량억겁을 생사윤회 했다는 것입니다. 금생에는 이제 끝마치자는 것입니다. 죽는 것은 두렵지 않으나 또 태어나고 태어나면 먹고살기 위해 업을 퍼짓고 원결을 짓고 그러다가 보면 세월은 흘러 늙고 병들고 죽고 또 죽으면 또 태어나고 지긋지긋한 생사윤회를 영원히 끊자는 말입니다.

그래서 도를 닦는 수좌는 발심을 해서 생사해탈을 하기 위하여 먹을 것도 안 먹고 입을 것도 안 입고 볼 것도 말 할 것도 하지 않으며 명산대찰 선방이나 토굴에서 정진하는 것입니다. 한 생 안 태어난 셈 치고 세속을 부러워하지 않고, 몸은 살아 있어도 죽은 사람처럼 오직 흔들리지 않는 마음으로 정진만 하는 것입니다. 그렇기 때문에 수좌는 태산처럼 몸을 가볍게 하지 말아야 한다고 합니다. 무사는 칼을 차고 있어야 무사답고 선비는 글을 읽을 때

선비다운 멋이 나고 수좌는 좌복 위에서 허리 펴고 정진할 때 빛이 난다고 했습니다. 그렇게 젊음과 청춘을 바쳐 도를 닦아 도

인이 되면 어떤 마음을 쓰느냐
하면 옛날 도인들은 이런 마음
을 썼다고 합니다.

도가 어느 정도 익은 다음에
는 업보중생들을 불쌍히 여겨
부처님 법에 불연(佛緣)을 맺어
주고 신심을 넣어주기 위하여,
방편으로 중생을 제도하기 위
하여 노력했다고 합니다.

예를 들어 도인이 여름에 시

냇가에서 지나가다가 발을 씻으면서도, 흘러가는 물이지만 인연
있는 물고기들이 업보로부터 해탈하고 인도환생 해서 불법만나
도를 닦기를 발원을 했다고 합니다. 그리고 중생들 업을 녹여주
기 위하여 업장이 무거운 집만 일부러 골라 다니며 탁발해서 그
밥으로 공양을 드시고 공부를 하셨다고 합니다.

도인이 먹고 놀고 낮잠 자는 게 아니라 연(緣)을 맺어주러 다니
는 겁니다. 인연공덕(因緣功德)이란 게 엄청납니다. 과거전생이
라는 것은 흘러가 버린 거라 하더라도 앞으로 어떤 모습으로 사
느냐 그게 이미 결정이 나 있습니다. 복을 못 짓고 빌빌하다가 숨
딱 떨어지면 다음엔 이미 금생에 하던 것이 내생으로 연결된다고
하는데 얼마나 비참합니까? 그러니까 몸은 세속적 직업을 갖고
있어도 생각은 달리 갖고 있어야 됩니다. 생각은 항상 정진하려

는 생각, 그것을 염력(念力)이라고 합니다. 염(念)은 생각이거든
요, 염력이 변해서 원력(願力)이 됩니다. 원력은 변하지 않습니
다. 여러분은 원력을 가져야 됩니다.

앞으로 여생을 어떻게 살 것이냐.
10년을 더 살지, 20년 30년을 더 살
지, 한치 앞을 못 내다보는 중생이 그
냥 사는 겁니다. 그리고 반드시 직업
이 있어야 됩니다. 시간이 많으면 번
뇌가 더 많고, 시간이 많으면 정진이
더 잘될 것 같아도 안됩니다. 일하는
즐거움, 일하는 가운데서 한 두 시간
씩 열심히 할 때 자기도 모르게 업이
녹습니다. 정진이 됩니다. 사실은 여
러분이 임종이라는 것 하나 때문에
평생 정진해야 됩니다.

지금부터는 여러분들이 궁금해 하는 토굴생활체험담을 말씀드
리겠습니다. 식이 맑으니까 이런 일이 생기는데 여러분 믿지 않
겠지만 사실입니다. 무슨 일이냐 하면 혼자 토굴에서 정진을 하
는데 주변에서 자꾸 기침소리가 들려요. 콜록콜록 재채기도 하
고, 사람은 당연히 나 혼자 밖에 없는데 나는 기침하지 않고 건강
하게 참선 잘하고 혼자 앉아 있는데 기침소리가 들리길래 이상하
다 생각했습니다. 토굴에서 떨어져 있는 금대암에서 누가 기침한

다 해도 멀리 떨어져 있기 때문에 들린다는 것이 이상하고 들리
지도 않는 곳인데 기침소리가 계속 들리니 처음에는 신경을 썼다
가 그 뒤에는 소리가 들리든 말든 대수롭지 않게 여겼습니다.

그런데 기침소리 들린 지 3일 후에 우물우물하더니 감기몸살
에 걸렸는데, 콧물 재채기가 나오는 것입니다. 평소에 건강하기
때문에 토굴 들어갈 때 약을 준비할 필요도 없고 해서 그냥 들어
갔는데 아니 세상에 혼자 토굴에 있는데 감기 몸살이 걸렸으니
보통문제가 아닙니다. 이번에 동안거는 '사람얼굴 보지 않는 결
제'를 한다고, 금대암 주지 진명스님에게 원력을 세우고 결제에
들어갔었습니다.

그리고 사중에서도 특별히 외호해준다고 공양을 날라다가 마
루에 놓고 가면 먹고 나서 공양바구니에 담아 마루에 내 놓으면
가져가고, 그랬기 때문에 사람얼굴 안보고 밀어 붙였는데 기침소
리 들을 때까지 40일간은 아무 장애 없이 정진을 잘했는데 감기
가 들었으니, 약을 가지러 암자로 올라가면 얼굴 안보는 결제가
깨지는 것이라 올라갈 수도 없고 참자니 기침은 계속 나오고 고
생이고 그래도 참았습니다. 3일을 계속 누워서 된통 앓았습니다.

건강할 때 하고는 달리 몸이 아프니까 생각하는 것이 달라지는
것을 체험했습니다. 매일 힘없이 3일을 누운 것입니다. 참선은
20분하고 두 시간은 드러누워요. 드러누우면 잠이 와요. 그럼 또
자는 겁니다. 잠을 많이는 안 자는데 낮잠을 한 두 시간 자요. 리
듬이 완전히 깨져버려요. OO선사 생각이 나더라구요. 토굴은 득

력한 사람이 견성해서 보림하러 들어가는 것인데 그러면서 말리시던 선사 스님의 말씀이 생각나면서 다시는 토굴생활하지 말아야겠다, 나는 체질이 아닌가보다 이렇게 반성을 많이 했습니다. 금대암 주지스님은 이런 사정도 모르고 꼬박꼬박 공양은 마루에다 잘 갖다 놓는데, 참선 못하고 누워서 받아먹자니 미안하고 배는 고프니 먹어야 살겠고 그렇게 3일 앓고 나니까 머리가 그렇게 맑아지는 겁니다.

몸이 가뿐하면서 그때부터 건강을 다시 회복하기 시작했습니다. 그리고 회복과정에서 과일이 먹고 싶은데 먹고 싶은 것을 달라고 할 수가 없습니다. 그런데 신기하게 먹고 싶었던 과일이 공양 바구니 속에 담겨서 내려왔습니다. 그런데 보는 순간에 먹고 싶었던 생각이 해소가 되는 겁니다. 과일 먹을 게 있으니까 막상 먹고 싶지도 않고 언젠가 먹을 수 있다는 마음에서 안먹어도 해소가 되더라고요. 아! 그래서 '사바세계는 마음의 세계구나' 이것을 체험했습니다.

사람을 보는 순간 분별심이 생깁니다. 느낌과 감정이 일어납니다. 그렇기 때문에 이번 동안거는 사람 얼굴을 보지 않는 토굴정진을 원력을 세우고 시작했습니다. 그래서 더 많은 것을 느끼고 체험할 수 있었던 것 같습니다. 처음에는 갑갑증이 나서 힘들었습니다. 그리고 밤이면 비몽사몽간에 가위를 자꾸 눌리는데 무섭고 죽을 것만 같은 공포도 많이 경험했습니다. 그래서 혼자 사람 얼굴 보지 않고 참선한다는 것이 이렇게 힘들구나! 해제날짜만

꼽는 것입니다. 아침에 생각하고 점심공양 때 생각하고 해제날짜 기다리는 것이 화두가 되어버렸습니다.

기다리는 세월은 왜 이렇게 지루하고 더디고 시간이 안가는지… 혼자 좌복에 앉아 있으면 지나간 삶은 모두가 아름다운 추억이며, 망상으로써 창살없는 감옥에 갇혀있는 것 같았습니다. 화두를 아무리 애를 써서 길을 들이고 잡아보려고 해도 잘 되지 않기 때문에 더 마음이 괴로웠습니다.

혼자서 날라다주는 공양을 먹으면서 '아! 여기까지 이 공양이 올 때까지 얼마나 많은 중생들이 고생을 해서 내 입에 들어가는 것인가.' 한 끼 한 끼 먹을 때마다 송구스럽고 죄송하면서도 공양을 들지 않으면 힘이 없어 참선을 못하니 어쩔 수 없이 먹어야 되고 그리고 소화시키느라고 휴식을 취하고 약수터로 물 뜨러 가고 이렇게 반복되는 혼자생활에 어느 정도 적응이 될 때까지는 한 달 정도 걸린 것 같습니다.

제일 고통스러운 것은 씻지 못하는 것이었는데 날은 춥고 씻을 때가 없기 때문에 씻지 못하고 두 달을 버텼습니다. 간단한 손발 세수 정도는 했지만, 암자로 올라가면 사람얼굴을 보게되고 또한 위치를 벗어나는 것이 나하고의 약속을 깨는 것 같아 두 달을 씻지 못하니 온 몸이 썩은 냄새가 나는 것 같고 심하게 가려웠습니다. 그래서 한 달을 더 참아야 되는데 약간 날이 풀린 날 낮에 약수터에서 전신을 씻었습니다. 개운하고 기분이 좋았는데, 그 때부터는 사람이 맹탕이 된 것 같았습니다. 악신도 떠나가고 선신도 떠나가고 모든 게 홀가분하면서도 아무것도 아닌 텅 빈 무기력함을 체험했습니다.

아! 고통스럽게 씻지 않는 것도 고행인데, 고행일 때는 악신도 오고 선신도 오는데 그 순간부터 해제가 된 것을 느꼈습니다. 그리고 하도 밤은 길고 눈은 내리고 춥고 해제 때까지 한 달간을 또 기다려야 된다고 생각하니 많은 생각이 났습니다. 내가 오늘 자다가도 가위에 눌려 죽을 수도 있을텐데…죽는다하면 점심에 바구니에 공양을 갖고 왔다가 전날 먹은 공양바구니가 없는 것을 보고 뭔가 이상한 것을 느껴 방문을 열어봤을 때 나의 시신을 발견하고 많은 사람들이 놀래기도 하고 연락도 하고…

그렇다고 치면 과연 나는 이번 생에 잘살다 후회없이 몸 버리고 떠나갈 수 있었던 것인가… 혼자 생각해보니 그리웠던 한 분 한 분의 얼굴이 생각나고… 나와 인연있는 분들을 내생에 만날 것으로 마음속으로 정리를 하고… 그리고 모든 것을 다 잊었습니다.

모든 얼굴을 잊어버리고 나서 단 하나, 잊어버리지 않는 얼굴이 마지막에 하나 떠오르는데 그 얼굴이 바로 어머니였습니다. 너무나 바쁘게 신심을 갖고 부처님을 잊지 않고, 화두를 잊지 않고, 시주의 인연을 잊지 않고, 나를 도와준 분이나 많은 분들을 잊지 않고 생각생각하며 바쁘게 살았는데, 마지막 금생에 떠오르는 그 얼굴은 어머니였습니다. 생각하니 효도 못한 것이 눈물이 나고 이대로 가는구나…

이미 84년 어머니 87년 아버지 두 분 다 세연이 다 되어 떠나가셨지만 그 때는 잘 몰랐습니다. 출가를 했기 때문에 살았을 때 효도도 못하고 마음껏 만나보지도 못하고 돌아가신 것이 그 당시는 당연한 것 아닌가 생각했는데, 지리산에서 내가 오늘 저녁에 임종을 당한다고 깊이 생각을 할 때 마지막 모습은 결국 어머니였습니다. 도를 닦고 마음을 닦는다 하더라도 인간이 되야만이 수좌가 된다는 것을 체험했습니다.

토굴생활이라는 것은 확실하게 자기를 성찰할 수 있는 자기만의 삶이고 선방에서 느끼지 못한 무상과 고독과 자기자신과의 싸움과 시간의 지루함과 세월의 기다림을 체험할 수 있는 유일한 수행처라는 것을 알았습니다. 경험하지 않은 사람은 얘기할 수 없는 곳이 토굴생활이라는 것입니다.

혼자 있어도 있을 것은 다 있어야 되고 군불도 때야 되고 눈이 오면 눈을 치워야 됩니다. 변소 가는 길과 약수터 물 뜨러 가는 길과 점심에 공양바구니 들고 날라주는 고마운 분 내려오기 좋게 통로를 뚫어줘야 되는 것입니다. 또 마당은 쓸어야 되고 방은 청소해야 되고 공양을 든 후에 내일 눈이 와서 약수터 길이 끊어질 것을 가상해서 물 한 양동이는 비상용으로 비치시켜놔야 됩니다.

혼자서 동안거 3개월간 필요한 소모품을 말씀드릴 것 같으면, 치약은 150g짜리 죽염치약 큰 것 한 통이면 되는데 조금씩 짜서 쓰더라도 반정도 남으면 45일 정도 지난 걸로 계산이 됩니다. 세수비누는 단단한 인삼비누 2장 정도가 소모되고, 빨래비누는 한 장 정도가 소모되며, 휴지는 두루마리 단단한 큰 것, 아껴 쓰고 꼭 필요할 때만 쓰는데도 2개반 정도 소모가 됩니다.

혼자 쓰는 물의 양은 양치질하고 고양이 세수하는 식으로 얼굴만 새벽에 닦고, 방걸레 빨고 식수로 쓰고, 그리고 밑물하는데 쓰고, 그릇 몇 개 간단히 닦는데 하루 꼭 필요한 양이 물 한 양동이 반이면 그런대로 쓸 수 있습니다. 아끼면 한 양동이로 쓸 수도 있는데, 그럴 때는 굉장히 궁색한 짓을 느끼게 됩니다. 그래서 꼭 눈이 올 것을 대비해서 방안에 얼지 않게 비치시켜 놔야 되는 것입니다.

지리산 산중 날씨는 맑았다가도 폭설이 내릴 수 있기 때문에 약수터 물 만 믿고 있다가는 안되는 것입니다. 아주 아낄 때는 물

한동이로 눈 많이 내릴 때 삼일을 쓴 적이 있습니다만 그 때는 식수와 양치질하는 것, 세수하는 것, 밑물하는 물 이외에는 걸레도 빨지 않고 설거지도 하지 않고 비상기간을 견디었습니다.

필수품으로 꼭 비치해야할 물품은 야간에 움직일 때 필요한 랜턴 한 개, 비상용 랜턴 건전지 한 개, 명주 두꺼운 긴 목도리, 비상용 부식으로 마른 김 몇 톳, 땅콩, 잣 약간, 주전자, 방비, 걸레 등인데 항상 만지거나 쓰는 물건 중에 하나입니다. 라디오도 없고 신문도 없기 때문에 속세의 소식은 전연 모르고 조금이라도 마음을 의지하기 위하여 불경 한 권이라도 가지고 들어가고 싶지만, 망상을 하면 했지 책은 보지 않는다는 신념으로 소지하지 않았습니다.

그리고 터가 세고 가위를 눌릴 때도 잠에서 깨면 천수경이라도 한 독 하고 싶었지만 타력적인 의타심을 기르지 않기 위하여 천수경 한 독도 반야심경 한 독도 한 철동안 안했습니다. 새벽 3시에 죽비로 예불은 혼자 간단히 했어도 소리내서 하지 않았습니다. 수염이 기니까 가장 불편한 것은 공양 할 때 콧수염이 입속으로 들어오는 것이 귀찮았고 덕을 보는 것은 얼굴이 시리지 않고 보온이 되는 것 같아 좋았습니다.

혼자 있으니 100% 묵언수행이 되었습니다. 그래도 한 달에 두 번 꼴은 금대암 주지스님이 잘있나 궁금해서 점심공양 후에 찾아와서 혼자 이야기하시면서 올라가실 적이 있는데, 주지스님 얼굴마저 안본다면 나가라고 할 것 같아 얼굴은 보았습니다만은, 주지스님이 혼자 말씀하시고 혼자 올라가시는데 그 시간이 한 시간 정도 소모되는 것 같았습니다. 매일 혼자 지내도 일과가 착착 진행되는데 그 리듬이 깨지게 됩니다.

주지스님이 올라간 다음에 방청소를 해야되고 약수터 가서 물도 길어와야 하고 할 때는 한 시간씩이 다 밀리기 때문에 사실은 시간도 아깝고 싫었습니다만은 그래도 이런 장소를 제공해주고 외호해주시는 고마운 분에게 마음을 그렇게 쓰면 안되지… 위로하면서도 철두철미한 100% 사람 얼굴 안보는 결제를 하고 싶었는데, 결국은 못하는구나…이런 아쉬움속에 혼자 실패를 인정해야 되는가, 최소한 불가항력이니까 좋게 평가를 마음으로 해야 되는가…약간의 갈등은 있었습니다만 후유증은 2~3일이 가는 것을 느꼈습니다.

그래서 저는 나중에 내가 누가 정진할 때 외호한다하면 시체가 되기 전에는 산사람한테는 찾아가서 말을 걸지 않겠노라 마음먹었습니다. 그럭저럭 세월은 흘러 해제가 가까이 오는 것을 느꼈습니다. 이제는 토굴 근방의 모든 동식물들하고 정이 들어서 처음 들어올 때와 달리 굉장히 편안함을 느꼈습니다. 주변에는 산새도 많고 청솔모도 있고 주지스님 말씀은 겁주는 건지 모르지만 호랑이도 옛날에는 있었다고 하는데 그것은 안믿어지고, 가끔 노루 발자국 같은 것과 산돼지나 곰 발자국 같은 것은 눈이 많이 오는 날 새벽에 훤해지면 약수터에 가다가 발견한 적이 있습니다.

혼자 생활한다는 것! 참으로 아름답고 편안하고 좋으면서도 무섭고 외롭고 쓸쓸한 것과 항상 공존되는 것을 느꼈습니다. 새벽에 훤해질 때는 새소리를 들으면서 약수터에서 한눈에 천왕봉을 바라보며 눈을 돌려 웅장한 지리산 능선을 볼 것 같으면 이렇게 마음 놓고 대자연속에서 동안거 한 철을 날 수 있는 사람은 지구상에서 가장 복이 있는 저(현담)이라는 생각이 들며 마음이 뿌듯했습니다. 재벌의 별장이 아무리 좋은들, 지리산 토굴에서 생활하는 대자연의 일부분을 만끽하지 못하고 몇 평이나 소유하고 좋다고 하겠습니까!

1300여년 고찰의 금대암! 그리고 혼자 쓸 수밖에 없는, 길이 끊어져 등산객이 전혀 오지 않는 암자 밑에 숨어 있는 약수터! 500년 묵은 전나무 두 구루! 혼자 쓰는 전용변소! 모든 것이 너

무 잘 갖춰져 있는 이 토굴은 몇 십년전에는 성철선사의 스승이신 동산선사께서도 한 철 지냈다고 합니다.

그런데 그 뒤에는 터가 세서 제대로 지내지 못하고 폐쇄가 된 슬레트 방3칸짜리 앞마루 달린 8평짜리 토굴 하나를 영명선사께서 쓰시다가 그 뒤 제가 들어가서 쓰게 되었습니다. 너무나 그립고 너무나 좋았고 정들었던 토굴은 해제와 동시에 잊어버리고, 한 철 무사히 성공도 아니고 실패도 아닌 '얼굴 안보는 결제'를 마쳤습니다.

느낀 것은 단 하나! 기다리는 세월은 아름다운 것이 아니라 고통이라는 것을…그러나 흘려보낸 세월은 아름다운 추억이라는 것을… 추억은 망상이 되고 망상은 화두하는데 적이 된다는 것을…또 느꼈습니다. 토굴에 있을 때 망상한 것 중의 하나가 남한테 외호를 받으려면 전생에 정진하는 수좌를 외호한 적이 있어야 외호를 받을 수 있다는 것을. 대부분 참선하는 선객들은 자기 몸뚱아리 하나 챙기고 자기공부 챙기기 위해 남을 위해 외호를 해주는 법이 없다시피 합니다.

그러나 옛날 선사들은 50세까지 힘을 못 얻으면 공부하는 후학 선객 뒷바라지를 하기 위하여 주지가 되었다고 금대암 주지 진명스님은 저에게 말을 하셨습니다. 순박하고 착하시고 고향이 금대암 아랫마을 마천 출신이신 진명스님을 만난 것은 인연복 중의 복이고 많은 생에 좋은 선업을 지은 과보를 금생에 제가 받아 이렇게 외호를 받으며 한 철을 무사히 마치지 않았는가, 스스로 자문자답을 하면서 하산을 하였습니다.

　또 하나 분명히 말씀드리고 싶은 것은 아무리 노력을 해도 화두가 들리지도 않고 이어지지도 않고 안된다는 것을 그때 체험하였습니다. 화두는 1분도 이어지지 않는 것을 경험했습니다. 1초에 7만번 요동치는 미세 번뇌망상이 있기 때문에 1분만 이어지면 좋은데 왜 한 철 동안 해봐도 안되는가, 정진할 때 느꼈습니다. 그 뒤 해제 얼마 앞두고 전제와 단제를 구분해서 이해를 하니까 화두의 근본자리는 단제가 되는 것이고 모든 제8아뢰야식 가운데 훈습되어있는 모든 습기와 생각은 전제라는 것을 확신을 갖고 체험하였습니다.

　그러면서 크게 아! 화두참구법에 문제가 있는 것이 아니라 전제와 단제를 구분하지 않고 막연하게 화두가 일념이 되고 도가 터지고 게송을 짓고 이런다는 것이 단제가 아닌 전제자리에서 일어나는 것으로 확신을 갖게 되었습니다.

　제가 이렇게 힘있게 말하는 것도 이 글을 읽는 여러분들도 전제자리에서 있는 것입니다. 단제자리는 불성자리입니다. 단제는 단제일 뿐이라는 것입니다.

5분 참선

2009년 9월 5일 초판인쇄
2011년 10월 20일 2쇄발행

著　者/玄 潭
펴낸이/李浩植
발행처/修禪會
디자인/종합기획 숨은길
등록번호/제1-1691호(1994.4.22)
서울시 종로구 수송동 46-19
전화 02)736-4339 팩스 02)720-5650

정가 6,000원

※「네이버」에서 현담스님 참선교육을 검색하세요.